张玉来 ◎ 主编

漢語史與漢藏語研究

第一辑

南京大学汉语史研究所主办

中国社会科学出版社

图书在版编目（CIP）数据

汉语史与汉藏语研究. 第一辑 / 张玉来主编 . —北京：中国社会科学出版社，
2017.5
ISBN 978-7-5203-0785-7

Ⅰ.①汉…　Ⅱ.①张…　Ⅲ.①汉语史-语言学史-研究②汉藏语系-研究
Ⅳ.①H1-09②H4

中国版本图书馆 CIP 数据核字（2017）第 171187 号

出 版 人　赵剑英
责任编辑　任　明
责任校对　石春梅
责任印制　李寡寡

出　　版　中国社会科学出版社
社　　址　北京鼓楼西大街甲 158 号
邮　　编　100720
网　　址　http：//www.csspw.cn
发 行 部　010-84083685
门 市 部　010-84029450
经　　销　新华书店及其他书店

印刷装订　北京市兴怀印刷厂
版　　次　2017 年 5 月第 1 版
印　　次　2017 年 5 月第 1 次印刷

开　　本　710×1000　1/16
印　　张　19
插　　页　2
字　　数　309 千字
定　　价　85.00 元

《汉语史与汉藏语研究》学术组织

南京大学汉语史研究所学术组织

学术顾问

冯　蒸　黄　行　　黄天树

李　开　马重奇　　王洪君

吴安其　尉迟治平　竺家宁

学术委员会

主任委员

黄德宽

委　员

陈忠敏　　　冯胜君　　洪　波　　黄德宽　　黄仁瑄

臼田真佐子　孙景涛　　唐贤清　　陶　寰　　汪维辉

王云路　　　王立军　　吴福祥　　杨宝忠　　徐在国

徐正考　　　徐时仪　　张树铮　　张玉来　　郑振峰

朱庆之

目　　录

名家经典

人类起源、语言的形成及其演化问题[*]

王士元[1] 演讲

吴　璐[2]　曹鹏鹏[2]　整理

（1. 香港理工大学；2. 南京大学文学院）

摘　要：本文主要对"人类起源与语言能力的形成""现代人在世界范围内的迁徙""语言的涌现及设计特征""人类的发音机制""语言中的歧义""语言的变化"和"语言的研究方法"等诸多与人类起源、语言形成及其演化相关的问题进行了阐述，认为语言的研究是涉及语言学、人类学、民族学、社会学、考古学、心理学、生物学、神经学、遗传学、统计学、计算机学等多学科的研究。在 21 世纪，要实现语言学的进一步发展，需要我们用宏观的跨学科的眼光来了解语言，分析、探讨语言的真实面貌，也要研究语言的生物基础及社会关系。

关键词：人类起源；语言形成；语言演化

一　人类起源与语言能力的形成

蔡元培先生（Cai1928：1）在《历史语言研究所集刊》创刊时曾言："同是动物，为什么只有人类能不断的进步，能创造文化？因为人类有历史，而别的动物没有。因为它们没有历史，不能把过去的经验传说下去……"，"同是动物，为什么只有人类能创造历史，而别的动物没有？因为人类有变化无穷的语言。"但是，我们不禁要进一步追问，为什么只

---

[*] 2016 年 4 月 25—26 日，王士元先生应张玉来教授之邀，莅临南京大学，为文学院师生做了"语言与演化""语言与大脑"两场演讲。本文是根据这两场演讲的内容，略加删改，整理而成，最后经王先生审定。

有人类能够形成自己的语言，而别的动物没有？

　　要回答这个问题，我们先需要解释我们人类从何而来，又是如何一步步进化成现在这个样子的。对此，我们需要借助两方面的证据：一种是对别的动物的研究，另一种是对新发现的化石的研究。

　　演化生物学告诉我们，黑猩猩（chimpanzee）是生物圈里跟人类最具亲缘关系的动物。在500—700万年之前，我们与我们的远亲黑猩猩分化为不同的属（Genus），二者在基因方面仅存在1.2%左右的差别（Vallender, et al. 2008）。

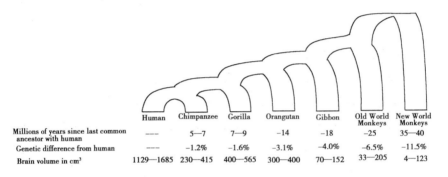

	Human	Chimpanzee	Gorilla	Orangutan	Gibbon	Old World Monkeys	New World Monkeys
Millions of years since last common ancestor with human	----	5—7	7—9	~14	~18	~25	35—40
Genetic difference from human	----	~1.2%	~1.6%	~3.1%	~4.0%	~6.5%	~11.5%
Brain volume in cm³	1129—1685	230—415	400—565	300—400	70—152	33—205	4—123

图1　灵长动物分化时间、大脑容量及基因差异（Vallender, et al. 2008）

　　既然我们与黑猩猩在基因上有如此高的相似度，那么我们与它们在交际行为上是否也有相似之处呢？黑猩猩作为我们最近的亲戚，通过观察它们的交际行为，可以为我们了解人类早期的交际行为方式提供很强的借鉴，因为在没有分化以前，我们就是它们，它们就是我们。观察的方法一般有两种：一种是观察它们之间自发的交流活动。20世纪初期，Jane Goodall 率先进行了这方面的探索。此后，荷兰科学家 F. B. M. de Waal（2005）总结了百余年来我们所积累的有关黑猩猩的研究，认为黑猩猩有很丰富的沟通的能力，它们能用不同的表情、肢体语言和不同的声音传达不同的信息。另一种是观察它们的自我意识。自我意识（self-awareness）是一种非常微妙的能力，这种比较深入的认知能力非常重要，如果缺少了这种能力，语言就不可能发生。在自然界中，极少有动物能像我们人类一样具备这种能力，大多数动物都不知道自己是谁。如狗在镜子前经过时，就没有能力识别出镜子中自己的影像，或者它在屏幕上看到自己的动作时，也不知道那就是自己。但科学家（Povinelli & Vonk 2003）在黑猩猩身上发现了这种自我意识的痕迹。他们在睡着的黑猩猩的耳朵上涂上颜色的标记，当这些黑猩猩醒来去照镜子，看到镜子里的黑猩猩耳朵上的颜色时，它们也会去摸自己的耳朵。

可是，能不能教会黑猩猩掌握人类的语言呢？从目前已有的情况来看，这种尝试是失败的。例如，20世纪20年代，一对美国的夫妇（Keith & Catherine Hayes）以完全相同的方式，抚养自己的孩子和一只同龄的黑猩猩幼崽。当人类的孩子到了一两岁，开始逐渐学会了说话的时候，即使投入更多的时间和精力，这只黑猩猩最终只学会了四五个单词的发音。所以我们无法教会黑猩猩发出人类的口语。后来，人们改进了教学的方式，不再强调口语的教授，而改用图形符号、打手势的方式，黑猩猩的表达能力得到提升，甚至能学到三四百个不同的词汇符号，包括很简单的句型。还有一些著名的例子，比如，20世纪60年代末，黑猩猩Washoe在美国心理学家Ganders夫妇的教授下，成功地掌握了大量的美式手语动作之后，竟然能创造性地把不同的符号标记用新的方式组合起来，指示未知名称的对象，如用"水—鸟"来指称鸭子。但是，对于复杂的语法现象，黑猩猩并不能掌握。

上述黑猩猩学习人类语言的基本情况，大致上反映了几百万年前早期原始人处于萌芽时期的语言能力面貌。然而我们都知道，黑猩猩至今也没有形成自己的语言，那么在这600多万年的历史演进中，到底是什么因素促进了人类语言的形成，使得我们变成我们，而它们还是它们呢？

一些化石材料也可以给我们提示观察的视角。

1974年，美国古人类学家Johanson等人，在埃塞俄比亚的阿瓦什低谷（Lower Valley of the Awash）发现了一具大约320万年之前的南方古猿（Australopithecus）的化石，研究者们根据当时庆祝发现而播放的披头士乐团的一首歌 Lucy in the Sky with Diamonds 将她命名为Lucy，并拟构了她的骨骼模型。从骨盆、膝盖、脚的结构、手和下肢的长度来看，Lucy已经直立行走。后来，研究者们又在发现Lucy化石的地点附近，发现了一些脚印，这些脚印大概产生于350万年之前，与Lucy生活的时代比较接近。相关的数据分析（Johanson & Edgar 1996）显示，这些脚印的主人也已经能够直立行走。

以直立行走取代四肢着地的行走方式，是在人类的语音发展史上具有里程碑意义的事件。伴随着这种发展，双手就能够承担先前由嘴所完成的很多任务，比如搬运和搏斗，这就使得语音的发展成为可能。此外，直立行走后得以解放的双手，逐渐承担了制造工具的职能，在制造工具的过程之中，我们的双手日益迅速地变得灵巧而熟练，这进一步对神经系统产生了影响。具体而言，我们的大脑得到不断地锻炼，脑容量也不断增大。Ian Tattersall（2008）等人的研究发现，在600万—300万年之前这段长达300万年的时光里，灵长目动物的大脑容量几乎没有多大变化：300万年前的南方古猿虽然站了起来，但由于不会制造工具，它们的大脑容量基本与600万年之前的乍得沙赫人猿（*S. tchadensis*）以及现代黑猩猩的脑容量相同，大概在400cc。自开始制造工具以后，在过去的200万年之中，人类的大脑容量以惊人的速度增加：200万年前的能人（如鲁道夫人 rudolfensis）的大脑容量大约在600cc；100万年前，原始直立人的脑容量已经达到了850—1100cc；到了10万年前，智人（如尼安德特人 Homo neanderthalensis）的大脑容量已经与现代人的大脑容量相当，平均大约为1400cc。

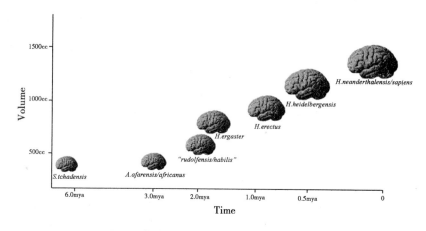

图 2　大脑容量示意图（Tattersall，2008）

　　当然，上述关于直立行走对大脑容量影响的假设，在一定程度上只是描述了人类发展的一般趋势。科学是无止境的，随着新的化石材料的发现，我们的认识也会不断加深。2015年10月，*National Geographic* 报道，在南非发现了纳勒迪人（Homo naledi）这一新的人种的化石，其大脑容量却非常小，还不到现代人脑容量的一半，男性只有560cc，女性的更小。所以我们这方面的材料越多、越丰富，分析的方法越精确，我们对我们的起源、演化的过程的认识也就会越清晰。

从语言学的角度来说，直立行走给我们人类带来的另外一个重要的影响就是，它使人体产生了专门针对语言的适应变化，为我们的发音提供了更为合适的生理构造（如图3）。其中最为明显的变化就是，直立行走使得现代人的喉部位置明显低于黑猩猩以及我们的远古人祖先。喉部的下降，使我们有了一个从唇到喉之间的弯曲声道，而其他灵长目动物的声道相比之下要直一些。此外，由于喉部从软腭降低，喉管中负责发声的通路随之变长，口腔中用于调音的管路变短，当舌身在口腔中向前向上移动时，在咽部就产生了一个较大的空腔。这种口腔与咽腔相通的双管系统（twin-tube system）的声学构造，让我们能够在正常的说话发音过程中，通过改变口腔和咽腔的形状和大小，得到种类丰富的共振频率，也就为我们人类能够发出更为多样的语音提供了保证。

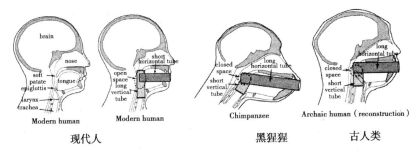

图3　黑猩猩、古人类及现代人的发音通路示意图（Lieberman，2013）

二　现代人迁徙到全世界

作为世界科学界最伟大的科学家之一——达尔文，在他1859年的那部巨著中提到，很可能我们的祖先曾在非洲居住。① 但是达尔文的这种假设在很长一段时间内并没有得到现代科学的验证。1987年，Berkeley人类学系的学生 Rebecca L. Cann（1987）首次用基因证明了现代人起源于非

---

①　"……it is somewhat more probable that our early progenitors lived on the African continent than elsewhere." Charles Darwin 1859 *On the Origin of Species by Means of Natural Selection or The Preservation of Favored Races in the Struggle for Life.*

洲。Rebecca 在学校附近的医院收集了 147 个不同女性的胎盘，从中析取出母系的线粒体（mitochondria）的 DNA，然后以统计学的方法建构了人类演化的树图（如图 4）。这些女性分别来自非洲、亚洲、欧洲和澳大利亚等不同的地区和国家，但她们体内的线粒体 DNA 都指向了一个共同的祖先，这位祖先是大约生活在二十万年前的一位非洲女性。

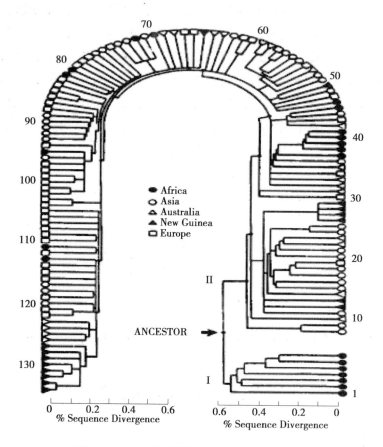

图 4　mt DNA 母系树图（Cann，et al. 1987）

Rebecca 的研究给现代人的非洲起源说提供了很强的证据支持。但是，由于线粒体 DNA 中只含有 37 个基因，所能提供的信息较少，而且 Rebecca 所搜集到的样本数量也不多，有些学者对她的研究结果产生了怀疑。为了避免上述缺陷，一些人口遗传学家如 Luigi Luca Cavalli-Sforza（2000）等人，借助含基因数更多的 Y 染色体（Y Chromosome）来分析现代人演化的历史。他们得出的结论（如图 5）也证明了现代人起源于非洲，与 Rebecca 的研究结果不谋而合。

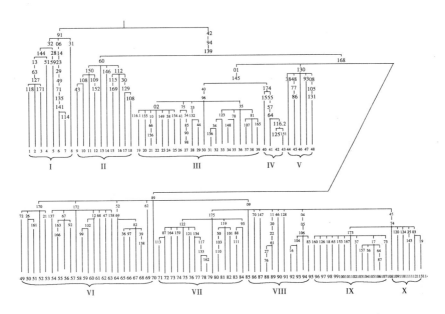

图 5　人类 Y 染色体序列变异图（Cavalli-Sforza，et al. 2000）

　　Cavalli-Sforza & Feldman（2003）又进一步依照遗传学的结果，描绘了世界范围内现代人的迁徙图（如图 6），展示了现代人是如何从非洲一步步进驻到世界上的其他领地的。他们认为，在大约十万年以前，现代人离开非洲，向亚洲迁徙，在到达亚洲以后便分为南北两支——南支从海路在四万年前抵达东南亚和澳洲，北支从陆路在五六万年以前到达中国。到达中国的人类又分为东西两路继续迁徙，西路在大约四万年以前到达欧洲大陆；向东路进发的现代人则于一万五到三万五千年以前跨越白令海峡，踏上北美大陆，随后南迁，扩散至南美。至此，现代人基本完成了在全世界范围内的迁徙。

　　施莱哈尔（August Schleicher）在达尔文生物进化论思想的启发下，提出了著名的谱系树理论（Stammbaumtheorie，family tree theory），在历史语言学的研究中影响深远。语言谱系树上每一个语支的分化与历史上人口的迁徙之间是否存在联系，或者说，语言学家能否像达尔文说的那样，以人种的谱系为依据来研究语言谱系分类呢？ Cavalli-Sforza（1988）等人曾经做过相关方面的研究。他们将现代人的基因谱系与 Greenberg 所划分的

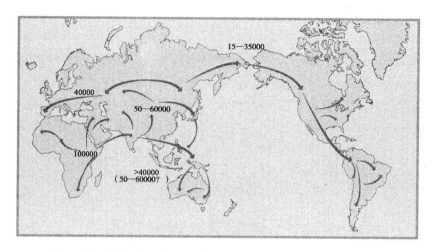

图 6　世界范围内现代人的迁徙图（Cavalli-Sforza & Feldman，2003）

语言谱系整合为一张双树图，发现二者之间具有非常多的相同性，如图 7。

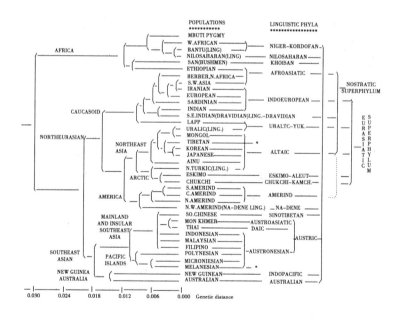

图 7　基因谱系与语言谱系双树图（Cavalli-Sforza，et al. 1988）

现代人在迁移到中国以后，又是如何进一步发展的呢？根据张光直（Chang 1986）的研究，中国境内出现的一些早期遗址群组在 9000 年前仍是相互独立的和彼此分离的。在 7000 年前，这些群组的活动范围不断扩大。到了大约 6000 年前，这些原本各自独立的群组，如仰韶文化、红山文化、大汶口文化、大溪文化、马家浜文化、河姆渡文化等，开始展现出很大程度的相互影响，转变为一个相互联系的文化网络，"初始的中国"（initial China）逐具雏形。当时文化网路中的那些不同地域的文化，相互之间的联系紧密程度是不相同的，在 Zhao & Lee（1989）看来，可以总体上将他们分为两支：长江流域的文化和黄河流域的文化，这两个流域的文化，共同孕育了现今国内的各个民族。

三　语言的涌现及设计特征

所有的动物都有沟通的能力，动物若无沟通能力，也就无法生存。但是在所有的动物中，只有人才有能力使用语言进行沟通。关于语言究竟为何物，亦即一个系统必须具备哪些必要和充分条件，才称得上是语言，Hockett（1960）首度提出了"设计特征"（design features）的概念，共十三种（如图 8），分别为：1. 声耳渠道（vocal-auditory channel）；2. 四散传播与定向接收（broadcast transmission and directional reception）；3. 迅速消失（rapid fading）；4. 互换性（interchangeability）；5. 整体反馈（total feedback）；6. 专门化（specialization）；7. 语义性（semanticity）；8. 任意性（arbitrariness）；9. 分离性（discreteness）；10. 超越时空（displacement）；11. 能产性（productivity）；12. 传统传导（traditional transmission）；13. 二重层级性（duality of patterning）。只有同时具有上述十三种设计特征的沟通，才能称得上是语言的沟通。

其中，较其他所有动物的沟通形式而言，超越时空性、能产性和二重层级性是只在人类的语言沟通方式中才具有的特征。

"超越时空"是指，人类在沟通时不仅仅能够谈论此时此地的事物，异时异地的东西也能成为彼此交流的对象。不受时空的限制，是我们能够顺利沟通的保障。"能产性"是针对语言系统的开放性而言的。我们可以利用语言系统中已有的单位，按照以往所熟悉的各种规则进行组合，创造出新的话语。"二重层级性"主要涉及语言系统中意义与形式或者说"名"与"实"之间的关系。在任何一种语言里，有意义的成分数量都极

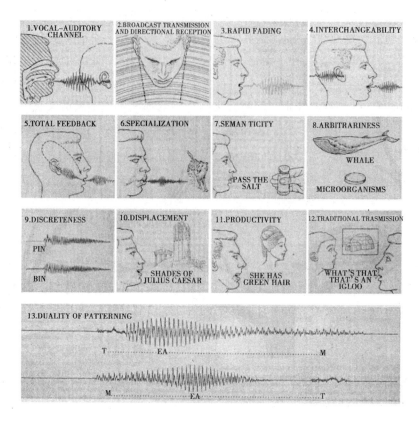

图 8　Hockett 提出的语言的 13 种结构设计特点（Hockett，1960）

大，然而，它们却由少量可以辨别的、本身没有意义的音素组成的很小的
单位来体现。荀子对语言系统中"名"与"实"之间的关系有非常精辟
的见解，他说：

> 名无固宜，约之以命，约定俗成谓之宜。名无固实，约之以命，
> 约定俗成谓之实名。名有固善，径易而不拂，谓至善名。（《荀子·
> 正名》）

也就是说，意义和形式之间并无天然的联系，我们之所以能够用某种
语言形式来表达特定的意义，完全是社会群体之间约定俗成的结果。

四　"发音三部曲"

　　语音是语言运作的第一关，词汇、语法、语义、语用等全都建立在这语音基础上。说话时，大脑通过很多不同神经系统的准确配合，精确地控制几十块不同体积、不同距离的肌肉，让口腔很快地发出一连串的语音。由于身体在演化过程中的改造，有的神经通路从大脑下部下降绕过心脏的大动脉，再上升到喉咙去控制声带的抖动，因此，发音是一个极为复杂的动作。其中有三个环节是我们发音过程中不可或缺的。首先，呼吸时产生的气流为我们的发音提供动力来源。其次是发声活动中最为重要的环节：气流冲击喉管中的两片富有弹性的声带，使其不断开闭、振动而产生声音。气流越强、声带越紧张，振动的频率越快，发出的声音就越高。最后是调音环节，我们的口鼻腔充当着共鸣器的角色，能使声带发出的音带有不同的音色。舌位的前后和高低，唇形的圆展等，都是调节音色的重要手段。

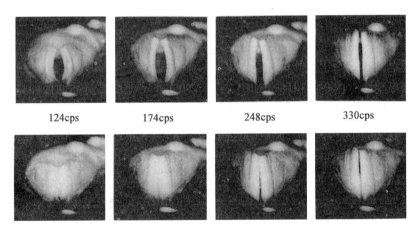

124cps　　　174cps　　　248cps　　　330cps

图9　声带振动图（王士元 2008）

五　语言中的歧义（ambiguity）

　　语言会有歧义，别的动物的沟通系统包括人机沟通的语言都没有这种现象。赵元任先生写过一个小故事——《施氏食狮史》。[①] 全文都由 [ʂɿ] 这个音节构成，我们如果查字典，可以查到好几十个读作 [ʂɿ] 的字，这是词汇层次的歧义。句子层次也有歧义。比如，"行人等不得在此小便"这个句子，如果在中间加两个标点，变成"行人，等不得，在此小便"，意思就大为不同。"我们/没有做/不好的/事情"跟"我们/没有/做不好的/事情"也是完全不同的意思。这是语法关系不同造成的歧义，是一种 syntactic ambiguity。赵元任先生最喜欢用的例子是"鸡不吃了"。这都不只是断句停顿的问题，因为断句停顿一定是"鸡/不吃了"。但是在一种理解中"鸡"是主语，是"鸡不吃东西了"的意思；而另一种理解中"鸡"是宾语，只是移到了句子的最前端，意思是"我们不吃鸡了"。每种语言都有类似的 ambiguity。这也是电脑翻译遇到的最大的困难。老人大脑退化的其中一个表现就是，对于歧义句往往只能想到其中的一种解读方式，最明显的那个，别的解读方式就找不出来了。

MIT 的两个科学家 Piantadosi 和 Gibson 提出了一个很有意思的论点，认为 ambiguity 其实是非常有用的，具体内容可以参看 Piantadosi & Gibson（2012）。

我在 1978 年的那篇文章 *Explorations in language evolution* 中写过这样一段话："许多这些能力在他种动物中也不同程度地存在着（看看黑猩猩使用工具与解决问题的例子）。在人类演化中，这些能力也许比语言更早出现，渐渐一步一步地，这些能力在语言精练的过程中越来越为人所运用，好像完成了一片片的马赛克拼贴画一样。同样地，这些能力也被运用在其他精细的人类组织中，特别是在数学与音乐方面。"语言、音乐和数学三者之间有着密切的关系，他们都是在同一种认知的基础上建立起来的。

六　语言的变化

语言是变化的。最早提出这个观点的是明代的陈第（1541—1617），他说："盖时有古今，地有南北，字有更革，音有转移，亦势所必至。"

---

① 《施氏食狮史》："石室诗士施氏，嗜狮，誓食十狮。氏时时适市视狮。十时，适十狮适市。是时，适施氏适市。氏视是十狮，恃矢势，使是十狮逝世。氏拾是十狮尸，适石室。石室湿，氏使侍拭石室。石室拭，氏始试食十狮尸。食时，始识是十狮尸，实十石狮尸。试释是事。"

（《毛诗古音考》）这比西方的任何哲学家都讲得早、讲得清楚。我们要真正地了解语言是个什么东西，一定要知道它为什么会变。婴儿如何学语言是我们了解语言为什么会变的关键一环，因为未来的语言就是现在婴儿学到的语言。我们发现，婴儿会自觉地将他听到的语料中能够成立的规则慢慢建立起来，这是一种非常奇妙的认知能力。

世界上有几千种不同的语言。因此要真的了解语言，也不能够只看一个语言。在这方面，西方学者相对早走了几步。1786 年，威廉·琼斯（William Jones）在加尔各答的亚洲学会（Asiatic Society）上发表了一篇讲话。在这篇讲话中，他说："梵语不管多么古老，它的结构是令人惊叹的，它比希腊语更完美，比拉丁语更丰富，比二者更精练，但是与它们在动词词根方面和语法形式方面都有很显著的相似性，这不可能是偶然出现的，这种相似性如此显著，没有一个考察这三种语言的语文学家会不相信它们同出一源，这个源头或许已不复存在。"① 这是印欧语系研究的开始，也是现代语言学的开端。

紧接着有很多人赞同这个看法，并开始做具体的研究。其中一个德国的语言学家雅各布·格林（Jacob Grimm）将很多日耳曼语的辅音跟印欧语的辅音作了比较和对应，得出了著名的"格林定律"（Grimm's Law），即印欧语里送气浊辅音在日耳曼语变成不送气，不送气浊辅音清化，而清的塞擦音变为了擦音，如表 1。

表 1　　　　　　　　　　　　　Grimm's Law：PIE>Germanic

b^h>b	b>p	p>f
b^hratr, *brother*	la*b*-, li*p*	*ped*-, *foot*
d^h>d	d>t	t>θ
mad^hu, mea*d*	*dec*-, *ten*	*dent*, *tooth*
g^h>g	g>k	k>h
	genu, *knee*	*canis*, *hound*

① "The Sanscrit language, whatever be its antiquity, is of a wonderful structure; more perfect than the Greek, more copious than the Latin, and more exquisitely refined than either, yet bearing to both of them a stronger affinity, both in the roots of verbs and in the forms of grammar, than could possibly have been produced by accident; so strong indeed, that no philologer could examine them all three, without believing them to have sprung from some common source, which, perhaps, no longer exists."

　　1066 年，英国同法国发生了一场大战——黑斯廷斯战役（Battle of Hastings），英国战败，被法国占领。之后几百年，英国的贵族阶层说的不是英语，而是法语。所以现在英文里面的词汇差不多有一半是从法文借过去的。也因此英语中有很多词没有遵循日耳曼语的音变规律。比如 pedal（踏板）与 foot（脚）是同源词，词根是 ped。日耳曼语中 p 变为了 f，d 变为了 t，从而产生了 foot 这一形式；pedal 借自法文，因此辅音没有发生变化。decade（十年）与 ten（十）也是一对同源词，d 就相对于 t。像这样的对应关系还可以找到很多。

　　汉语中也有类似的例子。上海话还保留了浊辅音，普通话的"头"[tʰəu³⁵] 上海话念作 [dø²⁴]，"抬"[tʰai³⁵] 上海话念作 [dɛ²⁴]，"地"[ti⁵¹] 上海话念作 [di²⁴]，这是中古的 [d] 在普通话中变成了 [t]，而上海话没有变，因此形成了规律的对应。闽语是在语音方面比较保守的一个方言。很多双唇音在其他方言中都已变成唇齿音，但闽语没有。比如"饭"字，普通话读作 [fan⁵¹]，闽南话则为 [pəŋ²¹²]，"芳"[faŋ⁵⁵] 闽南话为 [paŋ⁵⁵]，"肥"[fei³⁵] 闽南话为 [pui³³]，普通话的 [f] 与闽南话的 [p] 相对应。

　　世界上所有活的语言都处在变化中。就语音里的个别特征而言，有的变，有的没变，就会形成一组组对应关系。比如广东话的 y 对应于普通话的 r，"人"是 [yan]，"入"是 [yap]，"热"是 [yit]，"肉"是 [yuk]。不只是辅音，声调也可以形成对应。广东话的阳平为低降调 21 对应普通话的高升调 35，所以"人"是 [yan²¹]，"云"是 [wan²¹]，"林"是 [lam²¹]，"蓝"是 [laam²¹]。

　　现代方言里的音节比之古汉语已经简化了很多。汉语原来有辅音串，像 kl-、pl-、sl- 等，后来辅音串消失，汉语就衍生出声调来增加区别度。普通话有 4 个声调，用五度标音法表示的话，分别是 1 调 55，2 调 35，3 调 214，4 调 51。用电脑画出来就是图 10a 右边的 4 种曲线。广东话要复杂得多，有 9 个声调，其中 3 个是入声调，如图 10b。

　　传统的归类方法将汉语声调归为平上去入四大类。这四个大类在音变的历史中有一个重要的变化，就是根据声母的清浊，各个声调又分化为阴阳两类。现在的汉语方言中，温州话就是很整齐的 8 个声调——阴平、阳平、阴上、阳上、阴去、阳去、阴入、阳入。图 11 是潘悟云先生发音的温州话 8 个声调的曲线图。普通话中阳上、阳去和阴去都合并为一类了，入声消失，入声字分别派入其他三个声调中。合并是音变很常见的一种

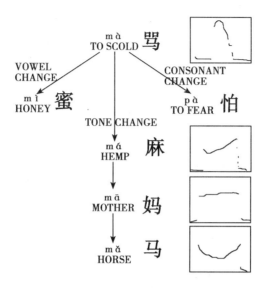

图 10a 普通话的四声 (Wang, 1973)

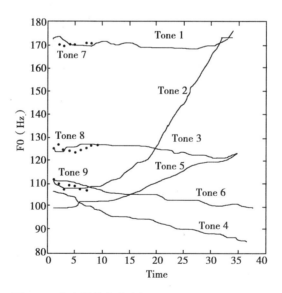

图 10b 广东话的九个声调 (Peng &Wang, 2005)

现象。

如果将声调的高度作为纵轴,斜度作为横轴,就可以得到两张图(如图12)。左图表示的是普通话的声调,右图表示的是广东话(香港)

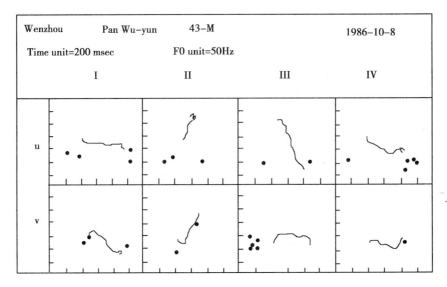

图 11　温州话的八个声调（Wang, 1996）

的声调。从图中，我们可以看到普通话的四个声调分布得比较均匀，而广东话除了阴平其他的八个声调都挤在一块儿，这就很不稳定。现在香港话变化得非常厉害，声调在合并，辅音也在消失。当有外来语言和本地语言混合之后，该地的语言变化速度就会加快。

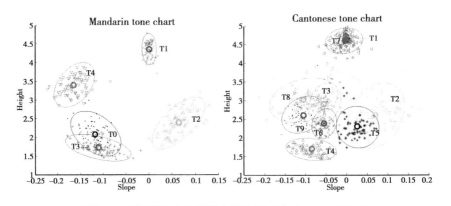

图 12　普通话和广东话的声调特征对比（Peng, 2006）

中古时期的汉语有 6 种韵尾-p, -t, -k, -m, -n, -ng，广东话还完整保存着，普通话已经丢失了 4 个，只剩下-n 和-ng 这两个韵尾了。柳宗元有一首诗《江雪》："千山鸟飞绝，万径人踪灭。孤舟蓑笠翁，独钓寒江雪。""绝、灭、雪"三个字押韵，虽然现在的普通话中"绝"是阳平，"灭"是去声，"雪"是上声，但在唐朝这三个字都是入声，都有一个-t韵尾。粤语、日语和韩语的材料都支持这个构拟。

表2　　"绝、灭、雪"三字在北京话、香港话、日语和韩语中的读音

	BJ Pinyin	HK Jyutping	Japanese Kana	Korean Hangul
绝	jue^2	zyut	ぜつzetsu	절 jeol
灭	mie^4	mit	めつmetsu	멸 myeol
雪	xue^3	syut	せつsetsu	설 seol

在过去的几百年里西方的科学要比我们厉害得多，那是因为他们有累积性。自从 Jones 提出"印欧语系共同源头"的概念，Grimm 找到了辅音之间的对应关系，之后又有很多语言学家将"格林定律"中的例外一个一个解释出来，比如 Lachmann 解释了元音的长短问题，Grassmann 解释了一个字里头是否可以有连串的送气辅音，Verner 研究了音的轻重、高低等问题。经过一步步的累积，现在我们对印欧语系的了解已经很深入了。

现有的汉语研究都集中在把音变找出来，对于音变之间关系的探究还远远不够。我（王士元，1996）认为可以把这些音变分解为一个个规律，表3中的R就是Rule的缩写，M. C. 代表中古时代的拟音，Beijing 指的是现在的北京话，中间的拟音来自各种汉语方言。隋唐时期的语音经过不同的音变，变成现在北京话的读音，其中有三种情形，有的是接受这个音变，有的是与这个音变无关，有的是这个音变的例外。

表3　　　　从中古音到现代北京话语音的演变（**Wang，1996**）

	徒	艇	动	洞	腯	毒
M. C.	du	dieng	dung	dung	dut	duk
R1. Ⅱ > Ⅲ	—	X	dung	—	—	—
R2. Ⅳ > I	—	—	—	—	dut	duk
R3. +asp	d^{h}u	d^{h}ieng	—	—	d^{h}ut	X
R4. -vcd	t^{h}u	t^{h}ieng	tung	tung	t^{h}ut	tuk
R5. -end	—	—	—	—	t^{h}u	tu
Beijing	t^{h}u	t^{h}ing	tung	tung	t^{h}u	tu

在 Grimm，Lachmann，Grassmann，Verner 之后又有两个很杰出的德国语言学家，Schleicher 和 Schmidt。他们对于语言中的音变有着不同的看法。但这两个看法并不冲突，反而是互补的。Schleicher 关注的是音变的纵向传递，即在时间上的变化，他仿照达尔文给生物画树图的方法，画了下面这张印欧语系的树图（如图 13）。Schmidt 关注的是音变的横向传递，即在空间上的变化，并提出了著名的"波浪理论"。

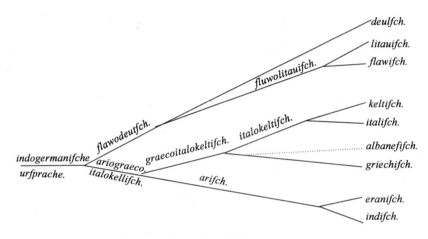

图 13　Schleicher 的印欧语系树图（Schleicher，1876）

七　语言研究的方法

20 世纪语言学有一个很伟大的大师——费尔迪南·德·索绪尔（Ferdinand de Saussure）。他曾在博士论文《论印欧系语元音的原始系统》（*Mémoire sur le système primitif des voyelles dans les langues indoeuropéens*）中，提出了一个很惊人的想法，他说："我相信在古印欧语（Proto-Indo-European）里一定还有些元音，尽管这些元音在目前的印欧语系里已经找不到了。"比如 infront 和 white 在希腊语中分别为 anti、arges，protect 在拉丁语中为 pāsco，索绪尔推测远古的时候这些词的形式分别为 aanti、aarges 和 paask。这是一种非常有远见的系统研究，是根据语言的结构提出的假设，有着科学的根据。虽然在他提出这一假设的时候，没有任何可见的语言材料作支撑，但二三十年后，在土耳其发现了一个新的语言——赫梯语（Hittite），赫梯语也属于一种印欧语系的语言，而且在这种语言中看得到索绪尔假设的那个元音。这三个词在赫梯语中的形式为 ħanti、ħarkis 和 paħsanzi，索绪尔假设的那个元音 a 赫梯语都以喉音 ħ 的形式出现。我们做学问，研究语言，一定要大胆地假设，只要有足够的理由支持，看不到的东西反而更有趣。索绪尔开创了语言学中一个新的派别——结构学派。

图 14 是 2004 年《科学》（Science）杂志中所画的 144 个印欧语系语言的树形图。赫梯语就属于安那托利亚语（Anatolian）下的一个分支，是一组完全绝种的语言。很多语言用了一阵子，没有人再用，它就绝种了，比如西夏语。西夏语还有文字，但没有人说西夏语了。土耳其的很多原来的语言现在也没有人说了。日耳曼语的东支也绝种了。绝种的语言比现在说的语言要多得多，可以参看澳大利亚语言学家 Nicholas Evans 写的 *Dying Words*，这本书讨论的就是现在快要绝种的语言。

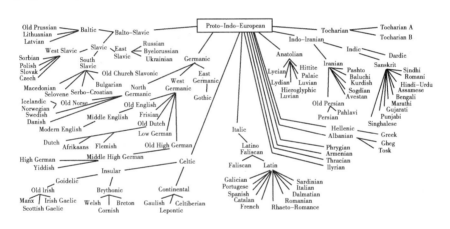

图 14　源自同一个祖先的 144 种印欧语系语言（Balter，2004）

J. H. Greenberg 教授将世界上的六七千种语言归为十几个超级语系（super phylum，如图 15）。非洲作为人类的起源地，它的语言情形也最复杂，有 Khoisan、Niger-Kordofanian、Nilo-Saharan、Afro-Asiatic 以及 Austric 五个超级语系的语言。Niger-Kordofanian 中有一个比较大的语言叫作 Swahili。一般我们熟悉的语言有词缀的时候往往是后缀，比如 dog/dogs，枕/枕头，我/我们。Swahili 则非常喜欢利用前缀，比如"人"在 Swahili 中是 tu，但是"一个人"是 mtu，"多数的人"是 watu。Swahili 将名词分为六大类，在一个句子中，跟名词邻近的一些词都得跟着名词屈折变形。比如"那个好人摔倒了"Swahili 为"**M**tu **m**zuri **m**moja **y**ule **a**meanguka"。①
这是指单数的人，当句子主语为复数的人时，这个句子就变为"**W**atu **wa**-zuri **wa**wili **wa**le **wa**meanguka"。这种词缀有点像量词，又有点像词类的"性"，但与它们又不完全等同。我们研究语言一定要放宽眼界，不能只盯着一种语言材料，要尽可能多地涉猎各种各样的语言。

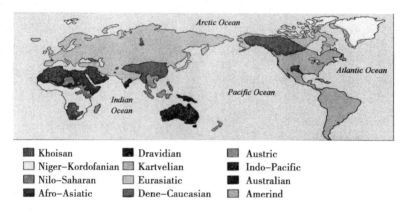

图15　Greenberg 划分的12个超级语族

　　研究语言不只是纵向的，也有横向的。南开大学的意西微萨阿错教授研究四川西南部的倒话，这便是一种横向的研究。"一个骑马的人来了"，倒话是"马骑人一个来了"。倒话还有很多藏语的语法在里面，它是藏语跟汉语混合的一种语言。比如"他在喝茶"，倒话是"他-ki 茶喝（-tsv⁴-tsu⁴-di-jiu³-li）"，包含了一些汉语不用的成分。

　　各种语言之间的分化大概发生在什么时候？我们又该怎么来研究它？这当然是一个非常复杂的问题，我们现在只走了一小步。这一小步就是同源词比较，即把一个语言里面的基本词汇比较一下。为什么只挑基本词汇？因为像"手机""电话""电脑"等都是最近出现的东西，哪个国家发明了这些东西，这个词往往就会被其他语言直接借去。每个语言里面都有很多借词，这些借词不能拿来证明这个语言的历史。但是像"手""头""水""山""树"等基本词汇，就不大容易借来借去。从表4中我们可以看到，北京和苏州的基本词汇，73%是一样的，广州和北京，74%

---

①　加粗的都是前缀。tu 是"人"，zuri 是"好"，moja 是"一"，le 是"那个"，meanguka 是"摔倒了"。

是一样的，苏州、长沙和南昌，相同的比例更高。因此我们可以用统计的方法给这些语言及其分支画树图。图16是我在1998年画的一棵汉藏语系的谱系树。跟印欧语系比起来，汉藏语系的历史要稍微短一点。印欧语系大概是七八千年的历史，汉藏语大概是六千年的历史。

表4　　　　　　　　**不同方言基本词汇间的同源关系百分比**

	北京	苏州	长沙	南昌	梅县	广州
苏州	73					
长沙	79	86				
南昌	76	84	88			
梅县	69	73	72	77		
广州	74	77	76	78	79	
厦门	56	59	61	64	68	63

图16　汉藏语谱系树（Wang，1998）

八　结语

人是有语言的动物，这是我们之所以能成为人类并区别于其他动物的最主要的原因。苏东坡有名句"不识庐山真面目，只缘身在此山中"，实际上，语言对我们而言也是一座山，我们一辈子都在跟语言打交道，都住在语言这座山里。在此我想说："不识语言真面目，只缘身在言语中。"也许我们根本就不可能彻底了解语言的真面目，自始至终走不出语言这座山，这是研究语言最大的挑战，但这也正是语言研究的乐趣所在。语言学是一门非常活跃的学问，语言的研究涉及语言学、人类学、民族学、社会学、考古学、心理学、生物学、神经学、遗传学、统计学、计算机学等在内的多方面的学科，21世纪语言学的进一步发展，是用跨学科宏观的眼光来了解语言，分析、探讨语言的真实面貌，并研究语言的生物基础及社会关系。中国语言学从荀子开始有辉煌的传统以及得天独厚的材料，我们希望中国的语言学能在 21 世纪做出众多世界级的突破，充分绽放自己的光彩。

参考文献

1.蔡元培：《中央研究院历史语言研究所集刊》发刊词，1928 年版。

2.王士元：《宏观语音学》，《中国语音学报》（1.1—9），2008 年版。

3.徐通锵：《历史语言学》，商务印书馆 1991 年版。

4.意西微萨·阿错：《交际压力度（DCP）与混合语形成机制——以倒话为例》，载《研究之乐——庆祝王士元先生七十五寿辰学术论文集》，上海教育出版社 2010 年版。

5.赵元任：《语言问题》，商务印书馆 1980 年版。

6.Balter，Michael.2004.Search for the Indo-Europeans.*Science* 303.

7.Cann，R.，Stoneking，M.and Wilson，A.1987.Mitochondrial DNA and human evolution.*Nature* 325.

8.Cavalli-Sforza，L.L.& M.W.Feldman.2003.The application of molecular genetic approaches to the study of human evolution.*Nature Genetics Suppl.*33.

9.Cavalli-Sforza, L.L., A.Piazza, P.Menozzi & J.Mountain.1988.Reconstruction of human evolution: bringing together genetic, archeological and linguistic data.*PNAS* 85.

10.Cavalli-Sforza，L.L.，et al.2000.Y chromosome sequence variation & the history of human populations.*Natrue Genetics*.26.

11.Chang，Kwang-chih.1986.*The Archeology of Ancient China.*4h Edition. Yale University Press.

12. Chao，Y. R. 1959. Ambiguity in Chinese. *Studia Serica Bernhard Karlgren Dedicata*，ed.by S.Egerod & E.Glahn，1–13.Copenhagen.

13.Darwin，Charles.1859.*On the Origin of Species by Means of Natural Selection or The Preservation of Favored Races in the Struggle for Life.*

14.Hockett，C.F.1960.The origin of speech.*Scientific American* 203.

15.Johanson，D.& B.Edgar.1996.*From Lucy to Language.* Simon & Schuster.

16. Lieberman，D. E. 2013. *The Story of the Human Body：Evolution,*

health , and disease.Pantheon.

17.Peng, G.2006.Temporal and tonal aspects of Chinese syllables: A corpus-based comparative study of Mandarin and Cantonese.*Journal of Chinese Linguistics* 34.1.

18.Peng, G.& W.S-Y.Wang.2005.Tone recognition of continuous Cantonese speech based on support vector machines.*Speech Communication* 45.1.

19. Piantadosi, S. T., H. Tily & E. Gibson. 2012. The communicative function of ambiguity in language.*Cognition* 122.

20. Povinelli, D. J. & J. Vonk. 2003. Chimpanzee minds: suspiciously human? *Trends in Cognitive Sciences* 7.

21. Schleicher, August. 1876. *Compendium der vergleichenden Grammatik der indogermanischen Sprachen*.4th ed.

22.Shreeve, Jamie, photographs by Robert Clark.2015. Almost Human. *National Geographic* October.

23.Tattersall, Ian.2008.An evolutionary framework for the acquisition of symbolic cognition by Homo sapiens.*Origin of Symbolic Cognition* 3.

24.Vallender, Eric, et al.2008.Genetic basis of human brain evolution. *Trends in Neuroscience* 31.1.

25.de Waal, F.B.M..2005.A century of getting to know the chimpanzee. *Nature* 437.

26.Wang, W.S-Y. (ed.) 1982.*Human Communication*: *Language and Its Psychobiological Bases*. W.H.Freeman and Company.

27.Wang, W.S-Y.1996.*Linguistic diversity and language relationships*. ed. by C.T.J.Huang & Y.H.A.Li, 235-267.刘娟，石锋译《语言的变异及语言的关系》，《汉语研究在海外》吕必松主编，1-30.北京语言学院出版社。

28.Wang, W.S-Y.1978.*Explorations in language evolution*.Osmania University.

29.Wang, W.S-Y.1998.Three windows on the past.ed.by V.H.Mairs, *The bronze Age and Early Iron Age Peoples of Eastern Central Asia*.The Institute for the Study of Man: The university of Pennsylvania Publications.

30.Zhao, T.M.& T.D.Lee.1989 Gm and Km allotypes in 74 Chinese populations: a hypothesis of the origin of the Chinese nation.*Human Genetics* 83.

音法研究与音史研究[*]

麦 耘

（中国社会科学院语言研究所）

摘 要：音史研究是对具体语言的语音/音系历史的研究，音法研究则是对人类语音泛时的演化规律的研究。本文分析了这两种研究的区别与联系，对一些音法研究的个案进行了讨论，并对音法研究与音史研究相结合的发展前景给予深切的期盼。

关键词：音史研究；音法研究；音变；音理

一 音史研究与音法研究的目标

（一）音史研究的目标

音史研究的目标是搞清楚具体语言的语音/音系的历史，其在不同历史阶段曾经是怎样的，经历过什么样的变化。至于为什么会是这样，以及为什么会有这样的变化，一般是能说就附带地说一说，不说也不要紧。这是由于学界过去对历史音变的音理，或者说一般意义上语音变化的原理、路径等知之不多，很多时候没办法多说。换言之，希望做到"知其然"，而即使"不知其所以然"，也无须强求。

譬如汉语通语在明清之际，古见晓组声母在齐齿呼、撮口呼中发生腭化，可写作如下公式：K>Tɕ/_ J，即以居于前部近音/高元音（J）之前为条件，软腭辅音（K）变成硬腭辅音（Tɕ，爆发音同时塞擦化）。这就是一般所说的"音变规则"。这里有明显的音理——软腭辅音受前部近

　＊ 本文曾在"汉语史观暨汉语史研究方法论学术研讨会——纪念高本汉《中国音韵学研究》开始发表 100 周年"（2015 年 11 月，复旦大学）上宣读。

音/高元音的协同发音影响，调音部位前移，而腭化容易导致爆发音塞擦化。当然，就算不提这个音理，该音变规则公式已经很完整了；对于这个公式来说，加上这个音理解释，说得好听是"锦上添花"，说得不好听是"画蛇添足"。

又如，汉语通语在唐宋之际的"浊上归去"，是在声母为古全浊音的条件下，古上声变为去声。这个音变规则是公认的，确凿无疑。其中的演变音理即使一时说不上来，对于音史研究来说，也是完全无妨的。

此外，过去音史研究的目标主要是建立历时对应，历史上一个时间点对应一个音韵状态，这个时间点的某个音类对应后代另一个时间点的相应音类等，至于两个时间点之间是什么状况是不管的，或者说是管不了的。

(二) 何为"音法"?

朱晓农 (2012：1) 说："最早的'音韵学'研究历时 (diachronic phonology)，后来的'音系学'研究共时 (synchronic phonology)，现在的'音法学'则是研究'泛时'的演化。""泛时"就是非特定的时段。"音法"即指人类语音在任何非特定时段的演化规律。这里说的"规律"不同于前面说的"音变规则"，那种规则总是涉及具体音系的特定时期，而规律则是普适性的，可以适用于任何音系的任何时期。

音法研究首先的目标是音理：A. 在纯共时 (静态共时) 的角度，一方面探讨人类如何发音 (语音输出)，另一方面探讨人类如何听辨和感知他人的发音 (语音输入)。B. 在微观历时，也可以说是动态共时的角度，一方面探讨人类发音会如何变异，另一方面探讨听辨、感知及其后续行为 (如重新输出、调整、模仿、习得、反馈、矫正、扩散等) 对语音变异所起的作用。这一研究自然需要实验语音学的深深介入，而对变异的研究更是社会语言学的任务 (拉波夫，2001)。

不过，音法研究并不仅限于此，她更大的使命是从宏观历时的角度探讨人类语音如何演化。音法演化分两个步骤，一是语音变异，一是语音系统对变异的选择[①]。在变异方面，音法研究探讨人类语音会有什么样的变异，其中有些什么规律，这些规律在具体语言中会有什么表现；在选择方

---

① "演化" (evolution，传统译为"进化") 的概念借自生物学 (王士元，2011)。生物演化就是两个步骤：自然变异和环境选择。

面，探讨什么样的音系会选择什么样的变异，或倾向于会如何选择，主要是选择的条件，包括内部条件和外部条件（非语音条件，甚至非语言条件，如社会、文化条件）。不过，在音法研究的现阶段，主要还是在探寻语音变异的规律，而音系选择的规律就更为复杂，目前的研究还是较浅层的（麦耘，2016b）。

有了音法研究，人们还可以从音理上探讨一个语言在历史上不同时间点的音韵状态之间过渡阶段的演化情况，如下文所讨论的例子。

总之，音法研究是泛时（涵括共时和历时）的、普适性（原则上涵括各种不同的语言）的。从某种角度说，音法研究是最广义的人类音史研究。或者可以说，单纯的音史研究探求的是历史事实，而音法研究追求的是造成各种事实（见于不同语言的、历史上的和共时的事实）的普遍规律。

（三）音法研究与音史研究有几方面的关系

一是从音史研究成果中概括音法规律。

二是用音法研究成果解释音史现象。

三是用音法规律检验音史研究的成果。

四是用音法规律指导音史研究。

在音史研究这方面，是希望音法研究为音史研究提供方法上的工具，为研究结果提供支持和检验手段，以及为将要进行的研究开辟思路、提供规划；而音法研究则希望音史研究能够提供实际材料。当然，音法研究的材料更多地会从活语言中取得，而音史材料更易于观察时代深度，可直接指示宏观演化的起止点，对音法研究自是不可或缺。

二　一些个案的讨论

（一）K>Tɕ /_ J

前述之 K>Tɕ /_ J，在汉语通语以外的方言（如吴方言、湘方言）中，以及其他语言中也有相似的演变。无可置疑，软腭辅音在前部近音/高元音之前，调音部位会发生前移，这是个泛时性的变异规律。

王力曾质疑上古复辅音构拟：对于见组字和章组字的谐声，如"区-

枢"，岂非要构拟 k'ʈ'-这样的怪声母？（王力，1985：25）其实，只要根据 K>Tɕ /_ J，就能为其中章组字作最简单的构拟 *Kj-来解释这种谐声①。例如"枢" *kʰj->tɕʰj-，而"区" *kʰrj->kʰrj-，它们的介音有 *-j-与 *-rj-的不同，所以其声母一变一不变。又"支" *kj->tɕj-（章母），而"技" *gj->gj-（群母重纽四等），后者之不变 dʑj-，可以解释为浊音是一种弱辅音，前化动力不强，所以中古船母字中谐见组的字很少。

从"词汇扩散论"（王士元，1969）出发来看，上古的 *Kj-至中古多变为章组 Tɕj-，而有一些字不变，是扩散的中断造成的残余；在重纽韵里，这些残余部分组成了《切韵》的见组重纽四等，这也可以解释中古见组的重纽四等音节和字数为什么都比较少，看上去是个畸零的结构（麦耘1990）。

（二）*Cl-型复辅音

高本汉曾设想上古 *Cl-型复辅音中，当 *C 为清音时，其中的边音在后代失落，而当 *C 为浊音时，则变来母 l-。就是说，他认为在边音之前，浊爆发音容易脱落（高本汉，1987：105—106）。这已经有一点音法解释的意思。

潘悟云（2000：274）则从强度和响度的角度去讨论上古 *C 带流音类型的声母（*Cl-和 *Cr-）在后代演变中的不同方向，是有意识地走向音法研究。

在 20 世纪后期，汉语音韵史家们不约而同地把中古喻四 j 的上古音构拟为边音，如包拟古（1980）的 *l，王力（1985）的 *ʎ 等。这从音法上说是很有道理的。在发音上，边音（正式名称是"边近音"）与近音在气流逸出通道上是一对自然对：两边对中槽。龈边音 l 对龈近音 ɻ，腭边音 ʎ 对腭近音 j。l/ʎ>ɻ/j 的变化是气流逸出通道从两边改为中间，属于一种自然变异。在一般语言中，ɻ 是 j 的最常见的音位变体之一，如广州话（麦耘，2007）。

壮侗语在近代有 pl- kl->pj- kj-的演变，可见 Cl-复辅音的后殿边音变

---

① 王力看到很多中古章组字来自上古舌音，就把所有章组字上古都构拟为 *ʈ-组声母。此为定势思维所囿。用"离析参照系"的观点看，章组的上古来源至少应离析为来自舌音和来自牙音两组（麦耘，2005）。

ɹ/j 也是一条音法演化的大路。丁邦新（2015：80）提出上古 *Cl-型复辅音可能有由其中的边音衍生中古-j-介音的演化路径，即 *Cl-的后殿边音的中槽化，是很值得重视的意见。

（三）*Pj->T（j）

有部分中古帮组声母字在上古与舌音（端、知、章组）声母字发生谐声关系，如"缶—匋""聘—骋""妇—帚"等。固然可以设想有 *Pl->T-的变化（丁邦新，2015：80），不过也可能作单辅音声母的构拟。

在实际的语音演化中，有汉越音的著名例子：唇音重纽四等字读为 T 类声母。语音实验已经从声学分析上及听辨上证明，pj-与 t-非常接近。在其他语言中这样的例子也很多（朱晓农，2004；丁邦新，2015：79）。可见这是一条语音变异规律。所以对于上述谐声关系，*Pj->T(j)-是可以考虑的一种构拟。

（四）全浊声母清化

在大部分官话方言中，古全浊声母清化后以声调为条件分读送气不送气，[①] 这是一个明确的音变规则；但为什么会有这个规则，应该能作出音法上的解释。有一点是无疑的：是不同声调的性质影响了声母，导致了这样的分化。对此，有徐云扬（1994）、麦耘（1998）、朱晓农（2010）等"低送高不送"的解释。这个解释的前提，是把古全浊音视为一种特殊的发声态——气声/弛声。这一点有现代方言，包括吴方言、湘方言、瓦乡话等材料的支持。要说明的是，这个解释虽然实际上是针对发生清化时的通语的，但从音法上说，"低送高不送"可从音理上获得解释，是泛时性的，对于方言也具有解释力。

当然，也会有别的因素可能影响声母变送气与否，譬如气声的强弱。有一些方言古全浊音今全读送气（如客赣方言、通泰方言和部分官话方言的白读层），这是否意味着这些方言在清化之前，其全浊音字是具有很强烈气声的音节？或许对宣州片吴语的气声再作深入研究，会有益于对此问题的认识。有一些方言全读不送气（如桂南平话），则可能其全浊音原是弱气声，或者是常态带声，这也有待考证。

---

① 一般的说法是平送、仄不送；麦耘（1991）认为是平上送、去入不送。

至于湘南、粤北及粤西南一些方言在古全浊音清化后，並、定母读不送气而其他诸声母送气，则可以作如下解释：这些方言的全浊音原本是强气化音，故多演变为送气声母，但全清音帮、端母在此前发生另一型特殊发声态变异——内爆音化，即 p>ɓ，t>ɗ；这会导致 p 和 t 成为音系中的空档，由于 p 和 t 比送气的 pʰ 和 tʰ 更无标记，所以吸引並、定母清化进入该空档（即拉链作用），遂与其他全浊声母有不同的演化方向。p 和 t 的内爆音化是可以从自然演化角度加以说明的（朱晓农等，2009），而由于语音趋向于无标记优先而造成的链式演变则属于一种音系选择机制。

古全浊音清化的演化方向，是汉语音史研究、包括汉语方言音史研究上的一个大问题，音法研究在其间还有非常大的考察空间。

（五）次浊声母的声调演变

与古全浊音有关的还有古次浊音的性质。现代官话方言平声两分，次浊音是跟全浊音走的，读阳平；但古全浊音上声字今归去声，次浊音则跟清音字一道留在上声里。就是说，次浊声母对声调分化的影响可以跟全浊音不一样。有一则历史文献材料也证实这一点：唐代到长安学习汉语的日本僧人发现汉语四声各分轻重（即分阴阳），次浊字与清音同为一方，与全浊音相对，亦即次浊字读阴调（尉迟治平，1986）。

从上述材料可以引出如下假设：导致声调分阴阳的并非如流行的说法是"清—浊"，而是气声与非气声，气声为阳调，非气声为阴调；而次浊声母也可以有带气声的响音 n̤ m̤ l̤ 之类与常态的响音 n m l 等的不同，声调上也可阴可阳。睽之活语言，现代吴方言正存在这样的模式。于是可以进一步假设：在官话方言的祖语里，次浊音在平声里跟全浊音一样是带气声的，所以后来与全浊音一同读阳平，在上声里则是常态响音，不带气声，所以读阴上，也就没参加"阳上归去"的过程（去、入声的次浊音当另说）；在唐代的长安音里，次浊音都不带气声，所以都读阴调；在现代，四声都分阴阳而次浊归阳调的方言，如粤方言，其早期的次浊音都带气声。当然，这个假设也可以讨论。

（六）卷舌的动因

高本汉（1915—1926）构拟中古庄组为 tʂ 等（它们能与三等韵相拼），罗常培（1931）构拟中古知组为 t 等（也能与三等韵相拼），李方桂（1971）构拟上古有*-rj-介音，赵荫棠（1936）、李新魁（1983）等对《中原音韵》知照组拟为 tʂ 等而拼 i 韵母和-i-介音、麦耘（1992）为《切韵》重纽三等构拟-ri-介音等，这些构拟每每被指为不可能的音，因为卷舌与 i 是不能共存的。这种指责其实有相当的片面性。

目前对卷舌音及其与 i 之间的关系还缺乏很好的研究，学界还存在一些误解。这涉及对京剧"韵白"中"知"tʂi、"痴"tʂʰi、"湿"ʂi 这类字的发音（李思敬，1985：85），以及广东大埔客家话（袁家骅等，2001：155）、河南开封和青海湟源的中原官话（刘冬冰，1996；芦兰花，2011）、安徽查济吴语（刘祥柏、陈丽，2015）等方言中，乃至南亚大陆上的一批语言如信德语（Sindhi）中，卷舌辅音与 i 相拼的音节的描写和解释。

从音法角度说，"卷舌发出的音"（舌尖后音）与"带卷舌音色的音"（R 色彩音）两个概念之间的关系需要理清楚。并非一定要卷起舌尖才能发出卷舌音色（赖福吉，2011：220）；卷舌音色的产生关键在于"舌下腔"（廖荣蓉，1994），而用舌叶发音也可以形成舌下腔。所以说，"R 色彩音"是个上位概念，涵盖了用舌尖和舌叶发出的"卷舌音"。纯粹的舌尖后音（狭义的卷舌音）声母与 i 相拼也许有一定困难，但舌叶性的 R 色彩音拼 i 是没问题的。在汉语方言中，舌叶性或带有舌叶性的 R 色彩声母相当常见，并常常用 tʂ 等标写。这种声母拼 i 也不算太罕见，例如大埔话和湟源话。在汉语历史上知、庄、章组声母字的卷舌性与腭化对抗、消长的长期演化过程中，舌叶性 R 色彩音应该扮演了起转寰作用的重要角色（麦耘，2015，2016a）。了解这一音法原理之后，对音史上的有关问题会看得更清楚。

（七）舌叶声母的元音

一般的元音都是舌面元音。高本汉（1915—1926）从瑞典语中把舌尖元音的概念引入汉语，今天人们都知道北京话有舌尖元音 ɿ 和 ʅ，音史上至迟《中原音韵》已经有舌尖元音韵母。在《中原音韵》之前，曾经发生两个音变：（1）i>ɿ /S_ #，（2）i>ʅ /R_ #。[①] 显然是声母同化了韵母，但其间具体的演化过程，则不是很清楚，尤其是（2），李新魁

---

① #是音节边界；S 代表舌尖—齿背咝音，R 代表"R 色彩声母"。

（1983）认为是 tʂi>tʂ↴，卷舌声母与 i 韵母在发音上存在矛盾而使 i 变成 ↴，而且《中原音韵》中仍有 tʂi 类音节；而有些先生则认为既然声、韵之间有矛盾，就不可能拼合，所以主张是 tɕi 或 tʃi 直接变 tʂ↴。

按笔者现在的认识（麦耘，2016a），在 i 变舌尖元音的过程中，可能经过舌叶元音的阶段。舌叶元音是在舌叶部位形成狭窄气流通道而发出的元音，音色与舌尖元音有些相似而不相同。在现代汉语方言中，舌叶元音并不少见，像张成材（1997）所附录音中的西宁话 3 号韵母（被记作 j）就是很典型的舌叶元音。又可参看曹文（1999）和凌峰（2011）以实验方法对吴语舌叶元音的分析。舌叶元音还不止一种，其被动部位有的偏前（音色近似 ɿ），有的偏后（音色近似 ʅ），后者如大埔客家话。还有舌尖兼舌叶元音或舌面兼舌叶元音，例如老派广州西关话（袁家骅等，2001 写作"ɿ"）。由于过去大家没有"舌叶元音"的概念，方言中的舌叶元音大多被记为舌尖元音或舌面元音。

就音史而言，如果假设《中原音韵》时代的 R 色彩声母是带舌叶性的，或者有这种变体，则它与 i 相拼自无问题（这种"i"其实也可以是舌面兼舌叶元音），而当时的"ʅ"也不妨是偏后而带 R 色彩的舌叶元音。无论带 R 色彩的舌叶辅音还是带 R 色彩的舌叶元音，都是解决汉语音史上"卷舌音"及其与 i 之间关系和演化问题的关键。

（八）全浊上声变去声

一般认为，古代上声是高升调，而去声是降调。汉语历史上全浊上声字为什么能变成去声，调形有如此大的改变，一向是个谜。李德超（2015）根据浙江金华盘前村吴语的材料，论证超高调可以通过凸降调（升降调）作为过渡，转变为降调。这为"浊上归去"提供了一条音法演化的通道。

不过，为什么只有全浊上声会变去声，而非全浊音的上声就不变，这仍需要考究。笔者在此暂时提出一个可能的解释：按朱晓农（2007）的考证，古上声是假声；朱晓农（2010）又考证，全浊声母是弛声/气声。是则古全浊上声在发声态上跨了两种特殊的声域，它会因弛声而调头很低、又因假声而调尾超高。可以假设，这种大跨度的上升调更容易变异为凸降调，从而向降调转化。这个假设还有待进一步的语音实验来证明。

三　音法研究与音史研究相结合

（一）音法研究与音史研究相结合的效用

从演化音法学（演化语言学的一个分支）的立场上看，凡是不能用音法规律解释、或尚未找到这种解释的音变规则及其他音史研究成果，都是不够完善的，都是"知其然而不知其所以然"。实际上，汉语史和任何学科一样，只有"知其所以然"才能真正"知其然"。而且，一个个孤立的音史个案，若没有音法规律的背景，就只是"树木"，组不成"森林"，研究者就永远只能"盲人摸象""管中窥豹"。

相反，一旦深入了解了一个演化现象的"所以然"，就能举一反三，用这个音法规律去观察别的语言、或同一语言别的历史阶段的相同或相似现象，有可能获得相同的或同类型的解释，例如前面二（一）的个案；有了这些解释，反过来对音史事实就会有实质性的理解，而且还有利于发掘音史材料更深层的内涵，例如二（四）和二（五）的个案。这样的成果积累得多了，就可以一步步建立起泛时的音法演化类型库，有朝一日就能摆脱"摸象""窥豹"的境况，既能细致地观察一棵棵"树木"，又能宏观地看到整个"森林"。进一步地，甚至还有可能对某些语言现象的演化方向做出一定程度的预测——这是很诱人的梦想。

综而言之，只有音法研究深入了，音史研究才能走向科学化，才能真正发展。

（二）音法研究有两个重要的特点

1. 音法研究最基础的方法是语音实验。语音实验在实践上和理论上的不断创新、更新和"平民化"，是近几十年来语言学最重要的进展之一。今天音法演化研究之能迅速成为一门学科，有赖于此者大矣。对语音的变异，要从气流供应、发声（喉头活动）、调音各方面去观察，涉及声学、发音生理学、空气动力学，更深一层还要考虑听感、认知、脑神经活动等，要动用电脑和各种仪器，运用一些软件和数学方法（幸好一些基本的东西都不算太艰深）。希望汉语音史研究的专家们今后都能对语音实验感兴趣。

2. 音法研究的对象首先是当前的活语言。早期的音韵学以文献材料为主要研究对象；高本汉以来的汉语音史研究（尤其是中古音研究）讲究历史比较，所以现在的汉语音史研究已经很注重对汉语方言的研究了。不过，那更多是看音类或"音型"（大致的音值），而且倾向于把现代语言视为研究古代语言的材料。音法研究则极其关注活语言中的语音细节，从微观看音理，从宏观提取音法规律、音法理论，希望用这些规律和理论来解释各种语音现象，包括音史上的事实，或用音史材料来进一步印证这些规律或理论。音法研究之运用于音史研究，完全是"以今律古"。

（三）　音法研究和音史研究是两支同盟军

把音法研究与汉语的音史研究相结合，将会是今后汉语学界一个非常重要的学术方向。事实上，汉语音史研究者一直都努力在追求这种结合，尤其在近些年，随着音法研究一步步在成长，这种努力已经有一些成果。譬如朱晓农的许多工作，除上文已经提及的以外，还有讨论中古群母为什么只有三等韵、邪母为什么容易消失，讨论汉语音史上的元音链移、声调的起源（朱晓农，2003，2005，2009）等；又如麦耘（2013）对古江宕摄和曾梗摄入声在后代出现-u 或-i 韵尾提出的解释。这些成果为音史研究开启了全新的领域。

但是，就总体而言，目前的音法研究还远远跟不上音史研究。有很多音史研究的成果还没概括出音法规律，有很多音史现象还没得到合适的或公认的音法解释。在许多场合，对"为什么这样变""怎么变过来的"等问题还处在"猜"或者说"蒙"的阶段（本文上面的个案讨论中就有一些是这样）。至于用音法规律来指导及检验音史研究，更是做得少。要实现音法研究与音史研究的有机结合，要做的事情还太多太多。

我们希望音史学界的同仁有更强烈的音法研究意识，也希望方言学界，尤其是实验语音学界有更多的学者加入这个研究行列。

参考文献

1. 包拟古（Bodman, N. C.）：《原始汉语与汉藏语》（中译本），中华书局 1995 年版。

2. 曹文：《舌叶韵母》，载《现代语音学论文集》，金城出版社 1999

年版。

3. 丁邦新：《音韵学讲义》，北京大学出版社 2015 年版。

4. 高本汉：《中国音韵学研究》（中译本），商务印书馆 1995 年版。

5. 高本汉：《中上古汉语音韵纲要》（中译本），齐鲁书社 1987 年版。

6. 拉波夫（W. Labov）：《拉波夫语言学自选集》，北京语言文化大学出版社 2001 年版。

7. 赖福吉（P. Ladefoged）：《语音学教程》（第五版）（中译本），北京大学出版社 2011 年版。

8. 李德超：《凸降调作为超高升调向降调转变的过渡——以浙江金华盘前村吴语声调格局为例》，《方言》2015 年第 1 期。

9. 李方桂：《上古音研究》，商务印书馆 1982 年版。

10. 李思敬：《音韵》，商务印书馆 1985 年版。

11. 李新魁：《〈中原音韵〉音系研究》，中州出版社 1983 年版。

12. 凌锋：《苏州话[i]元音的语音学分析》，《语言学论丛》第 43 辑，商务印书馆 2011 年版。

13. 廖荣蓉：《国外的汉语语音研究》，载《海外中国语言学研究》，语文出版社 1994 年版。

14. 刘冬冰：《汴梁方音与〈中原音韵〉音系》，《语言研究》1996 年增刊。

15. 刘祥柏、陈丽：《安徽泾县查济方言同音字汇》，《方言》2015 年第 3 期。

16. 芦兰花：《青海湟源方言音系》，《方言》2011 年第 1 期。

17. 罗常培：《知彻澄娘音值考》，载《罗常培文集》第七卷，山东教育出版社 2008 年版。

18. 麦耘：《古全浊声母清化规则补议》，《中国语文》1991 年第 4 期。

19. 麦耘：《论重纽及〈切韵〉的介音系统》，《语言研究》1992 年第 2 期；又载麦耘（1995）。

20. 麦耘：《音韵与方言研究》，广东人民出版社 1995 年版。

21. 麦耘：《"浊音清化"分化的语音条件试释》，《语言研究》1998 年增刊；又载麦耘（2012）。

22. 麦耘：《汉语历史音韵研究中的一些方法问题》，《汉语史学刊》第 5 辑，上海教育出版社 2005 年版。

23. 麦耘：《现代广州话两对响音声母的演变》，载《第十届国际粤方言研讨会论文集》，中国社会科学出版社 2007 年版。

24. 麦耘：《著名中年语言学家自选集·麦耘卷》，上海教育出版社 2012 年版。

25. 麦耘：《软腭辅音与硬腭过渡音的亲和性——一项语音演化研究》，《方言》2013 年第 3 期。

26. 麦耘：《汉语的 R 色彩声母》，《东方语言学》第 11 辑，上海教育出版社 2015 年版。

27. 麦耘 a：《汉语方言中的舌叶元音和兼舌叶元音》，《方言》2016 年第 2 期。

28. 麦耘 b：《从普适性自然演化的角度观察语言关系和语言变迁》，《中国方言学报》第 6 辑，商务印书馆 2016 年版。

29. 潘悟云：《汉语历史音韵学》，上海教育出版社 2000 年版。

30. 王力：《汉语语音史》，中国社会科学出版社 1985 年版。

31. 王士元：《竞争性演变是残留的原因》，载《语言的探索——王士元语言学论文选译》，北京语言文化大学出版社 2000 年版。

32. 王士元：《演化语言学的演化》，《当代语言学》2011 年第 1 期。

33. 徐云扬（Zee，E.），A Theory of the Bifurcation of the Middle Chinese Voiced Syllabic-initial Stops and Affricates into Aspirates and Unaspirates after Devoicing，《中国境内语言暨语言学》第 2 期，1994 年版。

34. 尉迟治平：《日本悉昙家所传古汉语调值》，《语言研究》1986 年第 1 期。

35. 袁家骅等：《汉语方言概要》（第二版），语文出版社 2001 年版。

36. 张成材：《西宁话音档》，上海教育出版社 1997 年版。

37. 赵荫棠：《中原音韵研究》，商务印书馆 1936 年版。

38. 朱晓农：《从群母论浊声和摩擦——实验音韵学在汉语音韵学中的实验》，《语言研究》2003 年第 2 期；又载朱晓农（2006）。

39. 朱晓农：《唇音齿龈化和重纽四等》，《语言研究》2004 年第 3 期；又载朱晓农（2006）。

40. 朱晓农：《元音大转移的起因——以上、中古汉语过渡期的元音链移为例》，《民族语文》2005 年第 1 期；又载朱晓农（2006）。

41. 朱晓农：《音韵研究》，商务印书馆 2006 年版。

42. 朱晓农：《证早期上声带假声》，《中国语文》2007 年第 2 期；又载朱晓农（2012）。

43. 朱晓农：《声调起因于发声——兼论汉语四声的发明》，《语言研究集刊》第 6 辑，2009 年版；又载朱晓农（2012）。

44. 朱晓农：《全浊弛声论——兼论全浊清化（消弛）低送高不送》，《语言研究》2010 年第 3 期；又载朱晓农（2012）。

45. 朱晓农：《音法演化：发声活动》，商务印书馆 2012 年版。

46. 朱晓农、刘泽民、徐馥琼：《自发新生内爆音——来自赣语、闽语、哈尼语、吴语的第一手材料》，《方言》2009 年第 1 期；又载朱晓农（2012）。

"突变"还是"感染":关于汉语历史音变模式的思考

——以四川地区方言的平翘舌音声母对立现象为例

周及徐

（四川师范大学文学院）

摘　要: 从四川方言语音中卷舌音与龈音演变为例来观察汉语方言语音变化的轨迹,可以见到方言语音变化的推动力主要不是由于内部的语音突变,而是方言之间的语音特点的学习,可以称之为方言之间的"音位感染"。这种情形给我们启示:长期以来汉语历史演变中一些被看作"突变"的有规律的音变现象,可能原本也是方言之间"感染"的结果。

关键词: 音变;突变;感染;模式

关于语音历史演变的模式,按照西方历史语言学的基本观点,强调在一定条件下的有规律的音变,称之为"突变",是语言演变中的创新,是语言历史发展的主流。在此之外的语言或方言之间的影响,称之为"借用"或"混合",是语言演变中的支流,被视为是局部的、暂时的变化,无关大局,应当排除于语言演变规律之外。在汉语史研究中,这种观点也在相当长的时期内占有支配地位。然而,当我们近距离地观察汉语方言的演变的实例时,却发现很多语音变化是语言之间的影响形成的,是强势方言的语音特点传递给弱势方言的结果,可以称之为"感染"。这种变化,当我们远离语言变化的具体环境,不看过程,只看结果,它们也有齐整的规律,表面上与"突变"相同。本文以四川方言卷舌声母演变的例子来说明这种情况。

一　现代四川方言中卷舌音和龈音的分布和类型

四川和重庆地区主要有两大块方言："湖广话"和"南路话"。湖广话大致分布区域为西南官话成渝片地区，南路话大致分布区域为西南官话灌赤片（《中国语言地图集》第 2 版"汉语方言卷"改称为"西蜀片"）。① 这些地区的方言今天大部分都没有卷舌音声母（除去仁富小片以外）。"湖广话"区如重庆、达州、南充、成都和绵阳等城市位于岷江、长江以北；"南路话"区如都江堰、乐山、宜宾和泸州等城市位于岷江南岸沿线。表 1 至表 4 是这两大地区方言龈音和卷舌音（又称平翘舌音）声母的对立类型的情况，分别以四个点为代表。

表 1　　　　　　　　　　成都话声母系统②

p 贝鼻	t 得荡		k 古共
pʰ 配	tʰ 套同		kʰ 可葵
	ts 找暂智直榨状州	tɕ 煎就韭价	
	tsʰ 错存词耻茶测尺成	tɕʰ 巧茄秋齐	
f 发冯虎胡	s 速数寺沙师舌声常	ɕ 小席兄下雄	x 好豪
m 没棉猛	n 努路	ȵ 你年捏扭逆	ŋ 我安
v 五武乌	z 如人肉阮锐酿		
Ø 望饵鹅鱼衣			

成都话声母系统只有龈音声母，没有卷舌音声母。这代表了四川湖广话，即四川中东北部大部分方言（成渝片方言）的情况。

---

① 本文引用方言分布区划均来自中国社会科学院、澳大利亚人文科学院《中国语言地图集》，香港朗文出版公司 1987 年版。另，在中国社会科学院语言研究所等《中国语言地图集》第 2 版"汉语方言卷"2012 年版中四川地区图与之不同处，作出说明。

② 成都话声母系统引自何婉《成都话音系词汇调查研究》，四川大学出版社 2013 年版。

表2　　　　　　　　　　　泸州话声母系统①

p 编鼻饱棒	t 董荡杜爹弟			k 港共圭
pʰ 迫棚脾	tʰ 吞铜拖胎躺提塘			kʰ 愧葵昆狂
	ts 栽暂智直榨状州		tɕ 煎就韭杞拒	
	tsʰ 错存词耻茶测尺		tɕʰ 气茄秋取	
f 法冯峰湖	s 桑寺师舌素熟常	ʂ 实食失十释湿适	ɕ 些兄下续	x 喊讳豪海
m 猛楣明靡	n/l 姥奈利农累旅		ȵ 年捏扭逆议	ŋ 我爱昂挨
v 武五乌吴	z 人肉阮锐酿			
ø 鹅望为幼				

泸州话的声母系统与成都话声母系统大致相同，只一部分入声字有卷舌音（表2中为擦音）。这代表四川南路话，即四川西南部大部分方言的情况。又如：

表3　　　　　　　　　　　彭州话声母系统②

p 爸备布避	t 丹代笛度			k 该柜
pʰ 帕铺爬皮	tʰ 他梯土台			kʰ 括开狂
	ts 灾在张住窄炸准	tʂ 置直汁植	tɕ 尖聚加局	
	tsʰ 猜才词超场窗柴昌船成	tʂʰ 尺斥赤吃	tɕʰ 迁全企群	
f 方夫芬凡父虎胡	s 三讼士沙射商树	ʂ 食失十	ɕ 仙祥序希谐穴雄	x 荒孩盒
m 忙眉满木	n 男努来力泪		ȵ 尼女辇牛阁	ŋ 熬安
	z 然乳孕	ʐ 日		
v 巫五乌				
ø 亡而危衣				

彭州话声母系统代表四川南路话中少数入声字保存卷舌音的少数方言。

---

① 泸州话声母系统引自马菊《泸州等八市县方言音系调查研究》，硕士毕业论文，2011年，四川师范大学。

② 彭州话声母系统引自毕圆《四川西南彭州等八区市县方言音系研究》，硕士毕业论文，2012年，四川师范大学。

表4　　　　　　　　　　**自贡话的声母系统**①

p 表步宝	t 刀杜点			k 哥跪
pʰ 普彭批	tʰ 泰团题			kʰ 概亏
	ts 走祖昨罪子	tʂ 哲召爪止	tɕ 借疾均拒	
	tsʰ 菜促层存词	tʂʰ 陈虫唱出	tɕʰ 秋情趣拳	
f 富妃负虎湖	s 伞算寺颂	ʂ 山拴舌顺失叔	ɕ 消袖续训	x 昏合
m 买墓米	n/l 耐怒拉弄		ɳ 泥匿逆	ŋ 藕暗
v 雾午污	z 染软			
∅ 为幼衰易尾				

　　自贡话的声母系统代表四川有卷舌音的方言。四川的少部分地区方言有卷舌音与龈音的对立，主要分布在川南的仁寿、自贡、富顺和威远等市县，以及川北的广元、剑阁、旺苍、巴中、通江、平昌等市县。并且，这些地区的卷舌声母与龈音声母的对立，与《广韵》音系的知系与精组声母基本相对应（周及徐，2013b）。

　　以上归纳起来，四川地区方言的卷舌音与龈音分布的类型有三种。

　　第一种，是四川地区方言大部分只有一套龈音 ts-、tsʰ-、s-，发音部位比普通话稍后一点。所包含的字包括《广韵》的精组字和知系字，就是说，知系字都合并到精组字里了。例如成都市区的方言。这是四川（包括重庆地区）方言比较普遍的情况。第二种，是少数方言有卷舌音与龈音的对立。在这些方言中，精组字与知系字与《广韵》的对应基本整齐。例如川南自贡、川北巴中。第三种是与第一种相似，知系字大部分都合并到精组字里了，但是入声知系字的一部分是卷舌音，字数比较少。例如彭州等地。泸州话的入声字中只有知系擦音声母字有卷舌音（见表2），也属于这种情况。

二　明清时期四川方言中卷舌音和龈音的痕迹

　　这就提出一个问题：四川方言在近古时期，具体地说，在明代以前至

---

　　① 自贡话声母系统引自刘燕《自贡等八市县方言音系调查研究》，硕士毕业论文，2011年，四川师范大学。

中古时期的方言究竟有没有卷舌声母与舌尖声母的对立？这个问题在以前的研究中也屡屡困扰研究四川方言史的学者。面对四川地区大部分地区无卷舌音声母的情况，有研究者认为，四川地区的方言是从中古以后没有卷舌声母特征的早期方言演变而来的。然而，为何四川地区的少数方言（例如自贡）却有卷舌声母与龈音声母的对立呢？

我们来看看近古历史上四川方言语音记录的一些情况。

清末英国传教士钟秀芝（Adam Grainger），著有成都方言记音著作《西蜀方言》（钟秀芝，1900）。在《西蜀方言》的声母系统中，有卷舌音声母与不卷舌的龈音声母的对立（甄尚灵，1992：121）。今天的成都话和周围方言都是无卷舌声母的，钟氏的记录使人疑惑。于是有人提出，钟秀芝调查的成都话的卷舌声母可能是清代满人带入的东北官话。但是，清代入住成都的满人数量少，且集中居住在成都少城内，与汉人分隔明显，是不可能影响整个城市的方言的。钟秀芝居住于成都老城区的金马街37号约三十年（1889—1921），创办"圣经学堂"，直至去世。钟氏远离满人居住的少城，他记录的是成都老城区话。另一位西方医生启尔德（［加拿大］Omar L. Kilborn），1900年前后在成都华西坝一带（今属成都锦江区）行医，所著的教外国人说成都话的教科书《民国四川话英语教科书》，记录了当时的成都话，其语音系统中也有卷舌声母与龈音声母的对立。看来成都话在清末有卷舌声母不是偶然的。

再来看看明代记录的四川遂宁地区方言的音系情况。明代李实的《蜀语》用反切记录了当时四川遂宁地区方言的563条词语，以此归纳出来的当时遂宁话语音系统中，卷舌音声母与龈音声母有对立（甄尚灵、张一舟，1992）。遂宁地处四川中部地区，今属于湖广话区域，今遂宁话和周围的方言一样，大多没有卷舌音声母。现代遂宁话只有一套龈音声母ts-、tsʰ-、s-，没有卷舌音声母与不卷舌声母的对立。这与成都话的情形相似。不同的是：李实记遂宁话的时间是在1644年以前，[①] 距今约360年，比钟秀芝、启尔德的成都话音早了约250年。

按照历史语言学语音历史演变规律性的观点，我们推论，明以后的四川一些地区的方言在卷舌声母与龈音声母的对立上发生了音变，卷舌声母变成了龈音声母。这解释了现代四川方言中龈音声母和卷舌

---

① 参见周及徐《从明代〈蜀语〉词汇看四川方言的变迁》，待发表。

音声母对立和不对立两种类型并存的情况。然而，为什么有的地区卷舌音不变为龈音声母，至今保持卷舌音声母呢？"突变论"似乎不能回答这个问题。

三、四川方言中龈音与卷舌音的合并是"感染"的结果

观察四川方言中龈音声母和卷舌音声母对立的方言的地理位置，联系四川地区明代以来的移民史，我们进一步寻找答案。

在四川地区，卷舌音声母与龈音声母有对立的方言，都不是入归阳平的方言，而是入声独立或入归去声的方言，而且都处在交通不便、比较封闭的地区。如川北的剑阁、旺苍、苍溪、巴中、通江、南江、平昌等市县，处在大巴山的群山包围之中。又如川南的仁寿、自贡、富顺和威远等市县，处在岷江和沱江形成的三角形包围之中如图1。

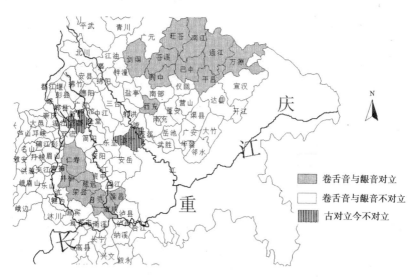

图1 四川地区卷舌声母与龈音声母对立分布图

说明：为突出主要的两大类型，前述有少量卷舌音的类型并入龈音与卷舌音不对立的类型。本图由四川师范大学2013级研究生杨波协助绘制。

在四川和重庆地区，入归阳平是"湖广话"的特征。"湖广话"是明清时期湖北湖南两省的大量移民进入四川（重庆）地区带来的（周及徐

2013)，所以老百姓称之为"湖广话"，① 属于四川地区比较晚的方言层次。明清移民带来的湖广话的语音特征之一就是入声调归阳平、不分卷舌音和龈音。明清湖广移民从东向西入川，在入川的大通道上分布，形成一个略似"V"字形的东南西北通道区域（如图1），把原有的遍及四川地区的南路话区域覆盖和分割开来，并且广泛地影响了在这个通道附近的方言的语音特征。

在四川和重庆地区，入声独立是今四川"南路话"的语音特征。古代四川"南路话"的语音特征保留在《蜀语》中。与今天的四川方言音系相比，《蜀语》有三大语音特点：分平翘舌、分尖团和入声调独立（周及徐，2016）。以今天的四川方言与之比较，可分为三类：第一，同时具有这三个语音特点的方言无疑是《蜀语》的后裔。在四川地区，同时具有这三大语音特点的现代方言此前一直没有被发现。在2015年的方言田野调查中，我们在剑阁县和巴中市寻找到了同时具有这三大特点的方言（杨波、周及徐，2015；周岷、周及徐，2016），证实了今四川方言与《蜀语》的联系。第二，具有这三大语音特点之二或之一的方言，也是《蜀语》的后裔，这就是今天在四川西南地区广泛分布的南路话，语音特点是入声独立、同时有的方言也分平翘舌音。需要说明的是，《蜀语》的语音系统在300年后有了一些变化，例如有的方言的入声调不再独立，有的混入了阴平调（例如雅安、石棉），有的混入了去声调（例如自贡、仁寿），有的翘舌声母完全并入了平舌声母。但是，根据它们的语音和词汇特点判断，它们都是明代以后四川当地方言的存留，是《蜀语》的后裔，是广义范围的"南路话"。第三，《蜀语》的三大语音特点一点也不具备的方言，不是《蜀语》的后裔，这就是湖广话。不分平翘舌、不分尖团和入声调归阳平的音系特征说明湖广话与南路话的亲缘关系比较远，是明清以后从湖北和湖南等地迁移来的方言（周及徐，2012）。平翘舌音声母的对立，总是出现在入声独立的方言（例如剑阁、西充、巴中等）中，或入归去声的方言（自贡、仁寿、富顺等）中。这个特点也说明它们与《蜀语》关系密切，是四川地区老"南路话"的后裔。

成都市区语音在清末还保持了卷舌音声母与龈音声母的对立（启尔

---

① "湖广"是明清时期对湖北、湖南两省的称呼。

德，1917），在《西蜀方言》（钟秀芝，1900）里，《蜀语》的三大语音特点全部具备。而今天的成都市区话里这些语音特点都消失了，这正好反映了古代南路话的语音特征在湖广话的影响下变化发展的过程。遂宁方言也是如此，从《蜀语》音系演变为现代具有湖广话特点的方言。由于成都市区和遂宁都处在四川移民的"V"字型地理通道的中心，所以它们原来的语音特点被湖广话同化了。成都地区处在明清东来移民的末端，成都郊区的湖广话方言，叠置在周围的南路话的方言背景上，还保持了一些南路话的语音特点（何婉，2016）。成都、遂宁两地的近古方言有古代方音文献的记录，属于《蜀语》音系，即南路话音系，如今却是湖广话的天下。这提示我们，在明清大移民之前，南路话曾广泛分布于四川（重庆）地区。

在四川方言的历史演变中，现代语音特征发生变化的地区，都处在四川经济文化比较发达，道路交通便利的地区，而且发生变化的方向都是与湖广话方言一致，因为四川（重庆）地区的中心城市成都和重庆，都是使用湖广话的城市。湖广话的语音特点，如卷舌音变为龈音、古精组字腭化、入声字归入阳平字，通过词汇扩散的方式变化，最后形成音系的特征，遍及四川（重庆）的大部分地区，这是清初以来约300年发展的结果。古今语音系统变化较小的四川方言，都位于地理环境比较闭塞、与外界相对隔离的地区，从而保持与《蜀语》相近的语音特征。明显可见，方言变化的原因或动力来自本地方言向地区通语学习。从四川方言近古和现代语音变化的例子可见，方言语音变化的推动力主要不是由于内部的语音突变，而是方言之间的语音特点的学习，可以称之为方言之间的"音位感染"。这种情形给我们启示：长期以来汉语演变历史中一些被看作"突变"的有规律的音变现象，可能原本是方言之间"感染"的结果。

参考文献

1. 何婉：《成都话音系词汇调查研究》，四川大学出版社 2013 年版。

2. 何婉：《成都市郊区方言语音调查研究》，博士学位论文，2016年，四川师范大学文学院。

3. （明）李实：《蜀语》，黄仁寿、刘家和等校注本，巴蜀书社 1990年版。

4. ［加拿大］启尔德（Omar L. Kilborn）：《民国四川话英语教科书》（1917），四川人民出版社 2015 年版。

5. 四川方言音系编写组：《四川方言音系》，《四川大学学报》1960年第 3 期。

6. 杨波、周及徐：《剑阁县金仙镇方言音系》，《语言历史论丛》第 8辑，巴蜀书社 2015 年版。

7. 甄尚灵、张一舟：《〈蜀语〉词语的记录方式》，《方言》1992 年第1 期。

8. ［英］钟秀芝（Adam Grainger）：《西蜀方言》，American Presbyterian Mission Press，1900 年。

9. 中国社会科学院、澳大利亚人文科学院：《中国语言地图集》，香港朗文出版公司 1987 年版。

10. 中国社会科学院语言研究所、中国社会科学院民族学与人类学研究所、香港城市大学语言资讯科学研究中心：《中国语言地图集·汉语方言卷》（第 2 版），商务印书馆 2012 年版。

11. 周及徐：《南路话和湖广话的语音特点——兼论四川两大方言的历史关系》，《语言研究》2012 年第 3 期。

12. 周及徐：《从语音特征看四川重庆"湖广话"的来源》，《四川师范大学学报》2012 年第 3 期。

13. 周及徐 a：《从移民史和方言分布看四川方言的历史》，《语言研究》2013 年第 1 期。

14. 周及徐 b：《四川自贡、西昌话的平翘舌声母分布》，《四川师范大学学报》2013 年第 5 期。

15. 周及徐：《〈蜀语〉与今南路话音系》，2015 年，待刊。

16. 周岷、周及徐：《田野调查的新发现——四川巴州话，保存入声调的方言》，《四川师范大学学报》2016 年第 6 期。

（作者简介：周及徐，四川师范大学文学院教授。研究方向：汉语史。）

台州方言差比句的类型和演变

阮咏梅

（宁波大学人文与传媒学院）

摘　要：19世纪前后传教士台州土白圣经译本中就出现了三种差比句："如"字句、"还是"句和"比"字句。从差比句中各种比较参项的特点及其语序来看，台州方言差比句比较标记的类型属前置介词型，而且先于比较结果（"比"和"还是"）的和后于比较结果（"如"）的都有。百余年来台州方言差比句的格局变化较大，"比"字句强势，"如"字句萎缩，"还是"句分化为"还""是"和"还是"三种变体。通过与其他吴语方言的比较，我们认为百余年前"还是"句的地理分布可南推至温州，"还是"类词的性质可以算是一种比较标记，它们是官话汉语中"还是"一词在台州等方言中进一步语法化的结果。

关键词：台州方言；差比句；演变；传教士文献

差比句，是指两个及以上的比较对象在程度、数量、形状等方面有差别，且由相关的比较参项构成一定格式的句子。相对于等比句、极比句、递比句等类型的比较句，差比句的差异比较大，具有语言类型学上的意义。

差比句涉及八个比较参项（比较本体、比较主体、比较基准、比较标记、比较点、比较专项、比较结果和比较差值），其中比较主体、比较基准、比较标记、比较结果这四个比较参项一般作为考察差比句的主要关注点。比较标记是差比句的形式标志，其性质和分布决定一种语言（方言）差比句的类型和特点，因此相比差比句其他比较参项，比较标记的重要地位不言而喻。以比较标记为标准，台州方言差比句的主要类型可分为："如"字句、"还是"句和"比"字句。

一　百年前台州方言差比句的的类型

19 世纪传教士的台州土白圣经译本①中，就已出现三种差比句式："如"字句、"还是"句和"比"字句。否定式差比句不在本文考察范围内。

（一）"比"字句

台州土白圣经译本中存在着大量的与现代汉语相同的"比"字差比句，格式为"A+比较标记（比）+B+比较结果"。其比较标记、语序、句法特征、语义内容等都与现代汉语完全一致。可以说，"比"字句是百年前台州方言的主要差比句句式。这种"比"字句可谓信手拈来。由于圣经中重复内容和语句较多，现只择异举例，下文亦同。比如：

（1）Sing-ming ky'i feh-z pi ky'üoh-zih wæ kyü-djong；sing-t'i ky'i feh-z pi i-zông wæ iao-kying? 性命岂弗是比吃食贵重，身体岂弗是比衣裳要紧？=生命难道不是比食物贵重，身体难道不是比衣服重要？（马太，6：25）

（2）ng-he z pi hyü-to tsiang wæ dzih-din. 尔哈是比许多雀还值钿。=你们比许多麻雀还贵重（马太，10：31）

这些"比"字句中的比较项以名词性成分居多，特别是比较项 B，大都为名词或代词。

（二）"还是"句

"还是"差比句的语序与"比"字句相同，皆为"A+比较标记+B+比较结果"，"还是"充当比较标记的作用。但是，与"比"字句不同的

---

① 本文所用台州土白圣经译本以四福音书（《马太福音》《马可福音》《路加福音》《约翰福音》，1880 年）、旧约书（以西结—玛拉基等，1912 年）为主，另外涉及个别圣经译本。出处详见例句后括号中。例句先出圣经译本的罗马字注音，继以台州方言翻译，等号后为现代汉语翻译。

是，当"比"字句的比较结果指向比较对象 A（比较主体）时，"还是"句的比较结果则指向比较对象 B（比较基准）。比如：

（3）Lôh-do cʻün-ku tsing-ngæn, pi ze-cü tseo-tsing Zông-ti-keh koh, wæ-z ge yüong-yi. 骆驼穿过针眼，比财主进上帝个国，还是渠容易。=骆驼穿过针眼，比财主走进上帝的国还容易（马太，19：24；马可，10：25；路加，18：25）

（4）Cong-nying tön ze din-kʻu-li, wæ-z keh gyüong kwa-vu tön-lôh to. 众人断在钿库里，还是个穷寡妇断落多。= 这穷寡妇投到银库（奉献箱）里的钱比众人还多。（马可，12：43）

（5）"拖尔个肚，喂你奶个有福。"耶稣讲，"还是听着上帝道理保守渠有福。"=不如听上帝的道理而遵守的人有福。（路加，11：27—28，1880 版）

（6）要律法缺一项，还是天地废爻容易。=天地过去比律法废掉一项容易。（路加，16：17）

（7）拨一个小门徒绊跌，还是用一爿大磨挂在渠头颈断落海。=就是把魔石拴在这人的颈项上，丢在海里，还强如他带坏了一个小门徒。（路加，17：2，1897 版）

（8）个收田粮人转去，比个法利赛人还是渠算正直。=这个田税官回去，比法利赛人正直。（路加，18：14）

（9）因为我在世还是去世好。=因为我死了比活着好。（约拿书，4：3）

（10）我许拨别人还是许拨尔好：尔好搭我聚代住。=我把她给你比给别人好。（创，29：19）

"还是"句中的比较项成分比"比"字句复杂得多。相对来说，例（9）是最简单的，比较成分"在世"和"去世"是动名词；例（3）和（8）虽然比较项 B 是代词"渠"，实际上分别指代前文出现的"骆驼穿过针眼"和"收田粮人转去"这两件事；其他例子中的比较项都是主谓结构或主谓宾结构，比较参项是形容词属性的，比较项实际上也是指称用于比较的不同的两件事。

这些"还是"句都可以转换为"比"字句，但是"比"字句并不都能转换为"还是"句。可见,"还是"使用的条件限制多于"比",最重要的有两条:一是"比"字句可用于任何时态,而"还是"句一般不能用于将来时。如以下例(11)(12)为"还是"句。

(11)但是在天国顶小主子会比渠大。(马太,11:11)

(12)到审判日子,推罗西顿个应罚比尔哈还轻。(马太,11:22)

二是充当主语、宾语、定语等句法成分的"比"字结构一般不能转化为相应的"还是"差比结构,即"比"字差比结构可以作句法成分,而"还是"差比结构只能作谓语。

台州土白中"还是"句的独特性和复杂性可从此类句子总体上的诘屈聱牙之感来辅证。例(3)—(10)8个"还是"句中,只有例(6)(7)(8)三句通顺,正确率不到一半。

例(7)更是成分残缺(缺比较结果),不知所云。此句1880版的译文虽比1897版稍好,但也是语义不清:"带离个些小门徒里面一个犯罪,还是用麦磨上爿挂在渠个头颈断落海,个应罚还轻。"根据NIV英文版"It would be better for him to be thrown into the sea with a millstone tied around his neck than for him to cause one of these little ones to sin",这个比较句的比较结果是better,从应罚来看,即1880版的"比……轻",但是指示代词"个"指代不明,这是由于台州方言和官话比较句中的比较主体和比较客体的前后位置正好相反导致的。该句和合本版的比较结果"强如"即"比……好",它用"A如"表达比较,说明这个结构是官话共有的,也是有历史源头的汉语共同语的句式。台州方言只是迄今还保留这一特点而已。因此,"如"字句比"还是"句历史久远,但是不如"还是"句有特色。

本来对台州人来说比较简单的"还是"句格式,一方面由于传教士难以把握其特性,另一方面也由于当地配合传教士翻译的同工对圣经内容尚感陌生,导致他们难以驾驭"还是"句的翻译。不是将"还是"句和"比"字句叠床架屋,就是对各种比较参项的处理顾此失彼,无所适从。特别在比较主体和比较基准区分上,常常让人找不着北,而比较主体和比较基准的位置恰恰就是"还是"句的精髓所在。

（三）"如"字差比句

台州圣经土白译本中，有种差比句的格式是：比较主体+比较结果+jü+比较基准。这个 jü 就是比较标记，与"如"同音，而与"于"yü 不同音。因此，不能将之命名为"于"字句（林素娥，2015：338），而应是"如"字句。比如，

（13）M-yiu bih-diao leh-fæh do-jü keh liang-yiang 呒有别条律法大如个两样。=没有别的诫命比这两条大。（马可，12：31）

（14）dæn-z yiu ih-ke neng-kön do-jü ngô-keh Cü-ts we le；ziu-z ka Ge 'a-ta, ngô ah ky'in hao. 但是有一个能干大如我主子会来。=但是有一个比我能干的人会来。（路加，3：16）

（15）学生弗是大如先生。（路加，6：40）

（16）是女人所生没有一个先知人大如行洗礼约翰。（路加，7：28）

（17）我后头有一个能干大如我会来。=有一位在我以后来的，能力比我更大。（马可，1：7）

（18）尔后来还有大如个事干会望着。（约翰，1：50）

（19）我所做事干渠将来也要做，并且大如个些事干也要做。（约翰，13：12）

（20）并且还大如先知人。（路加，7：26）

（21）呒有一个先知人大如行浸礼个约翰。（路加，7：28）

（22）但是有能干大如渠主子走来打赢渠。（路加，11：22）

（23）并且尽心、尽灵、尽意、尽力，爱敬渠，还有爱惜邻舍搭自己一样，个是好如万百燔祭搭祭物？（马可，12：33）

（24）依顺上帝好如依顺人是应该。（使徒，5：29）

（25）个是好如万百燔祭得祭物。（马可，12：32，1897 年版）

（26）因为渠哈是欢喜人个称赞，还好如上帝个称赞。（约翰，12：43）

（27）雅各也搭拉吉同床，爱惜拉吉好如利亚。（创世纪，29：30）

（28）众兄弟望渠爸爱惜约瑟好如渠哈；就气恨渠。（创，

37：4)

（29）以色列生约瑟岁岁老爻，为之爱惜渠好如别个（ke）儿子。(创，37：3)

（30）尔飘荡像水，弗能好如尔兄弟。(创，49：4)

（31）尔阿爸所祝福尔个好如我祖宗祝福我个福气。(创，49：26)

（32）尔得着福气好如万民。(申命记，7：14)

（33）迟如我来个，比我咭尊重；因为渠是早如我。(约翰，1：15)

（34）迟如我来比我还尊重，连解渠鞋带我都欠好。(约翰，1：27)

这种"如"字句中的比较结果形式比较单一，都为单音节形容词。圣经译本中出现的比较结果基本上局限于"大、好、早、迟"等形容词。上述例（14）—（22）都是"大如"句，例（23）—（32）都是"好如"句，例（33）和（34）则是"早/迟如"句。

"如"字句的否定式一般用"弗是"来否定"比较结果+如+比较基准"，如例（16）。另外，也常常用"弗及如"的词汇形式来表达，"如"并非本文所讲的比较标记，而是"及"后的动词助词。如：

（35）所罗门顶荣华时候，渠衣着也弗及如一朵百合花。(路加12：27)

二　台州方言差比句的演变

（一）百余年前台州方言差比句的格局

圣经的宗教和传播特点，要求世界上各种语言或方言在翻译圣经时需尽可能忠于原著，导致圣经各种译本的语言偏于"文""雅"，书面语色彩比较浓厚。但即便如此，我们仍能看到传教士为追求圣经翻译的方言土白话而作的努力。特别是与20世纪初的官话和合本圣经对比后，这些方言土白的差异跃然纸上，执着地诉说着它们真实的历史存在感。而未见于此类圣经译本中的方言特点，并非真不存在。我们以新约"四福音书"为考察范围，搜索出官话和合本①中的所有差比句，将之与1880年版的台州土白译本作相应的对比。统计结果如下：

表1　　　　　　1880版台州土白圣经译本中的差比句类型分布

四福音书	和合本差比句	台州土白译本（1880年版）			
		"比"字句	"还是"句	"如"字句	其他
马太福音	18	14	1	2	1
马可福音	6	2	1	3	0
路加福音	21	12	3	4	2
约翰福音	16	4	0	12	0
总数	61	32（52.4%）	5（8.1%）	21（34.4%）	3（4.91%）

"比"字句在官话和合本中已独占鳌头，这些比字句在台州土白中除了分立为"比"字句、"还是"句和"如"字句外，还有个别以词汇形式等表现的"其他"句，主要有"过于、过先"等，相当于官话中的"胜于"类词。在百余年前的台州方言差比句中，"比"字句也已占一半强，其次是"如"字句占三分之一强，"还是"句则只为十分之一弱。

台州土白的圣经译本此后陆续问世。最后一本是1912年的旧约"YI-SI-KYIH, TAO Mô-LEH-KYI（以西结到玛拉基）"，与1880年版四福音书相距30余年。1912年版译本中的差比句类型格局发生了一些变化（见表2），即"比"字句占了差比句总数的近十分之七，而"如"字句锐减，其跌幅与"比"字句的涨幅持平。当然，这种数据可能囿于不同圣经文本内容的制约而不排除一定的不确定性。但"比"字句的绝对发展优势不容置疑。1880年版台州土白四福音书的翻译出版时间早于官话和合本。官话和合本新约翻译完成于1906年，旧约翻译完成于1919年。由于官话和合本翻译工程浩大，历时近20年，即使未出完官话和合本的新旧约全书，但因传教士内部之间必有交流，辅助翻译的当地同工也会受社会上其他官话书面材料的影响，所以，台州土白圣经译本中的"比"字句大幅增长自在情理之中。

---

① 英文版、和合本官话等其他译本见"基督教圣经在线阅读搜索网站（http：//bible. kyhs. me）"。

表2　　　　　　　　1912 年版台州土白圣经译本中的差比句类型分布

旧约 (以西结— 玛拉基)	和合本差比句	台州土白译本（1912 年版）			
		"比"字句	"还是"句	"如"字句	其他
数目	23	16（69.6%）	2（8.7%）	2（8.7%）	3（13%）

　　与差比句类型格局变化相关联的是程度副词的相应微调。因为受语法结构和语义的限制，"还是"句和"如"字句中的比较结果几乎都是光杆的，表示单纯的比较，没有表示程度的比较结果和比较差值。但是"比"字句就很自由，句法结构和语义表达比较多样和丰富，这也是为何"比"字句最后胜出的主要原因之一。与官话和合本相比，台州方言差比句中程度副词的变化可体现在两个方面：一是程度副词"还"的压倒性优势，二是"格外"的活跃性趋势。官话和合本中的程度副词主要有"还（要）"和"更（加）"两种。前者居多，后者也不少，不像台州土白中那样一边倒地倒向"还"上（见表3）。太田辰夫（1987：167）将现代汉语中"更"用于形容词前归为"表示绝对的差比"格式，他认为"在古代汉语中不存在像现代口语那样明确的绝对的差比，这样说是并不过分的"。"补语更细致表现差比，这是白话的特征"（太田辰夫，1987：170）。百余年来台州方言差比句中的程度副词数目的多寡、更替和使用频率等变化，也证明这种说法并不过分。

表3　　　　　　　　　台州土白中的程度副词

	"还"	"更（加）"	"格外"	无
马太福音（1880）14	9	2	1	2
以西结等（1912）16	12	0	4	0
总数	21	2	5	2

（二）今台州方言差比句的类型

　　百余年前台州方言的三种差比句虽延至今天，但是发展极不平衡。"比"字句已成为人们脱口而出的句式；"如"字句的空间已极度萎缩，只出现在七八十岁以上老人的口中或当地俗语、老话中；而"还是"句则分化为三种形式，即"还是"句、"还"字句和"是"字句，我们可统称为"还是"类句。比如说："我比你高。"今台州方言有以下五种表达式：

（36）a. 我比尔长。b. 尔还我长。c. 尔还是我长。d. 尔是我长。f. 我长如尔。

其中例（36）b、c、d 的性质相同。"如"字句除了少数老派尚在使用外，可在俗语、老话中偶见一二，比如："吃梗虫，健如龙；吃吃猛，像蛇蝻。"意为：吃一条虫，比龙还健壮；吃得越多，却像蚱蜢一样（瘦）。"儿大如娘"这句话则有比喻用法了，意为"孩子比父母还厉害，还有权威"之类。

台州方言内部各地在差比句上可谓高度一致。即使在各地提供的语料中并未出现上述全部五种差比句句式，有的地方仅提供一种句式，也并不表示其他形式不为当地人所用。如目前所见天台方言差比句的典型例子是"小王是小李长"（戴昭铭 2009：107）。在我们实际调查中，除了这种说法外，"小李还小王长"和"小李还是小王长"也可以说。另外，在浙江省档案馆组织完成的"浙江方言语音建档"项目的台州市八个县市方言中，差比句的调查条目是"我比他大三岁"，和"我年龄没有他大"。但是所有八个调查点的老年发音人"不约而同"地保持了高度的一致，即全部用的是"比"字句和否定式"呒"字句。这并不表明今台州方言的差比句仅剩一种"比"字句了，而是由于各种原因导致的调查不彻底和获得语料不充分的结果。"我比他大三岁"至少还可以说"我大渠三岁"。而且由于差比句调查条目中的比较结果是有比较差值的，所以限制了"如"字句和"还是"类句被调查出来的可能性。

三　与其他吴语方言差比句的比较

（一）差比句的语言类型

百余年前的吴语差比句除了零标记句外，可以分为四种："比"字句、"于"字句、"如"字句和"还是"句。其中，"比"字句已是通行格式，其他三种有方言地理上的分布差异。有一点可以肯定的是，台州土白属于"如"字句而非像金华土白那样属于"于"字句。

太田辰夫（1987：168）将"A比B……."看作是基本的"相对的差比"形式，包括两种词序：A式：A-形—介-B；B式：A-介-B-形。前者是古代汉语中的词序，近古也还用；后者是近古以后才有，现代汉语中全都用这种。A式有"于""过""如""似"等介词，B式用介词"比"，词序也与A式不同。照此，"于/如"句属于A式，"比"字句和"还是"句属于B式。前者即为"顺行结构"，后者即为"逆行结构"（桥本万太郎1985）。

从比较标记的性质和比较参项的特点及其语序来看，台州方言等其他吴语差比句比较标记的类型皆属前置介词型，而且先于比较结果（"比"和"还是"）的和后于比较结果（"如"和"于"）的都有。

（二）"还是"类句的讨论

1. "还是"类句的分布

林素娥（2015：350）认为，"使用'还是'差比句的方言主要限于浙江中东部区域，最南端的瓯江地区无论是一百多年前的文献还是今方言中都不使用，而瓯江片吴语往往是学界认为保留吴语古老特征最多的方言。一百多年前的温州话文献中差比句类型也印证了这点。……温州话中'大如我_{比我大}'这类差比句常用于温州话《圣经》土白译本中。它是宋元时期较常用的差比句，从一百多年前西方传教士编写的吴语苏州、上海、宁波、台州、金华、温州等方言文献来看，只有温州话保留了这种差比句，也可以说，浙江南部瓯江片吴语差比句应是更早的类型。不过，同时期文献中温州话未见'还是'差比句。"

这段话有两点可以补充说明：

第一，温州话中"大如我_{比我大}"这类差比句，并非只限于温州话，台州话和宁波话中也有，不但一百年前就有，而且保留到现在。

第二，"还是"的区域并不限于浙江中东部，实际上最南端的瓯江片吴语也使用，至少一百多年前就见于传教士文献。至少我们在温州土白四福音书中发现了两个"还是"句：

（37）台州："拖尔个肚，喂你奶个有福。"耶稣讲："还是听着上帝道理保守渠有福。"＝不如听上帝的道理而遵守的人有福（路加，

11：27—28，1880 版）

温州：带尔格个胎，尔所吮渠奶奶有福个。耶稣讲："还是听上帝个道理，又守牢人是有福个。"

（38）台州：要律法缺一项，还是天地废爻容易。（路加，16：17 1880 版）＝天地过去比废一项律法容易。

温州：同律法 de 一点废爻还是天地过去容易倈。

另外值得一提的是，在温州土白四福音书中，我们发现比较标记"ź"与"是"同音，如：大 dùź、过 kùź、好 höéź；但是 Dà-ź、不是 fú-ź、若是 djah-ź。但是不与"如"同音，温州土白圣经中的"如"音记为 jï，如"如同 jï-dong（马太，23：37）"，与"谁、随"同音。今温州话"如"与"是似"同声韵而不同调。可见，温州土白圣经译本中的差比句应为"似"字句，而非"如"字句。再说，古代汉语差比句中"似"字句也与"如"字句一样是从平比句发展而来的。此外，今温州方言中"还是"句已绝迹，"如"字句退至与台州话一样的狭窄空间。今吴语范围内，尚存"还是"类句的方言除了台州和宁波外，还有丽水、绍兴、义乌等地，范围主要限于浙江中部地区。

2. "还是"类句的性质

关于"还是"类差比句的性质，有的认为"还是"类句是汉藏语言差比句古老形式特别是格标记的遗存（赵金铭，2002）；有的认为"还是"的意义仍然比较实在，所以不能算是比较标记（刘丹青，2012）；有的认为"还是"类句是两个单句比较后的句式融合（李蓝，2003；林素娥，2015）；也有的认为是表"不及、不如"（阮桂君，2009）。我们认为，"还是"类词的性质可以算是一种比较标记，它们是官话汉语中"还是"一词在台州等方言中进一步语法化的结果。

语法化是一个不断渐进的连续统，在此过程中，常常会经历语音减损（phonetic reduction）、语义泛化（semantic generalization）、自主性消失（loss of autonomy）、形态变化（morphological typology）、句法调整（syntactic adjustment）等不同阶段。除了无形态变化外，"还是"类比较标记的语法化过程和表现都是比较典型的。首先是"还"和"是"各自的语法化。"是"是汉语里唯一真正的系词（王力，2014：211）。但它在上古时代是个表近指的指示词。最初被用为系词，该是在六朝时代。作典型的系词时，其主格为名词，表词亦具备。后来有很多系词性的活用，甚至已近似副词。"是"可用来判断事实、追究原因、助连词或副词的语气、成为副词的一部分甚至完全变为副词等（王力，2003：401）。"还"从动词语法化为表程度、持续等意义的副词，它与"是"的词汇化过程和语法化过程中所产生的语义泛化、功能多样化、语音弱化，以及语法结构的变化等，就既体现在台州土白圣经译本中的"还是"句常常是那种"A 和 B 比，还是+比较结果"或"A 比 B，还是+比较结果"的格式上（其中"比"不是比较标记，而是动词。如上文例（3）"骆驼穿过针眼，比财主进上帝个国，还是渠容易"和例（8）"个收田粮人转去，比个法利赛人还是渠算正直"），同时又体现在"还""是"和"还是"比较标记的共存上。

　　有专家认为吴语方言中这种"还是"差比句与普通话中"还是"作为副词表示"比较后的选择"是不同的类型（林素娥，2015：344）。实际上，吴语中这种"还是"类比较标记可以说是这种"比较后选择"的进一步虚化，最后语法化为一个比较标记。无论是比较后的客观事实，还是比较后的主观认识和判断，都成为一种现实或已经发生的过去，这也是为何"还是"句一般不用于将来时的主要原因（如果用于将来时的话，也要受限于添加具体时间词的条件），比如下文例（39）—（41），英文版圣经中都是现在时或完成时，台州土白均可译为"还是"句或"如"字句（当然也可以是"比"字句），但是例（42）不能译为"还是"句，因为它是将来时，而且这个比较格式作的是主语。

　　（39）It is easier for a camel to go through the eye of a needle than for a rich man to enter the kingdom of God. （马太，19：24）

　　（40）This poor widow has put more into the treasury than all the others. （马可，12：43）

　　（41）There is no commandment greater than these. （马可，12：43）

　　（42）But one more powerful than I will come, the thongs of whose sandals I am not worthy to untie. （路加，3：16）

　　此外，"还是"类句的存在也与吴语主语话题化特征有关。这也是为何在描写"还是"类差比句时，一般采用"A 还是 B+形容词"的形式，而不是非常适合采用"比较基准+还是+比较主体+比较结果"的形式。因为"还是"句中的"比较基准"毕竟与一般"比"字句或"如"字句中的比较基准不同，它处于主语的位置从而获得了充当话题的功能，而非仅用来充当比较基准的从属角色。A 相当于形式的主语，在意义上叫作"主题成分"（太田辰夫，1987：36），后面的术语部分是对 A 作出说明。刘丹青（2012）也认为，"天台话差比句作为独立范畴的地位比'比'字句更弱，与话题结构的同构性更强。它直接靠话题结构包括话题标记来表达差比句语义，没有话题结构和话题标记以外的专用差比句手段，靠主话题和主语（或次话题）之分来区分基准和主体"。可以说，吴语的主语话题化这一语言特征使得"还是"在台州等方言中进一步语法化为比较标记成为可能。

参考文献

1. 戴昭铭：《天台方言研究》，中华书局 2006 年版。

2. 李蓝：《现代汉语方言差比句的语序类型》，《方言》2003 年第 3 期。

3. 林素娥：《一百多年来吴语句法类型演变研究：基于西儒吴方言文献的考察》，中国社会科学出版社 2015 年版。

4. 刘丹青：《汉语差比句和话题结构的同构性：显赫范畴的扩张力一例》，《语言研究》2012 年第 4 期。

5. ［日］桥本万太郎：《语言地理类型学》，北京大学出版社 1985 年版。

6. 阮桂君：《宁波方言语法研究》，华中师范大学出版社 2009 年版。

7. ［日］太田辰夫：《中国语历史文法》，蒋绍愚等译，北京大学出版社 1987 年版。

8. 王力：《王力语言学论文集》，商务印书馆 2003 年版。

9. 王力：《汉语语法史》，中华书局 2014 年版。

10. 赵金铭：《汉语差比句的南北差异及其历史嬗变》，《语言研究》2002 年第 3 期。

认同行为与语音变异
——以（i）变项、（y）变项、（-ʔ尾）变项为例

王　玲

（南京大学文学院）

摘　要： 本文以社会语言学变异学派的理论和方法为指导，以合肥科学岛内语音变异的调查为基础，讨论合肥科学岛社区内居民语言认同行为与社区内语音变异的关系。研究结果发现：（1）合肥科学岛社区内语音变异分布状况与社会因素之间相关性的数据表明，（i）、（y）、(-ʔ) 变项已经发展成为进行中的语音变化；（2）社区居民的认同行为是解释岛内进行中语音变化的社会动因；（3）"长期语言适应行为"对方言系统的影响是通过"方言拉平"的方式实现的，而"方言拉平"也是导致进行中语音变化出现的重要因素。

关键词： 认同行为；语音变异；方言拉平

"认同"（identity）概念，从哲学中产生，因被心理学家艾里克森应用在青少年认同危机的研究中而为人熟知。20 世纪 60 年代开始，西方学者将其在社会学、政治学、哲学、人类学、民族学、语言学等诸多领域中广泛应用。"认同"的概念非常复杂，不同的学科会从不同的视角理解这一概念。在语言研究领域，认同被看作是个人与社会单位之间确立的一种不断变化的协议（the active negotiation），这种协议是通过语言和别的符号形式来发出信号的。语言行为其实就是认同行为（Le Page & Tabouret-Keller 1985）。拉波夫（Labov 1969）、沃尔弗拉姆（Wolfram 1969）、盖尔（Gal 1987）、迈尔斯–斯克顿（Mayers-Scotton 1993）等人的研究显示，在异质性很强的城市言语社区中，不同人群的认同行为会出现分化，进而也会影响语言行为的分化。基于此，他们提出认同行为（Act of Identity）应

被视为影响语言变异与变化一个重要的社会因素。当前的中国，正处在大规模、高速度的城市化进程中。不同民族、不同地区、不同方言（语言）背景的人口杂居已经是社会的常态，在此背景下，城市社区内的语言（或方言）也复杂起来。当不同语言接触的时候，社区群体的认同行为会出现什么样的变化？这一变化对当地方言系统会产生什么样的影响？这些都是值得关注的问题。因此，本文以合肥科学岛的调查为基础，来分析在语言接触状态下，当地方言系统可能出现的变化以及社区居民的认同行为与这种变化之间的关系。

一　调查的基本情况

（一）调查单位和对象

合肥科学岛，又称为中国科学院合肥分院，位于安徽省合肥市郊区（离市区约 20 千米）。科学岛的发展始于 20 世纪 60 年代，70 年代中期以后，先后建成了等离子物理研究所、智能机械研究所、固体物理研究所，社区成员有一些常用的语言变体（普通话、合肥话等），约 6000 名访谈对象常年在科学岛居住和活动。

我们选取了 60 人的包括朗读材料和自然谈话在内的录音语料。其中，男、女各取 30 人；在第一代、第二代和第三代科学岛人中各取 20 人。第一代是最早来岛的，包括从北京、东北等地的研究所分配来的研究人员和从各大部队转业来的工厂工人；第二代、第三代是第一代之后相继在科学岛工作和生活的人员，既有合肥本地出生的也有从外地迁移来的人员。

表 1 60 名访谈对象社会特征分布表

教育程度	大学及以上	31 人
	中　学	25 人
	小　学	4 人
原居住地	合肥及郊县	36 人
	安徽省内	12 人
	安徽省外	12 人

续表

	工人	10人
社会阶层	行政人员	20人
	商业人员	8人
	研究人员	17人
	学生	5人

从表1可见60名访谈对象的社会特征。教育程度方面，受过高等教育的（包括大专、大学、硕士、博士）约占52%，受过中等教育的约占42%，受过小学教育的占7%。原居住地方面，来自合肥市及其附近郊县（肥东、肥西和长丰）的人占60%，来自安徽省内其他地区的人占20%，由于河北、东北、江苏等省外的访谈对象比较少，故将他们合并在一起，记为"安徽省外"占20%。社会阶层方面，岛内成员从高到低依次分属"研究人员""行政人员""商业人员""学生"和"工人"五个阶层。

（二）语音变项和变式

语言变项（linguistic variable）这个概念最早是拉波夫提出的，目的是为了在研究中将语言变异具体化（Labov 1963，1969）。语言变项可以体现在语音、语法、词汇等各个结构层次。每个语言变项都包含有两个或两个以上的语言变式（variant）。在某个社区，要选择合适的语言变项，可参考三个标准：（1）频繁性。语言变项在日常话语中频繁出现，即使在没有结构联系的上下文和简短的交谈中也可能出现。（2）结构性。语言变项和越大的功能单位体系结合，就越有可能成为研究对象。（3）层次性。变项的特征分布应该是高度层化的，在初步调查中就能够发现它在广泛的年龄层或其他有序的社会层面的不对称分布（Labov，1972；孙金华，2006）。在近50年的发展中，科学岛内的语言使用状况发生了较大的变化。在20世纪60年代初期，第一代科学岛人中，虽然有少数研究人员选择以普通话作为主要的交际语言，可当时整个科学岛的主流趋势是方言混杂，普通话的主导地位并未形成。随着时间的推移和社会的变化，第二代和第三代中，方言杂处的局面逐渐被合肥话和普通话所取代，科学岛逐步发展成为一个双言社区。根据上述标准，我们确定了一组有差异的语音项目。选定的语音变项，分别是（i）变项、（y）变项、（-ʔ尾）变项3

组变项。每组语音变项都有两个变式，一个是来自普通话的标准变式，一个是来自合肥话的非标准变式。

（i）变项两个变式分别是（i）-1 = [i]，（i）-2 = [ɿ]。标准变式（prestige form）是前高不圆唇元音[i]，读成舌尖元音[ɿ]是非标准变式（stigmatized form）。

（y）变项两个变式分别是（y）-1 = [y]，（y）-2 = [ʮ]。标准变式是前高圆唇元音[y]，非标准变式是舌尖元音[ʮ]。

（-ʔ尾）变项（"-"表示"非"的意思）：（-ʔ尾）变项由两个变式构成，它的标准变式是喉塞尾-ʔ消失，出现喉塞尾-ʔ是非标准变式。

（三）研究方法和问题

对录音材料，采用变项规则分析法（Goldvarb）运算出两个变式的出现频率，即两种变式被使用的概率。变式的使用和对它们的评价等情况，主要通过问卷调查法和访谈法来完成，为了更完整地说明问题，还辅助使用了文献法。本文主要是以社会语言学变异学派的理论和方法为指导，以合肥科学岛内语音变异的调查为基础，讨论城市社区内居民认同行为与合肥话系统中语音变异的关系，借此发现社区内语音变异出现的社会动因以及变异未来的发展趋势等问题。

二 语音变异的使用情况

（一）变式使用情况

表2　　　　标准和非标准变式的使用情况

变项	（i）		（y）		（-ʔ尾）	
变式	i	ɿ	y	ʮ	无	有
出现次数（个）	4804	506	921	153	2033	397
出现频率（%）	90	9	85	14	83	14

从总体来看，标准变式和非标准变式在实际的话语中虽然处在不同的竞争阶段，不过岛内居民对三个变项的使用总体趋势明显，标准变式的出

现次数和出现频率高于非标准变式。即，不管是本地居民还是外来移民都倾向于使用标准变式。

那么，不同社会背景的居民对这些变项的使用是否相同呢？结合相关的数据，我们来看看不同社会因素对语音变异的影响。

（二）社会因素与语音变异

通过考察不同社会因素对语音变异的影响，可以发现方言系统中语音变异的社会发展趋势。语音变异的分布情况与性别、年龄等社会因素的相关性见表3—表5。

表3　　　　　　　　社会因素对[i]变[ɿ]作用力的统计结果

[i]变[ɿ]的社会因素					
性别	年龄	教育	原居地	阶层	语体
男 .622	第一代 .682	小学 .908	合肥 .698	工人 .828	谈话 .612
女 .361	第二代 .590	中学 .619	省内 .501	研究 .476	朗读 .302
范围 .261	第三代 .262	大学 .368	省外 .109	商业 .869	范围 .310
	范围 .420	范围 .540	范围 .589	行政 .207	
				范围 .662	

表4　　　　　　　　社会因素对[y]变[ʮ]作用力的统计结果

[y]变[ʮ]的社会因素					
性别	年龄	教育	原居地	阶层	语体
男 .758	第一代 .784	小学 .978	合肥 .624	工人 .804	谈话 .611
女 .226	第二代 .593	中学 .715	省内 .636	研究 .594	朗读 .156
范围 .532	第三代 .197	大学 .257	省外 .108	商业 .941	范围 .455
	范围 .587	范围 .721	范围 .528	行政 .067	
				范围 .874	

表5　　　　　　　　社会因素对ʔ尾出现的作用力的统计结果

ʔ尾出现的社会因素					
性别	年龄	教育	原居地	阶层	语体
男 .650	第一代 .614	小学 .675	合肥 .616	工人 .845	谈话 .530
女 .342	第二代 .576	中学 .498	省内 .367	研究 .300	朗读 .276

续表

ʔ尾出现的社会因素					
性别	年龄	教育	原居地	阶层	语体
范围 .308	第三代 .356	大学 .480	省外 .247	商业 .915	范围 .254
	范围 .258	范围 .195	范围 .369	行政 .219	
				范围 .696	

表3、表4和表5显示，在[i]变[ɿ]、[y]变[ʮ]、-ʔ尾出现时，性别、年龄、教育程度、原居地和社会阶层都被选中。

"性别"是影响[i]音发成[ɿ]音、[y]音发成[ʮ]音、ʔ尾出现的重要因素，而且出现了男女分化，男性将[i]音发成[ɿ]音、[y]音发成[ʮ]音的概率远远高于女性，男、女使用比率分别为：.622＞.361、.758＞.226、.650＞.342。也就是说男性更倾向于使用非标准变式，女性则多使用标准变式。

"年龄"也是制约[i]变[ɿ]、[y]变[ʮ]、ʔ尾出现的重要因素。首先第一代非标准变式比率最高（.682、.784、.614），其次是第二代，最后最低的是第三代（.262、.197、.356）。"年龄"越小，标准音的出现比率越高。从统计结果来看，这三个变项可能是个"进行中变化"（change-in-progress）。

但首先需要判定变异是"年龄级差"（age-grading）还是"代差"（generation difference）。徐大明（2004）根据《合肥方言志》《合肥话音档》等的记载，在50年代或者更早的时间，合肥地区不同年代的人的话语中就开始出现ɿ、ʮ、ʔ尾等语音。李金陵的研究发现，从20世纪80年代开始，随年龄的降低，合肥话音[ɿ]、[ʮ]音逐渐减少。因此，这三组变项在"年龄"方面表现出的变异情况，是"代差"而不是"年龄级差"。

"教育程度"与[i]变[ɿ]、[y]变[ʮ]、ʔ尾出现的关系也极为密切。受小学教育的人非标准变式使用率分别为：.908、.978和.675，受高等教育的人为.368、.257和.480。可见，受教育程度越高，发非标准音的比率越低。

"原居住地"因素对这三个变项也有很强的制约关系。结果显示，不同方言背景对将[i]音发[ɿ]音、[y]音发成[ʮ]音、ʔ尾出现有很强的制约作用。首先"合肥地区"（.698，.624，.616）发非标准音的比率最高，其次是"安徽省内"，最后最低的是来自"省外"的。

"社会阶层"因素也是制约[i]音发成[ɿ]音、[y]音发成[ʯ]音的有力变项。"行政人员"和"研究人员"为主的社会阶层中标准变式出现的概率最高，而"商业人员""工人"为主的阶层中非标准变式的出现率最高。从所处的社会阶层来看，拥有文化资源的"研究人员"和拥有组织资源的"行政人员"在合肥科学岛内处在较高的地位，享有较高的社会声望；而"工人"和"商业服务人员"在科学岛内处在社会的底层，社会声望较低。也就是说，社会阶层越高，越倾向于使用标准变式。

"语体"因素同样是制约[i]音发成[ɿ]音、[y]音发成[ʯ]音、ʔ尾出现的重要条件。"谈话"语体有利于非标准音出现，"朗读"语体则利于标准音出现。

通过以上对（i）、（y）、（-ʔ尾）三变项的分布状况与性别、年龄、教育程度、原居住地、社会阶层和语体等社会因素之间相关性的分析可以看出，三变项的社会发展趋势呈现以下的特征：（1）三变项的不同变式因性别、年龄、教育程度、原居住地、社会阶层和语体等的不同出现的概率也有差异，呈现出不同的社会分布。从统计结果看，标准变式[i]、[y]、[-ʔ尾]是主流趋势。（2）具体来看，"女性"的使用率高于"男性"；年龄越小、受教育程度越高，使用标准变式的概率越高；"行政人员"和"研究人员"使用标准变式的概率较高；而且在正式的"朗读"语体中，标准变式的概率较高。这些证据表明（i）、（y）、（-ʔ尾）变项是进行中的语音变化。

三 社区居民的认同行为

我们知道，所谓"进行中的变化"，其实指的是一个正在扩展其社会分布的语言变异。换句话说，一个语言变化要在言语社区中逐步推广，这个推广过程需要社会的动力。那么，是什么动因推动（i）、（y）、（-ʔ尾）三变项在社区中的变化呢？通过访谈法，我们考察了社区居民对这三个变项的社会认同状况。

结果显示，50岁以下的科学岛居民对（i）、（y）和（-ʔ尾）变项的非标准变式的主观评价显示出了相当大的一致性，即对非标准变式的认同都是负面的，绝大多数人在日常话语中不使用这些非标准变式。例如：

22 号访谈对象，40 岁，安光所研究人员，在科学岛出生，他回忆说："上中学时，有一个同学，上课时说了一句'打倒一切帝（tʂʅ）国主义'，当时全班哄堂大笑，他也不好意思。我记得特别清楚。现在那人也在岛上（工作），不过，已经不说了（ʅ、ʮ音），现在普通话相当好了。"19 号访谈对象，44 岁，专科学校教师，在科学岛长大，他也说："老母鸡（tʂʅ）这种音，我上初中的时候就很少有人说了，当时就觉得土，现在只有农村的合肥人才这样说，市里的很少这样说了。"

-ʔ尾，虽然被排斥的程度没有ʅ、ʮ音那么强烈，但由于和普通话的语音差异很大，还是引起了不少人注意。例如：

20 号访谈对象王亚平，50 岁，安光所技术人员，10 岁时随父母来到科学岛，当问她是否会说合肥话时，她说："差不多算会吧，初中不在岛上读，在市里的中学，同学都说合肥话，我一个人说普通话挺别扭，就学，不过说的不地道，一些很土的话不会说，有些话（合肥音）很奇怪，合肥人说'我好渴 kɐʔ'，我说合肥话，可能就是调跟普通话不一样，但我绝不会说'我好 kɐʔ'……" 28 号访谈对象，籍贯山东，33 岁，安光所研究人员，他说："合肥有些话跟我们那很不一样，他们说'合 xɐʔ 肥'……"

岛内居民对（i）、（y）和（-ʔ尾）变项的非标准变式[ʅ]、[ʮ]、ʔ尾的主观认同的百分比情况如表 6：

表 6　　　　　　　　　　对[ʅ]、[ʮ]、ʔ尾的主观认同的百分比

不同阶层	对[ʅ]、[ʮ]负面认同的百分比（%）	对ʔ尾的负面认同的百分比（%）
研究人员	88	81
行政人员	75	70
工人	70	60
商业人员	63	50

表 6 显示，不同阶层的人对[ʅ]、[ʮ]、ʔ尾的负面认同占主导地位。处在较高阶层的"研究人员"中有 80% 的人对[ʅ]、[ʮ]、ʔ尾的认同度偏低，即使在社会阶层较低的"商业人员""工人"中也约有 60% 的人对[ʅ]、[ʮ]、ʔ尾持负面认同。而且大多数人表示在日常话语中主要使用

的是有声望的标准变式。但实际调查的结果显示，日常生活中，"商业人员"和"工人"使用最多的却是非标准变式。"工人"和"商业人员"阶层对[ʅ]、[ɥ]、ʔ尾变式的实际使用率和自我主观的认同行为是不一致的。即，他们对[ʅ]、[ɥ]、ʔ尾变式的负面认同偏高，主观上也希望尽量少地使用它们，可由于"工人""商业人员"阶层中多数不太会说普通话，因此造成他们实际使用[ʅ]、[ɥ]、ʔ尾变式的比率仍偏高。对于研究人员和行政人员，由于多数人受教育程度偏高，其语言能力偏强，既会说普通话也会说合肥话，当他们对[ʅ]、[ɥ]、ʔ尾变式负面认同偏高时，他们会逐渐减少对这三个变式的使用，而转用标准变式但实际上他们中的多数人又在使用这三个变式。

岛内居民对这三个变式的负面认同行为，其实有一个发展的过程。在科学岛建立早期，并没有多少人注意到合肥音[ʅ]、[ɥ]的特殊。根据《方言志·合肥卷》的描述，当时合肥话的ʅ化现象，不仅尚未减弱，而且还有向外变化的迹象。随着时间的推移，[ʅ]、[ɥ]等音的使用情况发生了变化。《合肥话音档》在介绍合肥话概况时提到："改革开放以来，在原有发展的基础上，全省各地及外省人口大量迁入，合肥话已有了明显的变化，中青年及知识阶层口语中[z]、[ʅ]、[ɥ]已逐渐减弱，跟老派合肥话有一定差异……这里所记录的是合肥市区中老年人所使用的老派合肥话。"很明显，改革开放后，合肥话已经有了新派和老派的差异。老派合肥话中[ʅ]、[ɥ]等音较多，新派中[ʅ]、[ɥ]等音较少。实际的访谈显示，社区居民对[ʅ]、[ɥ]等音的认同出现了比较一致化的特征。多数人已经将它们视为"污名化"（stigmatized forms）形式，常常和合肥的农村人联系在一起。31号访谈对象，女，30多岁，出生在科学岛，她说："我在岛上很少听到这些（[ʅ]、[ɥ]），合肥市的人好像都不这样说了，菜场那些卖菜的好像说。"35号访谈对象，男，40多岁，合肥人，他说："现在好像很少说了，市里的少，想听你到肥东、肥西（合肥市管辖的两个县城），很多，附近农村人说得也多。"另外，由于岛上的人大部分说普通话，在长期的接触过程中，这些人也意识到合肥的这些音与普通话的差异，公共场合就会有意识地避免使用合肥音。比如，一位酒店老板娘，随意谈话的时候，她非常配合，可是请她朗读一段话时，她竭力拒绝，理由是："我读不好（普通话），我说的是合肥土话，很难听。"同样的情况也出现在一位后勤工人的身上。在请他朗读的时候，他极为抗拒，理由也是"我读不好（普通话），你请会说（普通话）的读吧"。

这种负面认同行为的产生，有两方面的原因。一是与普通话声望的提高有关。改革开放以后，中国政府大力倡导推广普通话，大众传媒也不遗余力地帮助推广普通话，这些都使普通话越来越为人熟知，而且合肥科学岛使用普通话是主流，在长期的接触中，普通话与合肥话的差别清楚地表现出来；二是与大众传媒有关。在合肥，很多电台、电视台在做节目的时候，故意使用合肥话中的[ɻ]、[ɥ]音制造滑稽效果，一些方音在过度被夸张放大的同时，也让不少市民对它们产生了负面评价。安徽电视台曾经有个主持人在主持《大话娱乐》时，使用了"合肥话老母鸡"，结果引发了一场争论。很多市民打电话表示抗议，认为合肥方言土得掉渣，听起来一点美感都没有，只觉得肉麻、俗气，还是字正腔圆的普通话好听。后来那位主持人辩解说，纯正的合肥话的确不好听，不过他使用的是改良的"老母鸡（合肥方言）"。

由此可见，岛内居民负面的认同行为是引发科学岛[ɻ]、[ɥ]、ʔ尾发生变化的社会动因。不过，仅仅有负面认同行为并不能完全引起语音的改变。有认同行为的居民要改变自己的语言行为必须具备这样四个条件：（1）可以区别出不同的群体；（2）有机会也有能力观察和分析不同群体的行为系统；（3）有加入某群体的强烈动机；（4）他/她有能力改变自己的语言行为（Le Page& Tabouret-Keller 1985：182）。也因此，才使得"年龄"成为岛内语音变化的重要的制约因素。前面的统计结果显示，年龄越小的人受教育程度越高，接触标准变式的机会越多，另外由于负面认同行为的存在，他们特别不想被人看成是"农村人"或"乡下人"，想成为"城里人"，所以"第三代"多倾向使用标准变式，因而非标准变式比率最低。

四　语音变异对方言系统的影响

可负面的认同行为只是解释了岛内语音变异的社会动因，岛内进行中的语音变化将对方言系统产生什么样的影响呢？这种影响又是通过什么样的方式来实现的呢？事实上，这种"进行中变化"对方言系统的影响就是方言中非标准变式的使用率衰减，或者会随着时间的推移而消失。上文的调查结果已经表明，年龄越小，对非标准变式的使用率越低。当某个方言的后继者拒绝使用某种变式的时候，这个变式离消失就不远了。当然，这种变化不是突然出现的，在系统中将会通过"方言拉平"（dialect leveling）的方式出现。"方言拉平"是指在一个特定的地区，特定的语音、形态或词汇单位的几个变式数量减少的现象。"拉平"导致科学岛内不同语言变体间的差别缩小，进而在这个社区内逐渐形成同质的语言变体。（徐大明，2006）

　　那么，"方言拉平"现象又是怎样出现的？从研究的过程来看，"方言拉平"现象出现的前提是岛内居民的语言适应行为。如前所述，语言适应的基本思想是，如果对话双方想获得对方的认可或认同，他们在语言上就会相互靠拢，反之则相互偏离。适应可以是相互的，也可以是单方的；可以是向下的，即身份高的人采取身份低的（或者他们认为身份低的）变体，也可以是向上的。因此，适应行为其实是对会话情景的一种反应。在合肥科学岛内，来自不同地区的移民生活在一起时，有些说方言的人有意无意地使用某些普通话语音，就是一种适应行为。

　　适应行为有"暂时适应行为"（short-term accommodation）和"长期适应行为"（long-term accommodation）两种。暂时适应行为有三种模式：第一种是"行为频率模式"，指成年人或儿童在与已经采用柯因内语的说话者交流时，为了适应这些说话人，也采用了他们的形式。比如特鲁吉尔（2003）在调查挪威语时，自己就不自觉地采用了一些调查对象所说的变体形式；第二种是"身份投射模式"，这种言语适应行为的对象不是对话人这个个体，而是该对话人从属的社会群体，甚至是与当时会话情景无关的某个具有社会吸引力的群体。比如与某个高级官员进行交谈时，说话人可能会把自己的言语方式向所谓"官腔"靠拢，而实际上这位官员本人的言语风格可能没有一点官腔；第三种是在方言交际间，根本就发现不了言语适应的对象，有些形式不属于方言混合，而是说话人自己创造出来的形式。（徐大明，2006）与"方言拉平"密切相关的是"长期适应行为"。"长期适应行为"的表现方式是个体经过与不同变体的说话人长时间的接触后，自己的日常言语发生了近乎永久性的变化。"长期适应行为"是在无数个具体会话引发的"暂时适应行为"的基础上形成的。另外，特鲁吉尔的研究表明"长期言语适应"的对象其实是目标变体中的那些"凸出性"特征。一个语言变项如果拥有下列因素，就容易引人注意，具有潜在的"凸出性"，发生变化的速度较快：（1）至少有一个变式遭到了公众的蔑视；（2）有一个变式反映了较高的社会身份；（3）正在经历语言变化；（4）在发音上有明显的不同；（5）在言语适应的变体中起到保持音位对立的作用。（Trudgill 2003）

科学岛内"方言拉平"现象就是长期语言适应行为的结果。统计结果显示，（i）、（y）、（-ʔ尾）等变项的标准变式增加的趋势与"年龄"密切相关，年轻的一代标准变式出现率最高。而且，（i）、（y）、（-ʔ尾）等变项都是具有"凸出性"特征的语言变项。从科学岛居民对上述变项的主观反应测试中可以看出，大多数居民感觉到上述变项的标准变式和非标准变式的差异。比如，（i）变项就具有"凸出性"特征。首先它的非标准变式[ʅ]与标准变式[i]发音明显不同；其次，非标准变式[ʅ]有"污名化"的倾向，被认为是"农村人"的语音，标准变式[i]却有较高的社会声望；最后，（i）变项是个"进行中的变化"，在言语适应的变体中起到保持音位独立的作用。因此，从岛内"第一代"移民开始就出现言语适应行为，一些居民的语音倾向于向标准变式语音靠拢，越是年轻的一代，标准变式的出现率越高。在一代代的长期适应过程中，非标准变式的使用率越来越低，根据目前的统计结果来看，随着时间的推移，非标准变式[ʅ]有可能在"拉平"过程中被淘汰。

"长期语言适应行为"引发的"方言拉平"现象是导致科学岛社区进行中的语音变化出现的重要因素。

五　结语

通过以上对（i）、（y）、（-ʔ尾）三变项的分布状况与性别、年龄、教育程度、原居住地、社会阶层和语体等社会因素之间相关性的分析结果表明，（i）变项、（y）变项、（-ʔ尾）变项都是进行中的语音变化，它们的标准变式在社区内部占主流趋势。具体来看，三变项不同变式的社会发展趋势为：在社区内部，第三代移民中标准变式的使用率将逐渐增加，来自省外的而且教育程度越高的成员越倾向于使用标准变式，所处社会阶层越高也越倾向使用标准变式，而且女性比男性更多地使用标准变式，另外，多数成员在正式场合会更多地使用标准变式。

三变项之所以能发展成为进行中的变化，最深层的社会动因是来自人群内部存在的负面的认同行为。而这种认同行为的产生，有两方面的原因：一是与普通话声望的提高有关，二是与大众传媒有关。近年来岛内第二代和第三代移民语言能力逐步提高，接触普通话的机会和场合也增多，这些因素使得他们有能力、有条件根据会话情景的不同而做出自己的反应，即根据不同的场合使用不同的变式。这种语言行为对合肥话语音系统的影响是通过"长期语言适应行为"出现"方言拉平"现象，进而改变合肥话语音系统。

参考文献

1. 王玲：《城市化中本地居民和外来移民语言适应行为研究》，《语言文字应用》2012 年第 1 期。

2. 安徽省地方志编纂委员会：《安徽省志》，北京方志出版社 1997 年版。

3. Labov，William 1966. *The Social Stratification of English in New York City*. Washington，D. C：Center for Applied Linguistics.

4. Labov，W. 1972 Sociolinguistic Patterns. Philadelphia：University of Pennsylvania.

5. 徐大明：《当代社会语言学》，中国社会科学出版社 2004 年版。

6. 李金陵：《合肥话音档》，上海教育出版社 2009 年版。

7. 徐大明：《语言变异与变化》，上海教育出版社 2006 年版。

8. Trudgill，Peter 2003. *A Glossary of Sociolinguistics*. Edinburgh University Press.

英·汲约翰编撰《潮正两音字集》
(1909) 潮、正音系研究[*]

马重奇¹　马睿颖²

(1. 福建师范大学海峡两岸文化发展协同创新中心/文学院;
2. 福建师范大学外国语学院)

摘　要: 近年来, 笔者发现了英·汲约翰编撰的《潮正两音字集》(1909), 仔细整理并深入比较研究了潮音和正音两种音系。我们的结论是:《潮正两音字集》潮正音系对了解一百多年前潮音与正音系统的音值起着重要的借鉴作用。

关键词: 百年前; 潮音; 正音; 比较; 构拟

一　英·汲约翰编撰的语言文献简介

《潮正两音字集》(*The Swatow Syllabary with Mandarin Pronunciations*) 是由汕头英国长老会传教士汲约翰 (John Steele, B. A.) 编撰的。封面上端有《潮正两音字集》, 之下注英文 The Swatow Syllabary with Mandarin Pronunciations, 右侧有 "粤省潮音", 左侧有 "北方正韵编行"。为了帮助潮州人学习文化, 汲约翰 (John Steele) 编撰了一本潮州话和 "正音" 对照的字音表, 1909 年由上海英华书局出版。书前有 INTRODUCTION (引言), 还有《潮正两音字集序》, 曰:

　　潮州字音, 伊古以来, 虽有编辑, 究未完备。自我圣会牧师汲约翰, 将汉字排列布居, 用罗马字注明音韵, 以便世用, 实为潮音之准

---

　　* 本文选题来源于马重奇主持的国家社会科学基金重大项目《海峡两岸闽南方言动态比较研究》(10ZD&128)。

绳焉。余阅之，因思一法，依类采集，编列归行。又念正音一道，时用甚急。在中国海内，欲通音语以达上下者，则惟正音为妙谛也。于是互参考证，先将同音之字，尽为搜集，各归类列，循序挨次，贯串成编，亦用罗马字。于每行之首，注明潮州本音，中央注准定正音，右边又注潮州别音，分行迭记，字字注明。故为之原其名曰《潮正两音字集》，俾得小补其完备，急用于今时，亦聊为字音之一助焉耳。是为序。

序中阐述牧师汲约翰编撰该书的目的是帮助时人学习潮州本音和北方正音，"将汉字排列布居，用罗马字注明音韵"，以罗马字注明潮州同音之字，中央注明正音读法，右边再注上潮州别音（即异读音）。正文之后还附有"省笔字样""部首检字"以及《凡例》：

　　一、本集自一至二百九十三面为集音字照罗马字部并八音之先后列明。二、自二百九十五至二百九十七面为省笔字样。三、自二百九十九至三百八十四面为本集音之全字汇，凡字不识其音者可按其部画查明本字，左边之码号即本集之面，数查检即得其音。四、尾面即部目次序凡二百一十四部。五、凡集音字内有难知其部者，则于字之右肩注明第几部，有 R 号者即本字系部目。六、集音字左边罗马字音即官音，其一二三四即上平下平上声去声，而 * 号即北腔读为入声者，其外边之音即土音，有 V 号者，即其本音再加 R 号，即欲知其正音，须看本同音之子目，其有（　）号者即潮腔孔子正。

最后还附有 1894 年汕头礼拜堂 HÔNG-SOH-H ṲN 印制的 TÎE-CHIU PÈH-ŪE JĪ TSHO-HÀK（《潮州白话字初学》）。《潮正两音字集》中的"潮"指潮州话，"正"指官音即北腔。经过一百多年的演变，文献中的潮音和正音与现代的潮汕方音和北京音不完全相同。本文着重整理比较《潮正两音字集》两种声韵调系统，并注意与现代潮汕 6 个方言点和现代普通话进行历史比较，以窥探其演变轨迹。

二 《潮正两音字集》潮音声母系统整理与研究

根据《潮正两音字集》对潮音声母的描写，并结合潮州方言，将《潮正两音字集》的声母系统整理罗列见表1：

表1

双唇音	p[p]斧 pou 爬 pe 巴 pa	ph［p']配 phu 破 phua	b[b]米 bi 磨 bua 梅 bue	m[m]民 min 糜 mue 勿 but
舌尖中音	t［t]雕 tiau 刀 to 茶 te	th［t']通 thong 拖 thua	l[l]朗 lang 来 lai 内 lāi	n[n]两 nie 男 nam 莲 noi
舌面前音	ch［tɕ]酒 chiu 周 chiu	chh[tɕ']秋 chhiu	j[dʑ]人 jin 儿 ji	
舌尖前音	ts［ts]住 tsū 主 tsu 知 tsai	tsh［ts']徐 tshu 千 tshoiⁿ	z[dz]遗 zui 芮 zue	s［s]写 sia 锡 siah 声 siaⁿ
舌面后音	k［k]枝 ki 娟 kien 猴 kau	kh［k']齿 khi 杏 heng	g[g]月 gueh 疑 gi 牙 ge	ng［ŋ]雅 ngiaⁿ 猫 ng-iauⁿ
喉音	h［h]连 hiaⁿ 方 hng 王 heng	[Ø]员 uan 鞋 oi 阿 a		

罗常培（1956）认为："tz, ts 跟齐齿（i一类）韵母拼时，受颚化影响变成舌面前的[tɕ][tɕ']。"其意思是说，tz, ts 二母跟齐齿（i一类）韵母拼时，受颚化影响变成舌面前的[tɕ]［tɕ']；若与非齐齿（i一类）韵母拼时，就读作[ts]［ts']。据考察，《潮正两音字集》中记载的声母ts、tsh、z，后面的韵母均为非齐齿（i一类）韵母；所记载的声母 ch、chh、j，后面的韵母均为齐齿（i一类）韵母。张屏生（1994）亦考证，ch、chh、j 是在和［i, iu, ĩ, iū, im, in, iʔ, ĩʔ, ip, it, ia, iau, iã, iāu, iam, iaŋ, iaʔ, iap, iak, ioŋ, iok, ie, iẽ, ien, ieʔ, iet, e, ẽ, eŋ, eʔ, e, ek]等韵母拼合的时候才产生的。而 ts、tsh、z 和 ch、chh、j 从声韵配合的分布情形来看是互补的。总之，《潮正两音字集》中记载的21个声母比现代潮汕6个方言点18个声母多了3个，即舌面前音 ch[tɕ]、chh[tɕ']和 j[dʑ]，经过百余年演变成舌尖前音 ts[ts]、tsh[ts']、z[dz]，其演变公式是：

$$ts[ts] \cdots\cdots\longrightarrow [ts] \qquad tsh[ts'] \cdots\cdots\longrightarrow [ts']$$

$$z[dz] \cdots\cdots\longrightarrow [dz] \qquad ch[tɕ] \cdots\cdots\longrightarrow [ts]$$

$$chh[tɕ'] \cdots\cdots\longrightarrow [ts'] \qquad j[dʑ] \cdots\cdots\longrightarrow [dz]$$

此外，因闽南方言有鼻化韵和非鼻化韵两套韵母，传统"十五音"中的"门、柳、语"三母，凡在鼻化韵母之前读作[m, n, ŋ]，在非鼻化韵母之前读作[b, l, g]。零声母[∅]一般不用任何字母表示，而直接以韵母 a、o、e、i、u 开头。

三　《潮正两音字集》潮音韵母系统整理与研究

《潮正两音字集》正文部分是以 A、B、CH、CHH、E、G、H、I、J、K、KH、L、M、N、NG、O、P、PH、S、T、TH、TS、TSH、U、Z 为序的 25 个字母来编撰辞典的。

1. A.　在该字母里，记载了 12 个音节，其声母是零声母[∅]。此声母主要来源于中古影声母，见表 2：

表 2

音节	a[a]阿	aⁿ[ā]拦	ah[aʔ]鸭	ai[ai]埃	aiⁿ[āi]偊	ak[ak]沃
音节	am[am]谙	an[an]安	ang[aŋ]公	ap[ap]匣	at[at]遏	au[au]瓯

2. B.　在该字母里，记载了 24 个音节，其声母是双唇浊音声母[b]。此声母主要来源于中古音明（微）声母，当它出现于闽南方言非鼻化韵之前，不读作[m]而读作[b]。见表 3：

表 3

音节	bah[baʔ]肉	bai[bai]眉	bak[bak]木	bat[bat]密	bau[bau]卯	be[be]马
音节	beh[beʔ]麦	bi[bi]米	biau[biau]妙	bie[bie]描	bih[biʔ]篾	bit[bit]密
音节	bo[bo]无	boi[boi]买	bou[bou]模	bu[bu]务	bua[bua]磨	buah[buaʔ]抹
音节	buan[buan]满	bang[baŋ]亡	bue[bue]未	bueh[bueʔ]袜	bui[bui]穂	bun[bun]文

3. CH.　在该字母里，记载了 26 个音节，字母 ch 读作舌面前、不送气、清塞擦音[tɕ]。此声母主要来源于中古精、从仄声、章、船仄声、庄、崇仄声声母，见表 4：

表4

音节	che[tɕe]斋	cheⁿ[tɕẽ]争	cheh[tɕe?]责	chek[tɕek]烛	cheng[tɕeŋ]钟	chi[tɕi]指
音节	chiⁿ[tɕĩ]箭	chia[tɕia]遮	chiaⁿ[tɕiã]晶	chiah[tɕia?]只	chiak[tɕiak]酌	chiam[tɕiam]尖
音节	chiang[tɕiaŋ]将	chiap[tɕiap]接	chiau[tɕiau]招	chie[tɕie]蕉	chieⁿ[tɕiẽ]章	chieh[tɕie?]借
音节	chien[tɕian]煎	chiet[tɕiat]即	chih[tɕi?]接	chim[tɕim]针	chin[tɕin]真	chip[tɕip]执
音节	chit[tɕit]脊	chiu[tɕiu]周				

4. CHH. 在该字母里，记载了26个音节，字母chh读作舌面前、送气、清塞擦音[tɕ‘]。此声母主要来源于中古清、从平声、昌、船平声、初、崇平声声母，见表5：

表5

音节	chhe[tɕ‘e]叉	chheⁿ[tɕ‘ẽ]生	chheh[tɕ‘e?]策	chhek[tɕ‘ek]粟	chheng[tɕ‘eŋ]称	chhi[tɕ‘i]妻
音节	chhiⁿ[tɕ‘ĩ]鲜	chhia[tɕ‘ia]车	chhiaⁿ[tɕ‘iã]请	chhiah[tɕ‘ia?]赤	chhiak[tɕ‘iak]雀	chhiam[tɕ‘iam]签
音节	chhiang[tɕ‘iaŋ]猖	chhiap[tɕ‘iap]姜	chhiau[tɕ‘iau]笑	chhie[tɕ‘ie]笑	chhieⁿ[tɕ‘iẽ]枪	chhieh[tɕ‘ie?]尺
音节	chhien[tɕ‘ian]千	chhiet[tɕ‘iat]切	chhih[tɕ‘i?]叱	chhim[tɕ‘im]深	chhin[tɕ‘in]亲	chhip[tɕ‘ip]缉
音节	chhit[tɕ‘it]七	chhiu[tɕ‘iu]秋				

5. E. 在该字母里，记载了5个音节，其声母是零声母[Ø]。此声母主要来源于中古影、以二母，见表6：

表6

音节	e[e]哑	eⁿ[ẽ]楹	eh[e?]厄	ek[ek]浴	eng[eŋ]应

6. G. 在该字母里，记载了14个音节，其声母是舌面后、不送气、浊塞音声母[g]。此声母主要来源于中古疑声母，一般是置于非鼻化韵之前，与[ŋ]声母相对。见表7：

表7

音节	gāi[gai]碍	gauh[gauʔ]乐	ge[ge]牙	gek[gek]玉	gi[gi]疑	gia[gia]讶
音节	go[go]鹅	goi[goi]艺	gou[gou]吴	gû[gu]牛	gua[gua]外	gueh[gueʔ]月
音节	gui[gui]魏	gú[gɯ]语				

7. H.　在该字母里，记载了65个音节，其声母是喉音、清擦音声母 [h]。此声母主要来源于中古晓、匣、非、敷、奉等声母，见表8：

表8

音节	ha[ha]孝	hah[haʔ]合	hai[hai]海	hak[hak]鹤	ham[ham]蚶	han[han]寒
音节	hang[haŋ]行	hap[hap]合	hat[hat]瞎	hau[hau]号	hauⁿ[hāu]好	he[he]夏
音节	heh[heʔ]吓	hek[hek]核	heng[heŋ]兴	hi[hi]希	hiⁿ[hī]耳	hia[hia]靴
音节	hiaⁿ[hiã]兄	hiah[hiaʔ]歇	hiam[hiam]嫌	hiang[hiaŋ]向	hiap[hiap]协	hiau[hiau]晓
音节	hieⁿ[hiẽ]乡	hieh[hieʔ]页	hien[hian]萱	hiet[hiat]蝎	him[him]歆	hin[hin]眩
音节	hiok[hiok]旭	hiong[hioŋ]兄	hip[hip]吸	hit[hit]迄	hiu[hiu]幽	hiuⁿ[hiū]休
音节	hng[hŋ]方	ho[ho]河	hoh[hoʔ]鹤	hoi[hoi]蟹	hoiⁿ[hõi]苋	hok[hok]福
音节	hong[hoŋ]封	hou[hou]侯	houⁿ[hõu]否	hu[hu]灰	hua[hua]花	huaⁿ[huã]欢
音节	huah[huaʔ]喝	huai[huai]坏	huak[huak]镬	huam[huam]泛	huan[huan]番	huang[huaŋ]风
音节	huap[huap]法	huat[huat]发	hue[hue]灰	hueⁿ[huẽ]横	hueh[hueʔ]血	hui[hui]辉
音节	huiⁿ[huī]毁	hun[hun]烟	hut[hut]忽	hṳ[hɯ]虚	huṇ[hɯn]勳	

8. I.　在该字母里，记载了22个音节，其声母是零声母[Ø]。此声母主要来源于中古影、喻四声母，见表9：

表9

音节	i[i]伊	iⁿ[ī]圆	ia[ia]野	iaⁿ[iã]影	iah[iaʔ]益	iak[iak]约
音节	iam[iam]掩	iang[iaŋ]央	iap[iap]叶	iau[iau]腰	ie[ie]摇	ieⁿ[iẽ]养
音节	ieh[ieʔ]约	ien[ian]焉	im[im]阴	in[in]因	iok[iok]慾	iong[ioŋ]营
音节	ip[ip]邑	it[it]忆	iu[iu]忧	iuⁿ[iū]幼		

9. J.　在该字母里，记载了19个音节，其声母全部是舌面前、不送气、浊塞擦音声母[dʑ]。此声母主要来源于中古日、以二母，见表10：

表 10

音节	je［dʑe］若	jeng［dʑeŋ］仍	ji［dʑi］儿	jia［dʑia］惹	jiak［dʑiak］弱	jiam［dʑiam］染
音节	jiang［dʑiaŋ］嚷	jiau［dʑiau］饶	jie［dʑie］尿	jien［dʑian］然	jiet［dʑiat］热	jih［dʑiʔ］廿
音节	jim［dʑim］忍	jin［dʑin］认	jiok［dʑiok］肉	jiong［dʑioŋ］扔	jip［dʑip］入	jit［dʑit］日
音节	jiu［dʑiu］柔					

10. K.　在该字母里，记载了 66 个音节，其声母全部是舌面后、不送气、清塞音声母［k］。此声母主要来源于中古见、群仄声声母，见表 11：

表 11

音节	ka［ka］胶	kaⁿ［kã］柑	kah［kaʔ］甲	kai［kai］该	kak［kak］角	kam［kam］监
音节	kan［kan］间	kang［kaŋ］纲	kap［kap］鸽	kat［kat］结	kau［kau］交	ke［ke］家
音节	keⁿ［kẽ］耕	keh［keʔ］革	kek［kek］戟	keng［keŋ］更	ki［ki］机	kiⁿ［kĩ］见
音节	kia［kia］嘉	kiaⁿ［kiã］京	kiah［kiaʔ］揭	kiak［kiak］屏	kiam［kiam］兼	kiang［kiaŋ］缰
音节	kiap［kiap］峡	kiau［kiau］交	kie［kie］叫	kieⁿ［kiẽ］薑	kieh［kieʔ］脚	kien［kian］坚
音节	kiet［kiat］洁	kih［kiʔ］砌	kim［kim］金	kin［kin］君	kiok［kiok］鞠	kiong［kioŋ］恭
音节	kip［kip］急	kit［kit］结	kiu［kiu］九	kng［kŋ］光	ko［ko］高	koh［koʔ］阁
音节	koi［koi］鸡	koiⁿ［kõi］肩	koih［koiʔ］夹	kok［kok］谷	kong［koŋ］公	kou［kou］勾
音节	ku［ku］龟	kua［kua］歌	kuaⁿ［kuã］官	kuah［kuaʔ］葛	kuai［kuai］乖	kuak［kuak］郭
音节	kuan［kuan］官	kuang［kuaŋ］光	kuat［kuat］决	kue［kue］瓜	kueⁿ［kuẽ］关	kueh［kueʔ］郭
音节	kui［kui］规	kuiⁿ［kuĩ］惯	kun［kun］君	kut［kut］骨	kṳ［kɯ］居	kṳn［kɯn］根

11. KH.　在该字母里，记载了 59 个音节，其声母全部是舌面后、送气、清塞音声母［k'］。此声母主要来源于中古见、群仄声声母，见表 12：

表 12

音节	kha［k'a］脚	khai［k'ai］开	khak［k'ak］确	kham［k'am］堪	khan［k'an］刊	khang［k'aŋ］空
音节	khap［k'ap］恰	khat［k'at］尅	khau［k'au］阄	kheⁿ［k'ẽ］坑	kheh［k'eʔ］客	khek［k'ek］刻
音节	kheng［k'eŋ］倾	khi［k'i］欺	khiⁿ［k'ĩ］钳	khia［k'ia］骑	khiah［k'iaʔ］隙	khiak［k'iak］却
音节	khiam［k'iam］欠	khiang［k'iaŋ］腔	khiap［k'iap］怯	khiau［k'iau］敲	khie［k'ie］揩	khieⁿ［k'iẽ］腔
音节	khien［k'ian］绻	khiet［k'iat］獗	khih［k'iʔ］缺	khim［k'im］钦	khin［k'in］轻	khiok［k'iok］曲

续表

音节	khiong [k'ioŋ]恐	khip [k'ip]级	khiu [k'iu]丘	khng [k'ŋ]糠	kho [k'o]苛	khoi [k'oi]溪
音节	khoiⁿ [k'õi]盖	khoih [k'oiʔ]荚	khok [k'ok]哭	khong [k'oŋ]空	khou [k'ou]苦	khu [k'u]驱
音节	khua [k'ua]夸	khuaⁿ [k'uã]宽	khuah [k'uaʔ]阔	khuai [k'uai]快	khuak [k'uak]扩	khuan [k'uan]圈
音节	khuang [k'uaŋ]倾	khuat [k'uat]阔	khue [k'ue]科	khueh [k'ueʔ]阙	khui [k'ui]开	khun [k'un]坤
音节	khut [k'ut]屈	khù [k'ɯ]去	khûn [k'ɯn]勤	khùt [k'ɯt]乞	lek [lek]勒	

12. L. 在该字母里，记载了 43 个音节，其声母是舌尖中、浊边音声母[l]。此声母主要来源于中古来母，见表 13：

表 13

音节	la[la]拉	lah[laʔ]猎	lai[lai]来	lak[lak]六	lam[lam]篮	lan[lan]难
音节	lang[laŋ]囊	lap[lap]蜡	lat[lat]栗	lau[lau]老	leh[leʔ]雳	leng[leŋ]铃
音节	li[li]里	liah[liaʔ]掠	liak[liak]略	liam[liam]拈	liang[liaŋ]两	liap[liap]粒
音节	liau[liau]嘹	lien[lian]联	liet[liat]列	lih[liʔ]裂	lim[lim]临	lin[lin]邻
音节	lip[lip]立	liu[liu]柳	lo[lo]牢	loh[loʔ]络	loi[loi]礼	loih[loiʔ]笠
音节	lok[lok]禄	long[loŋ]弄	lou[lou]炉	lu[lu]卤	lua[lua]箩	luah[luaʔ]辣
音节	luai[luai]捋	luan[luan]鸾	luat[luat]铪	lui[lui]蕊	lun[lun]论	lut[lut]律
音节	lṳ[lɯ]汝					

13. M. 在该字母里，记载了 35 个音节，其声母是双唇音、鼻音声母[m]。此声母主要来源于中古明（微）声母，一般是置于鼻音韵、鼻化韵或声化韵之前，与[b]声母相对。见表 14：

表 14

音节	m[m]姆	ma[ma]妈	mah[maʔ]傌	mai[mai]埋	mak[mak]目	man[man]蛮
音节	mang[maŋ]蟒	mau[mau]毛	me[me]猛	meh[meʔ]脉	mek[mek]幂	meng[meŋ]明
音节	mi[mi]棉	miaⁿ[miã]名	miau[miau]描	mien[mian]免	mih[miʔ]么	min[min]民
音节	mit[mit]灭	miu[miu]侔	mng[mŋ]晚	mo[mo]魔	moh[moʔ]膜	mok[mok]莫
音节	mong[moŋ]蒙	mou[mou]厶	mu[mu]姆	mua[mua]麻	muaⁿ[muã]满	muan [muan]璊
音节	muat[muat]末	mue[mue]每	mueh [mueʔ]物	mui[mui]美	mut[mut]勿	

14. N. 在该字母里，记载了 33 个音节，其声母是舌尖中、鼻音声母[n]。此声母主要来源于中古泥（娘）声母、少数日母字，一般是置于鼻化韵或鼻音韵之前，与[l]声母相对。见表15：

表15

音节	na[na]拿	nai[nai]奶	nak[nak]捺	nam[nam]男	nang[naŋ]人	nap[nap]纳
音节	nau[nau]脑	ne[ne]呢	nek[nek]匿	neng[neŋ]佇	ni[ni]乳	niaⁿ[niã]领
音节	niang[niaŋ]	niap[nip]捏	niau[niau]猫	nieⁿ[niẽ]两	nien[nian]蹍	niet[niat]蹑
音节	nim[nim]抾	nin[nin]您	nip[nip]囡	niu[niu]扭	nng[nŋ]软	no[no]挪
音节	noi[noi]莲	nok[nok]搙	nou[nou]奴	nu[nu]努	nuaⁿ[nuã]烂	nuat[nuat]呐
音节	nue[nue]馁	nui[nui]馁	nut[nut]讷			

15. NG. 在该字母里，记载了36个音节，其声母是舌面后、鼻音声母[ŋ]。此声母主要来源于中古疑声母，一般是置于鼻音韵、鼻化韵之前，与[g]声母相对。见表16：

表16

音节	ng [ŋ]秧	ngai [ŋai]涯	ngaih [ŋaiʔ]蘖	ngak [ŋak]岳	ngam [ŋam]岩	ngan [ŋan]眼
音节	ngang [ŋaŋ]翱	ngap [ŋap]呷	ngau [ŋau]嗷	nge [ŋe]硬	ngeh [ŋeʔ]唉	ngek [ŋek]逆
音节	ngeng [ŋeŋ]迎	ngi [ŋi]义	ngia [ŋia]雅	ngiak [ŋiak]虐	ngiam [ŋiam]严	ngiang [ŋiaŋ]仰
音节	ngiap [ŋiap]业	ngiau [ŋiau]尧	ngien [ŋian]研	ngiet [ŋiat]啮	ngim [ŋim]吟	ngin [ŋin]听
音节	ngiok [ŋiok]玉	ngiu [ŋiu]牛	ngo [ŋo]我	ngoh [ŋoʔ]愕	ngoiⁿ [ŋõi]研	ngou [ŋou]偶
音节	ngu [ŋu]娱	nguan [ŋuan]原	ngui [ŋui]伪	ngut [ŋut]缟	nguⁿ [ŋɯn]银	ngṳt [ŋɯt]迄

16. O. 在该字母里，记载了8个音节，其声母是零声母[∅]。此声母主要来源于中古影、匣声母，见表17：

表17

音节	o[o]阿	oh[oʔ]学	oi[oi]矮	oiⁿ[õi]闲	oih[oiʔ]狭	ok[ok]屋
音节	ong[oŋ]翁	ou[ou]乌				

17. P. 在该字母里，记载了42个音节，其声母是双唇音、不送气、清塞音声母[p]。此声母主要来源于中古帮、并仄声、非、奉仄声声母，见表18：

表18

音节	pa[pa]爸	pai[pai]摆	pak[pak]北	pan[pan]班	pang[paŋ]崩	pat[pat]别
音节	pau[pau]包	pe[pe]把	pen[pẽ]柄	peh[peʔ]伯	pek[pek]逼	peng[peŋ]并
音节	pi[pi]碑	piⁿ[pĩ]边	piaⁿ[piã]兵	piah[piaʔ]壁	piau[piau]表	pie[pie]标
音节	pien[pian]边	piet[piat]别	pih[piʔ]鳖	pin[pin]宾	pit[pit]笔	piu[piu]彪
音节	png[pŋ]枫	po[po]保	poh[poʔ]驳	poiⁿ[põi]斑	poih[poiʔ]八	pok[pok]卜
音节	pong[poŋ]磅	pou[pou]埔	pu[pu]布	pua[pua]播	puaⁿ[puã]搬	puah[puaʔ]钵
音节	puan[puan]蹒	put[put]拔	pue[pue]飞	pui[pui]卑	pun[pun]分	put[put]不

18. PH. 在该字母里，记载了42个音节，其声母是双唇音、送气、清塞音声母[p']。此声母主要来源于中古帮、并平声、非、奉平声声母，见表19：

表19

音节	pha [p'a]抛	phaⁿ [p'ã]怕	phah [p'aʔ]打	phai [p'ai]派	phak [p'ak]博	phan [p'an]攀
音节	phang [p'aŋ]蜂	phau [p'au]抛	phe [p'e]帕	phen [p'ẽ]平	phek [p'ek]辟	pheng [p'eŋ]烹
音节	phi [p'i]披	phiⁿ [p'ĩ]鼻	phiaⁿ [p'iã]聘	phiah [p'iaʔ]癖	phiak [p'iak]藏	phiau [p'iau]飘
音节	phie [p'ie]票	phien [p'ian]偏	phiet [p'iat]撇	phin [p'in]品	phit [p'it]匹	phiu [p'iu]浮
音节	pho [p'o]陂	phoh [p'oʔ]粕	phoi [p'oi]批	phoiⁿ [p'õi]办	phok [p'ok]朴	phong [p'oŋ]缝
音节	phou [p'ou]铺	phu [p'u]浮	phua [p'ua]婆	phuaⁿ [p'uã]番	phuah [p'uaʔ]撒	phuan [p'uan]潘
音节	phuat [p'uat]发	phue [p'ue]配	phueh [p'ueʔ]沫	phui [p'ui]陪	phun [p'un]奔	phut [p'ut]哼

19. S. 在该字母里，记载了58个音节，其声母全部是舌尖前、清擦音声母[s]。此声母主要来源于中古心、邪、书、禅、山等声母，见表20：

表 20

音节	sa[sa]砂	sa^n[sã]三	sah[saʔ]炸	sai[sai]狮	sam[sam]衫	san[san]山
音节	sang[saŋ]双	sap[sap]飒	sat[sat]萨	sau[sau]梢	se[se]纱	se^n[sẽ]生
音节	sek[sek]惜	seng[seŋ]升	si[si]西	si^n[sĩ]扇	sia[sia]写	sia^n[siã]声
音节	siah[siaʔ]锡	siak[siak]屑	siam[siam]纤	siang[siaŋ]相	siap[siap]啬	siau[siau]消
音节	sie[sie]烧	sie^n[siẽ]箱	sieh[sieʔ]惜	sien[sian]仙	siet[siat]设	sih[siʔ]蚀
音节	sim[sim]心	sin[sin]身	sip[sip]湿	sit[sit]失	siu[siu]修	sng[sŋ]霜
音节	so[so]锁	soh[soʔ]雪	soi[soi]嘶	soi^n[sõi]先	sok[sok]束	song[soŋ]嵩
音节	sou[sou]苏	su[su]须	sua[sua]沙	sua^n[suã]山	suah[suaʔ]煞	suak[suak]塑
音节	suan[suan]萱	suang[suaŋ]霜	suat[suat]说	sue[sue]衰	sueh[sueʔ]说	suh[suʔ]欶
音节	sui[sui]虽	sun[sun]孙	sut[sut]恤	sṳ[sɯ]思		

20. T.　在该字母里，记载了 52 个音节，其声母全部是舌尖中、不送气、清塞音声母[t]。此声母主要来源于中古端、定仄声、知、澄仄声声母，见表 21：

表 21

音节	ta[ta]罩	ta^n[tã]担	tah[taʔ]贴	tai[tai]歹	tak[tak]逐	tam[tam]担
音节	tan[tan]单	tang[taŋ]中	tap[tap]答	tat[tat]值	tau[tau]兜	te[te]茶
音节	te^n[tẽ]郑	teh[teʔ]簦	tek[tek]竹	teng[teŋ]丁	ti[ti]低	ti^n[tĩ]缠
音节	tia[tia]爹	tia^n[tiã]庭	tiah[tiaʔ]摘	tiam[tiam]沾	tiap[tiap]蝶	tiau[tiau]刁
音节	tie[tie]潮	tie^n[tiẽ]张	tieh[tieʔ]着	tien[tian]珍	tiet[tiat]侄	tih[tiʔ]滴
音节	tim[tim]沉	tin[tin]颠	tit[tit]得	tiu[tiu]丢	tng[tŋ]当	to[to]刀
音节	toh[toʔ]卓	toi[toi]堤	toi^n[tõi]殿	tok[tok]督	tong[toŋ]中	tou[tou]都
音节	tu[tu]厨	tua[tua]舵	tua^n[tuã]单	tuan[tuan]端	tuat[tuat]夺	tue[tue]缀
音节	tui[tui]追	tun[tun]钝	tut[tut]术	tṳ[tɯ]猪		

21. TH.　在该字母里，记载了 51 个音节，其声母全部是舌尖中、送气、清塞音声母[tʻ]。此声母主要来源于中古透、定平声、彻、澄平声声母，见表 22：

表22

音节	tha [t'a]他	thah [t'aʔ]塔	thai [t'ai]胎	thak [t'ak]读	tham [t'am]贪	than [t'an]摊
音节	thang [t'aŋ]汤	thap [t'ap]凹	that [t'ap]挞	thau [t'au]滔	the [t'e]蛇	the^n [t'ẽ]撑
音节	theh [t'eʔ]宅	thek [t'ek]陟	theng [t'eŋ]窗	thi [t'i]梯	thin [t'ī]天	thia [t'ia]諸
音节	thia^n [t'iã]厅	thiah [t'iaʔ]拆	thiam [t'iam]添	thiang [t'iaŋ]畅	thiap [t'iap]贴	thiau [t'iau]超
音节	thie [t'ie]耀	thien [t'ian]天	thiet [t'iat]彻	thih [t'iʔ]铁	thim [t'im]琛	thin [t'in]陈
音节	thiok [t'iok]蓄	thiu [t'iu]抽	thng [t'ŋ]汤	tho [t'o]桃	thoh [t'oʔ]托	thoi [t'oi]钗
音节	thoi^n [t'ŏi]看	thok [t'ok]托	thong [t'oŋ]通	thou [t'ou]土	thu [t'u]徒	thua [t'ua]拖
音节	thua^n [t'uã]檀	thuah [t'uaʔ]汰	thuai [t'uai]䠊	thuan [t'uan]湍	thuat [t'uat]挩	thue [t'ue]颓
音节	thui [t'ui]梯	thun [t'un]吞	thut [t'ut]脱			

22. TS. 在该字母里，记载了32个音节，字母 ts 读作舌尖前、不送气、清塞擦音声母[ts]。此声母主要来源于中古精、从仄声、章、船仄声、庄、崇仄声声母，见表23：

表23

音节	tsa [tsa]渣	tsa^n [tsã]剪	tsah [tsaʔ]闸	tsai [tsai]知	tsak [tsak]作	tsam [tsam]针
音节	tsan [tsan]栈	tsang [tsaŋ]将	tsap [tsap]十	tsat [tsat]扎	tsau [tsau]遭	tsng [tsŋ]砖
音节	tso [tso]左	tsoh [tsoʔ]作	tsoi [tsoi]齐	tsoi^n [tsoī]指	tsoih [tsoiʔ]节	tsok [tsok]祝
音节	tsong [tsoŋ]终	tsou [tsou]邹	tsu [tsu]珠	tsua [tsua]纸	tsua^n [tsuã]盏	tsuak [tsuak]浊
音节	tsuan [tsuan]专	tsuang [tsuaŋ]妆	tsuat [tsuat]茁	tsue [tsue]最	tsui [tsui]锥	tsun [tsun]尊
音节	tsut [tsut]卒	tsu [tsɯ]兹				

23. TSH. 在该字母里，记载了32个音节，字母 tsh 读作舌尖前、送气、清塞擦音声母[ts']。此声母主要来源于中古清、从平声、昌、船平声、初、崇平声声母，见表24：

表 24

音节	tsha [ts'a]差	tsha^n [ts'ā]诧	tshah [ts'a?]插	tshai [ts'ai]猜	tshak [ts'ak]贼	tsham [ts'am]参
音节	tshan [ts'an]残	tshang [ts'aŋ]葱	tshap [ts'ap]雹	tshat [ts'at]察	tshau [ts'au]抄	tshng [ts'ŋ]疮
音节	tsho [ts'o]初	tshoh [ts'o?]撮	tshoi [ts'oi]米妻	tshoi^n [ts'õi]千	tshok [ts'ok]触	tshong [ts'oŋ]聪
音节	tshou [ts'ou]粗	tshu [ts'u]处	tshua [ts'ua]娶	tshua^n [ts'uā]闩	tshuai [ts'uai]揣	tshuan [ts'uan]川
音节	tshuang [ts'uaŋ]闯	tshuat [ts'uat]歠	tshue [ts'ue]吹	tshueh [ts'ue?]啜	tshui [ts'ui]催	tshun [ts'un]春
音节	tshut [ts'ut]出	tshu̩ [ts'ɯ]蛆				

24. U.　在该字母里，记载了 16 个音节，其声母是零声母[∅]。此声母主要来源于中古影母、匣母字、以母、云母，见表 25：

表 25

音节	u[u]呀	ua[ua]娃	ua^n[uā]安	ua[ua?]活	uai[uai]歪	uak[uak]获
音节	uan[uan]弯	uang[uaŋ]汪	uat[uat]曰	ue[ue]锅	ueh[ue?]画	ui[ui]威
音节	un[un]温	ut[ut]熨	u̩[ɯ]与	un̩[ɯn]恩		

25. Z.　在该字母里，记载了 10 个音节，其声母全部是舌尖前、不送气、浊塞擦音声母[dz]。此声母主要来源于中古日、以二母，见表 26：

表 26

音节	zok[dzok]辱	zong[dzoŋ]戎	zu[dzu]乳	zuah[dzua?]热	zuan[dzuan]软	zuat[dzuat]悦
音节	zue[dzue]锐	zui[dzui]维	zun[dzun]闰	zu̩[dzɯ]而		

《潮正两音字集序》还指出："于每行之首，注明潮州本音，中央注准定正音，右边又注潮州别音。"据考察，在以上 25 个字母中，许多正音音节均注明"潮州别音"。例如：

在 A 字母里，记载了 34 个潮州别音：*a/o* 阿、*a/e/eh* 哑、*a/au* 拗、*a^n/lan* 拦、*ah/ap* 押、*ah/ap* 鸭、*ai/hi* 唉、*ai/oi* 挨、*ai/oi* 矮、*ai/eh* 呃、*ai^n/iok* 欲、*ak/u* 恶、*ak/ok* 垩沃、*ak/eh* 嗌、*ak/khak* 㱮、*am/ap* 庵、*am/ham* 啥、*am/iam* 魘、*am/ngam* 嬐、*am/im* 暗阴、*an/ua^n* 安鞍、*an/hua^n*

按、an/ua^n 案、an/ua^n 晏、ang/kong 公、ang/hong 洪、ang/ong 瓮、ap/tsah 闸、at/it 噎、au/thap 凹、au/hou 喉后、au/un 媪、au/o 袄、au/ou 沤。以上诸例，符号/之前为潮州本音，之后为潮州别音。下同。

在 B 字母里，记载了 34 个潮州别音：bai/mi 眉、bak/mek 墨、bak/muat 茉、bak/mok 木、bat/mit 密、bau/mau 卯、be/ma 马、beh/mek 麦、bi/mi 米、bi/bue 未、bi/mui 味、biau/miau 妙、bie/miau 描、bih/mit 篾、bo/bu 无、bo/mu 姆、bo/mau 帽、bo/bua 磨、boi/mai 买、bou/mo 模、bou/mong 牡、bou/bu 戊、bu/hu 抚、bu/mok 鹜、buah/phuah 拨、buan/mua^n 满、buang/bo 亡、buang/mang 网、buang/mo^n 网、bue/mui 玫、bueh/muat 袜、bun/mng 们、bun/mng 问、bun/mut 吻。

在 CH 字母里，记载了 64 个潮州别音：che/tsai 斋、che/chia 遮、che/chhi 齐、che/tsai 债、che/tsai 寨、che^n/cheng 争、cheh/chek 职、chek/tsa 喳、chek/tsṳ 积、chek/chiah 迹、chek/chieh 借、chek/chit 织、chek/tsok 烛、chek/sok 叔、chek/chia 藉、chek/it 一、chek/toh 择、chek/thhat 贼、cheng/chia^n 精、cheng/tsong 钟、cheng/tsuang 春、cheng/tsang 层、cheng/chia^n 整、cheng/che^n 井、cheng/chhiang 伥、chi/chi^n 脐、chi/che/chia 姐、chi/choi^n 指、chi/tsua 纸、chi/tsṳ 子、chi/chiet 断、chi/chhi/tsai 哜、chi/chieh 质、chi/tiet 鸷、chi/sek 识、chi^n/chien 毡、chi^n/ti 稚、chia/che 遮、chia/cheh 摭、chia/chek 藉、chia/sia 谢、chiah/cheh/chek 迹、chiah/chhieh 雀、chiah/sit 食、chiak/tieh 着、chiak/thek 鹭、chiak/chiau 爝、chiak/tu 著、chiak/phiau 杓、chiam/chhiam 镵、chiam/tsuan 镌、chiam/chhim 寻、chiam/tiam/thiam 占、chiang/tie^n 张、chiang/tng 丈、chiap/chhiap 褙、chiap/chih 摺、hiau/chie 招、chiau/chhiau 朝、chiau/tek 菽、chiau/tshau 剿、chiau/niau 鸟、chiau/tiau 屌、chiau/sau 哨。

在 CHH 字母里，记载了 53 个潮州别音：chhe/tsha 叉差、chhe/chhia^n 且、chhe/chhi 厕、chhe^n/chheng 青、chheh/chhek 策、chhek/tsah 栅、chhek/tshat 漆、chhek/chhit 柴、chhek/chhieh 尺、chhek/thek 彳、chhek/sok 粟、chhek/tsok 柞、chhek/thiah 拆、chhek/kiap 筴、chhek/tsut 卒、chheng/chhin 称、chheng/seng 柽、chheng/teng 虹、chheng/tshang 伧、chheng/thng 饧、chheng/chhia^n 请、chheng/tshong 铳、chheng/tshuan 穿、chhi/tsa 篡、chhi/si 栖、chhi/tsai 脐、chhi/si 迟、chhi/tshu 趋、chhi/ti 池、

chhi/*sai* 犀、chhi/*tsha* 茬、chhi/*tsho* 嵯、chhi/*tshuai* 搋、*chhi*/tshṳ 泚、chhi/chhiah 食、chhi^n/*sien* 鲜、chhi^n/khi 齿、*chhia*/kṳ 车、chhia^n/*chhien* 倩、chhiah/*chhek* 赤、*chhiak*/chhieh 雀、chhiak/*tshok* 浞、chhiam/*chim* 锓、chhiam/*lien* 脸、chhiam/*chhim* 焊、chhiam/*tham* 燂、*chhiang*/chhie^n 枪、*chhiang*/tie^{n}长、*chhiang*/tng 长、*chhiap*/tshah 緝、*chhiap*/tsiap 唼、*chhiau*/chiu 啁、*chhiau*/tshau 嘲。

在 E 字母里，记载了 10 个潮州别音：e/*a* 哑、e/*ia* 也、e/*hia* 厦、e/*sia* 射、e^n/me^{n}夜、e^n/*iong* 楹、*eh*/ai 厄、eh/leh 鬲、eh/*ek* 扼、eh/*ak* 嗌。

上面整理了前 5 个字母里出现的 195 对所谓潮州正音和潮州别音。据考证，按现代学术界文白异读的说法，潮州正音不一定就是文读音，潮州别音也不一定就是白读音。根据中古音和现代普通话读音，笔者将 195 对读音分辨为文读和白读。凡是上文标斜体的罗马字音标是文读音，正体的罗马字音标为白读音。当然，白读音也反映了不同的语音层次，这里就不再赘述了。

现根据《潮正两音字集》对所有潮音音节的“本音”和“别音”韵母系统进行整理，归纳出以下 85 个韵母。

（一）元音韵母/入声韵母（29 个，其中舒声韵母 18 个、促声韵母 11 个）

1. 单元音（舒声韵母 6 个/促声韵母 5 个）

表 27

a[a]巴 pa 阿 a	ah[aʔ]鸭 ah 甲 kah	o[o]堡 po 鹅 go	oh[oʔ]粕 phoh 桌 toh
e[e]家 ke 纱 se	eh[eʔ]百 peh 客 kheh	u[u]须 su 句 ku	uh[uʔ]欶 suh
i[i]李 li 希 hi	ih[iʔ]滴 tih 砌 kih	ü[ɯ]猪 tü 鱼 hü	—

《潮正两音字集》有单元音韵母 6 个，也有 5 个单元音入声韵母，即［a/aʔ］、［e/eʔ］、［i/iʔ］、［o/oʔ］、［u/uʔ］、［ɯ］。

2. 复元音（舒声韵母 12 个/促声韵母 6 个）

表 28

ia[ia]爹 tia 假 kia	iah[iaʔ]赤 chhiah 壁 piah	uai[uai]歪 uai 乖 kuai	—
ua[ua]蛇 tsua 破 phua	uah[uaʔ]割 kuah 抹 buah	ui[ui]水 tsui 悲 pui	—
ue[ue]飞 pue 瓜 kue	ueh[ueʔ]血 hueh 郭 kueh	ai[ai]知 tsai 拜 pai	—
au[au]高 kau 卯 bau	auh[auʔ]乐 gauh	iu[iu]酒 chiu 秋 chhiu	—
oi[oi]题 toi 街 koi	oih[oiʔ]节 tsoih 八 poih	ou[ou]埠 pou 吴 gou	—
ie[ie]笑 chhie 烧 sie	ieh[ieʔ]借 chhieh 约 ieh	iau[iau]数 siau 谣 iau	—

《潮正两音字集》有复元音韵母 12 个，其中有 6 个韵母配有入声韵母，如[ia/iaʔ]、[ua/uaʔ]、[ue/ueʔ]、[au/auʔ]、[oi/oiʔ]、[ie/ieʔ]，还有[uai]、[ui]、[ai]、[iu]、[ou]、[iau]等 6 个韵母则无相配的入声韵母。

（二）鼻化韵母/入声韵母（22 个，其中鼻化韵母 16 个、入声韵母 6 个）

表 29

a^n[ã]酵 ka^n 柑 ka^n	ah^n[ãʔ]馦 mah	ia^n[iã]声 sia^n 晶 chia^n	—
e^n[ẽ]井 tse^n 平 pe^n	eh^n[ẽʔ]脉 meh	iu^n[iũ]裘 hiu^n 休 hiu	—
i^n[ĩ]尼 ni 天 thi^n	ih^n[ĩʔ]乜 mih	ie^n[iẽ]两 nie^n 姜 kie^n	—
o^n[õ]毛 mo 挐 no	oh^n[õʔ]么 moh	iau^n[iãu]苗 miau 猫 ngiau	—
ai^n[ãi]奶 nai 欲 ai^n	aih^n[ãiʔ]不 ngaih	u^n[ũ]件 ngu 娱 ngu	—
ue^n[uẽ]关 kue^n 横 hue^n	ueh^n[uẽʔ]物 mueh	ua^n[uã]宽 khua^n 赶 kua^n	—
oi^n[õi]肴 thoi^n 闲 oi^n	—	ui^n[uĩ]惯 kui^n 高 kui^n	—
ou^n[õu]虎 hou^n 五 ngou^n	—	au^n[ãu]熬 ngau 脑 nau	—

《潮正两音字集》有鼻化韵母 16 个，其中有 6 个韵母配有入声韵母，即[ã/ãʔ]、[ẽ/ẽʔ]、[ĩ/ĩʔ]、[õ/õʔ]、[ãi/ãiʔ]、[uẽ/uẽʔ]，尚有[ãu]、[õi]、[õu]、[iã]、[iũ]、[iẽ]、[iãu]、[ũ]、[uã]、[uĩ]等 10 个韵母无相配的入声韵母。

（三）声化韵母（2个）

表 30

m[m]姆 m 唔 m	—	ng[ŋ]饭 png 方 hng	—

《潮正两音字集》有声化韵母 2 个，即[m]、[ŋ]，无相配的入声韵母。

（四）鼻音韵母/入声韵母（32个，其中鼻音韵母16个、入声韵母16个）

表 31

am[am]南 nam 甘 kam	ap[ap]合 kap 答 tap	iong[ioŋ]戎 jiong 凶 hiong	iok[iok]曲 khiok 噢 iok
im[im]金 kim 心 sim	ip[ip]急 kip 湿 sip	uang[uaŋ]床 tshuang 风 huang	uak[uak]蠖 uak 镬 huak
iam[iam]甜 tiam 盐 iam	iap[iap]接 chiap 涩 siap	an[an]单 tan 班 pan 奸 kan	at[at]虱 sat 八 pat
uam[uam]泛 huam 凡 huam	uap[uap]法 huap	ün[ɯn]斤 kün 恩 ün	üt[ɯt]迄 ngüt 乞 khüt
ang[aŋ]东 tang 工 kang	ak[ak]角 kak 北 pak	in[in]真 chin 新 sin	it[it]七 tshit 得 tit
ong[oŋ]封 hong 公 kong	ok[ok]福 hok 卜 pok	ien[ien]牵 khien 边 pien	iet[iet]佺 tiet 鳖 piet
eng[eŋ]丁 teng 庆 kheng	ek[ek]肉 nek 鹿 tek	un[un]分 hun 春 tshun	ut[ut]忽 hut 骨 kut
iang[iaŋ]凉 liang 相 siang	iak[iak]削 siak 跃 iak	uan[uan]弯 uan 短 tuan	uat[uat]发 huat 决 kuat

《潮正两音字集》有鼻音韵母 16 个，入声韵母也有 16 个，即[am/ap]、[im/ip]、[iam/iap]、[uam/uap]、[aŋ/ak]、[oŋ/ok]、[eŋ/ek]、[iaŋ/iak]、[ioŋ/iok]、[uaŋ/uak]、[an/at]、[ɯn/ɯt]、[in/it]、[ien/iet]、[un/ut]、[uan/uat]。

综合统计，《潮正两音字集》85 个韵母中，舒声韵母 52 个，促声韵母 33 个。

四 《潮正两音字集》潮音音系性质研究

为了进一步探讨《潮正两音字集》潮音的音系性质，我们拟将其 85 个韵母与现代汕头、潮州、澄海、潮阳、揭阳、海丰诸方言韵母进行历史比较。

　　【元音韵母/入声韵母】《潮正两音字集》记有单元音韵母 6 个、促声韵母 5 个；复元音韵母 12 个、促声韵母 6 个。现与潮汕 6 个方言点比较见表 32：

表 32

字集 18/11	汕头 18/15	潮州 18/15	澄海 18/15	潮阳 17/13	揭阳 18/15	海丰 17/12
[i/iʔ] 希/滴	[i/iʔ] 衣/铁	[i/iʔ] 衣/铁	[i/iʔ] 衣/铁	[i/iʔ] 衣/铁	[i/iʔ] 衣/铁	[i/iʔ] 衣/铁
[u/uʔ] 句/欮	[u/uʔ] 污/脂	[u/uʔ] 污/脂	[u/uʔ] 污/脂	[u/uʔ] 污/脂	[u/uʔ] 污/窟	[u/uʔ] 有/口
[a/aʔ] 阿/鸭	[a/aʔ] 亚/鸭	[a/aʔ] 亚/鸭	[a/aʔ] 亚/鸭	[a/aʔ] 亚/鸭	[a/aʔ] 亚/鸭	[a/aʔ] 亚/鸭
[o/oʔ] 蠔/桌	[o/oʔ] 窝/学	[o/oʔ] 窝/口	[o/oʔ] 窝/学	[o/oʔ] 窝/学	[o/oʔ] 窝/学	[o/oʔ] 蚝/学
[e/eʔ] 纱/客	[e/eʔ] 哑/厄	[e/eʔ] 哑/厄	[e/eʔ] 哑/厄	[e/eʔ] 哑/厄	[e/eʔ] 哑/厄	[e/eʔ] 下/笠
[ɯ] 猪	[ɯ/ɯʔ] 余/乞	[ɯ/ɯʔ] 余/乞	[ɯ/ɯʔ] 余/乞	—	ɯ/ɯʔ 余/口	—
[ia/iaʔ] 爹/赤	[ia/iaʔ] 爷/益	[ia/iaʔ] 爷/益	[ia/iaʔ] 爷/益	[ia/iaʔ] 爷/益	[ia/iaʔ] 爷/益	[ia/iaʔ] 爷/益
[ua/uaʔ] 歌/抹	[ua/uaʔ] 娃/活	[ua/uaʔ] 娃/活	[ua/uaʔ] 娃/活	[ua/uaʔ] 娃/活	[ua/uaʔ] 娃/活	[ua/uaʔ] 娃/活
[ue/ueʔ] 飞/月	[ue/ueʔ] 锅/划	[ue/ueʔ] 锅/划	[ue/ueʔ] 锅/划	[ue/ueʔ] 锅/划	[ue/ueʔ] 锅/划	[ue/ueʔ] 锅/划
[au/auʔ] 高/乐	[au/auʔ] 欧/口	[au/auʔ] 欧/口	[au/auʔ] 欧/口	[au/auʔ] 欧/乐	[au/auʔ] 欧/乐	[au/auʔ]· 后/口
[uai] 歪	[uai] 歪	[uai] 歪	[uai] 歪	[uai] 歪	[uai] 歪	[uai] 歪
[ui] 非	[ui] 医	[ui] 医	[ui] 医	[ui] 医	[ui] 医	[ui] 围
[ai] 知	[ai/aiʔ] 埃/口	[ai/aiʔ] 埃/口	[ai/aiʔ] 埃/口	[ai] 哀	[ai/aiʔ] 埃/口	[ai] 挨
[iu] 秋	[iu/iuʔ] 优/口	[iu/iuʔ] 优/口	[iu/iuʔ] 优/口	[iu/iuʔ] 优/口	[iu/iuʔ] 优/口	[iu/iuʔ] 油/口
[oi/oiʔ] 题/八	[oi/oiʔ] 题/八	[oi/oiʔ] 鞋/八	[oi/oiʔ] 鞋/八	[oi/oiʔ] 鞋/八	[oi/oiʔ] 鞋/八	—
[ou] 吴	[ou] 乌	[ou] 乌	[ou] 乌	[ou] 乌	[ou] 乌	[ou] 乌
[iau] 谣	[iau/iauʔ] 妖/口	—	—	[iau/iauʔ] 妖/口	[iau/iauʔ] 妖/口	[iau/iauʔ] 枵/口
—	—	[iou/iouʔ] 妖/口	[iou/iouʔ] 妖/约	—	—	—

续表

字集 18/11	汕头 18/15	潮州 18/15	澄海 18/15	潮阳 17/13	揭阳 18/15	海丰 17/12
—	［io/ioʔ］腰/药	—	—	［io/ioʔ］腰/药	［io/ioʔ］腰/药	［io/ioʔ］腰/药
［ie/ieʔ］烧/约	—	［ie/ieʔ］腰/药	［ie/ieʔ］腰/药	—	—	—
—						［ei］鞋
字集 18/11	汕头 18/15	潮州 18/15	澄海 18/15	潮阳 17/13	揭阳 18/15	海丰 17/12

　　由表 32 可见，《潮正两音字集》与 6 个方言点相同的韵母有［i/iʔ］、［u/uʔ］、［a/aʔ］、［o/oʔ］、［e/eʔ］、［ia/iaʔ］、［ua/uaʔ］、［ue/ueʔ］、［au/auʔ］、［uai］、［ui］、［ai］、［iu］、［ou］等。差异之处有：（1）《潮正两音字集》与汕头、潮州、澄海、揭阳 4 个方言点均有［ɯ］韵母，潮阳和海丰方言点则无；（2）《潮正两音字集》与汕头、潮州、澄海、潮阳和揭阳 5 个方言点均有［oi/oiʔ］韵母，海丰方言点则无；（3）《潮正两音字集》与汕头、潮阳、揭阳和海丰 4 个方言点均有［iau］韵母，潮州、澄海则无；（4）潮州、澄海方言点有［iou/iouʔ］韵母，《潮正两音字集》与汕头、潮阳、揭阳、海丰 4 个方言点则无；（5）汕头、潮阳、揭阳、海丰 4 个方言点有［io/ioʔ］韵母，《潮正两音字集》与潮州、澄海方言点则无；（6）《潮正两音字集》与潮州、澄海方言点有［ie/ieʔ］韵母，汕头、潮阳、揭阳、海丰 4 个方言点则无；（7）唯独海丰方言点有［ei］韵母，《潮正两音字集》与汕头、潮州、澄海、潮阳和揭阳 5 个方言点则无。

　　【鼻化韵/入声韵】《潮正两音字集》记有鼻化韵 16 个、鼻化入声韵 6 个。现与潮汕 6 个方言点比较见表 33：

表 33

字集 16/6	汕头 15/8	潮州 15/7	澄海 15/8	潮阳 14/8	揭阳 16/6	海丰 14/4
［ĩ/ĩʔ］钱/乜	［ĩ/ĩʔ］圆/□	［ĩ/ĩʔ］圆/□	［ĩ/ĩʔ］圆/□	［ĩ/ĩʔ］圆/□	［ĩ/ĩʔ］圆/□	［ĩ］椅
［ã/ãʔ］酽/𪢮	［ã］揞	［ã］揞	［ã］揞	［ã/ãʔ］揞/□	［ã］揞	［ã/ãʔ］揞/□
［ẽ/ẽʔ］井/脉	［ẽ/ẽʔ］楹/脉	［ẽ/ẽʔ］楹/吓	［ẽ/ẽʔ］楹/脉	［ẽ/ẽʔ］楹/脉	［ẽ/ẽʔ］楹/脉	［ẽ/ẽʔ］桁/□
［ũ］娱	—	—	—	—	—	—
［õ/õʔ］毛/么	—	—	—	—	［õ］奥	［õ］耗

续表

字集 16/6	汕头 15/8	潮州 15/7	澄海 15/8	潮阳 14/8	揭阳 16/6	海丰 14/4
[iã] 声	[iã] 影	[iã] 影	[iã] 影	[iã/iãʔ] 影/口	[iã] 影	[iã] 赢
[uĩ] 高	[uĩ] 畏	[uĩ] 畏	[uĩ] 畏	[uĩ] 畏	[uĩ] 匪	[uĩ] 黄
[ãi/ãiʔ] 奶/不	[ãi/ãiʔ] 爱/口	[ãi/ãiʔ] 爱/口	[ãi/ãiʔ] 爱/口	[ãi/ãiʔ] 爱/口	[ãi] 爱	[ãi/ãiʔ] 爱/口
—	[uãi/uãiʔ] 檨/口	[uãi/uãiʔ] 檨/口	[uãi/uãiʔ] 檨/口	[uãi] 檨	[uãi] 菓	[uãi/uãiʔ] 檨/口
[uã] 赶	[uã/uãʔ] 鞍/活	[uã] 鞍	[uã/uãʔ] 鞍/活	[uã] 鞍	[uã/uãʔ] 鞍/口	[uã] 碗
[ãu] 熬	[ãu/ãuʔ] 好/口	[ãu/ãuʔ] 好/口	[ãu/ãuʔ] 好/乐	[ãu/ãuʔ] 好/口	[ãu/ãuʔ] 好/口	—
[iũ] 休	[iũ/iũʔ] 幼/口	[iũ/iũʔ] 幼/口	[iũ/iũʔ] 幼/口	[iũ/iũʔ] 幼/口	[iũ/iũʔ] 幼/口	[iũ] 裘
[uẽ/uẽʔ] 横/物	[uẽ] 关	[uẽ] 关	[uẽ] 关	[uẽ] 关	[uẽ] 关	[uẽ] 关
—	[iõu/iõuʔ] 口/口	[iõu/iõuʔ] 口/口	—	—	—	—
[iãu] 苗	[iãu/iãuʔ] 口/口	—	—	[iãu/iãuʔ] 口/口	[iãu/iãuʔ] 口/口	[iãu] 皱
[õi]闲	[õi]闲	[õi]闲	[õi]闲	—	[õi]睇	—
				[iõ]羊	[iõ]羊	[iõ]羊
[iẽ]张	—	[iẽ]羊	[iẽ]羊	—	—	
						[eẽi]口
[õu]虎	[õu]虎	[õu]虎	[õu]虎	[õu]摸	[õu]虎	—
字集 16/6	汕头 15/8	潮州 15/7	澄海 15/8	潮阳 14/8	揭阳 16/6	海丰 14/4

由表 33 可见，《潮正两音字集》与潮汕 6 个方言点相同的韵母[ĩ]、[ã]、[ẽ/ẽʔ]、[iã]、[uĩ]、[ãi]、[uã]、[iũ]、[uẽ]等。差异之处有：（1）唯独海丰无[ĩʔ]，《潮正两音字集》和其他 5 个方言点均有此韵母；（2）《潮正两音字集》和潮阳、海丰均有[ãʔ]韵母，其他 4 个方言点均无此韵母；（3）《潮正两音字集》有[ũ]韵母，潮汕 6 个方言点则无；（4）《潮正两音字集》有[õ/õʔ]韵母，揭阳、海丰方言点有[õ]韵母，而汕头、潮州、澄海和潮阳 4 个方言点则无此韵母；（5）《潮正两音字集》和汕头、潮州、澄海、潮阳、海丰 5 个方言点均有[ãi/ãiʔ]，唯独揭阳无

[ãiʔ]韵母；（6）潮汕 6 个方言点有[uãi]韵母，而《潮正两音字集》则无；（7）汕头、澄海、揭阳有[uãʔ]韵母，《潮正两音字集》与其他 3 个方言点均无此韵母；（8）《潮正两音字集》与汕头、潮州、澄海、潮阳、揭阳 5 个方言点有[ãu]韵母，而海丰方言则无；（9）《潮正两音字集》有[uẽ/uẽʔ]韵母，潮汕 6 个方言点有[uẽ]韵母，而无[uẽʔ]韵母；（10）潮州、澄海方言点有[iõu/iõuʔ]韵母，《潮正两音字集》与汕头、潮阳、揭阳和海丰 4 个方言点则无；（11）《潮正两音字集》与汕头、潮阳、揭阳和海丰 4 个方言点有[iãu]韵母，而潮州、澄海方言点则无；（12）《潮正两音字集》与汕头、潮州、澄海和揭阳 4 个方言点均有[õi]韵母，潮阳和海丰方言点则无；（13）汕头、潮阳、揭阳和海丰 4 个方言点均有[iõ]韵母，《潮正两音字集》与潮州、澄海方言点则无；（14）《潮正两音字集》与潮州、澄海有[iẽ]韵母，而汕头、潮阳、揭阳和海丰 4 个方言点则无；（15）海丰方言点有[ẽi]韵母，《潮正两音字集》与汕头、潮州、澄海、潮阳和揭阳 5 个方言点则无；（16）《潮正两音字集》与汕头、潮州、澄海、潮阳和揭阳 5 个方言点均有[õu]韵母，唯独海丰方言点则无。

【声化韵/入声韵】《潮正两音字集》有两个声化韵母：m [m]姆和 ng [ŋ]饭。现将《潮正两音字集》声化韵及其入声韵母与潮汕 6 个方言点比较见表 34：

表 34

字集 2/0	汕头话 2/2	潮州话 2/2	澄海话 2/2	潮阳话 2/2	揭阳话 2/2	海丰话 2/2
[m]姆	[m/mʔ]姆/□	[m/mʔ]姆/□	[m/mʔ]姆/□	[m/mʔ]姆/兦	[m/mʔ]姆/□	[m/mʔ]姆/□
[ŋ]饭	[ŋ/ŋʔ]秧/□	[ŋ/ŋʔ]秧/□	[ŋ/ŋʔ]秧/□	[ŋ/ŋʔ]园/□	[ŋ/ŋʔ]秧/□	[ŋ/ŋʔ]秧/□

由表 34 可见，潮汕 6 个闽南方言点共有[m/mʔ]、[ŋ/ŋʔ]韵母，《潮正两音字集》则有 m[m]而无[mʔ]，有 ng[ŋ]无 ngh[ŋʔ]。

【阳声韵/入声韵】下面将《潮正两音字集》阳声韵母及入声韵母与潮汕六个方言点韵母比较见表 35：

表 35

字集 16/16	汕头 12/12	潮州 16/16	澄海 9/9	潮阳 14/14	揭阳 13/13	海丰 14/14
[am/ap] 南/答	[am/ap] 庵/盒	[am/ap] 庵/盒	—	[am/ap] 庵/盒	[am/ap] 庵/盒	[am/ap] 暗/盒
[iam/iap] 签/接	[iam/iap] 淹/粒	[iam/iap] 淹/粒	—	[iam/iap] 盐/涩	[iam/iap] 淹/粒	[iam/iap] 淹/粒
[im/ip] 婶/急	[im/ip] 音/立	[im/ip] 音/立	—	[im/ip] 音/邑	[im/ip] 音/立	[im/ip] 音/㴇
[uam/uap] 凡/法	—	[uam/uap] 凡/法	—	[uam/uap] 犯/法	[uam/uap] 凡/法	[uam/uap] 凡/法
—	—	[om/op] 口/口	—	[om/op] 虎/口	[om/op] 口/口	[om/op] 暗/口
[aŋ/ak] 东/角	[aŋ/ak] 红/北	[aŋ/ak] 红/北	[aŋ/ak] 红/北	[aŋ/ak] 红/北	[aŋ/ak] 红/北	[aŋ/ak] 红/沃
[iaŋ/iak] 凉/削	[iaŋ/iak] 央/跃	[iaŋ/iak] 央/跃	[iaŋ/iak] 央/跃	[iaŋ/iak] 央/跃	[iaŋ/iak] 央/跃	[iaŋ/iak] 阳/烈
—	—	[ieŋ/iek] 建/杰	—	—	—	—
[uaŋ/uak] 风/蟆	[uaŋ/uak] 弯/越	[uaŋ/uak] 汪/获	[uaŋ/uak] 弯/越	[uaŋ/uak] 汪/穴	[uaŋ/uak] 汪/粤	[uaŋ/uak] 弯/法
—	—	[ueŋ/uek] 权/越	—	[ueŋ/uek] 荣/域	[ueŋ/uek] 荣/获	[ueŋ/uek] 恒/或
[oŋ/ok] 封/足	[oŋ/ok] 公/屋	[oŋ/ok] 公/屋	[oŋ/ok] 公/屋	[oŋ/ok] 公/屋	[oŋ/ok] 公/屋	[oŋ/ok] 公/屋
[ioŋ/iok] 戎/曲	[ioŋ/iok] 雍/育	[ioŋ/iok] 雍/育	[ioŋ/iok] 雍/育	[ioŋ/iok] 容/育	[ioŋ/iok] 雍/育	[ioŋ/iok] 涌/浴
[eŋ/ek] 英/肉	[eŋ/ek] 英/亿	[eŋ/ek] 英/亿	[eŋ/ek] 英/亿	[eŋ/ek] 英/浴	[eŋ/ek] 因/乙	[eŋ/ek] 鹰/口
—	[uŋ/uk] 温/熨	[uŋ/uk] 温/熨	[uŋ/uk] 温/熨	[uŋ/uk] 温/熨	[uŋ/uk] 温/熨	—
—	[iŋ/ik] 因/乙	[iŋ/ik] 因/乙	[iŋ/ik] 因/乙	[iŋ/ik] 印/日	—	—
—	[ɤŋ/ɤk] 恩/乞	[ɤŋ/ɤk] 恩/乞	[ɤŋ/ɤk] 恩/乞	—	—	—
[in/it]亲/七	—	—	—	—	—	[in/it]瘿/日
[un/ut]分/骨	—	—	—	—	—	[un/ut]运/出
[ɯn/ɯt]恩/迄	—	—	—	—	—	—
[uan/uat]弯/发	—	—	—	—	—	—
[ien/iet]牵/侄	—	—	—	—	—	—
[an/at]奸/八	—	—	—	—	—	—

由表 35 可见，《潮正两音字集》与汕头等 6 个方言点相同的韵母有

[aŋ/ak]、[iaŋ/iak]、[uaŋ/uak]、[oŋ/ok]、[ioŋ/iok]、[eŋ/ek]等。差异之处有：（1）《潮正两音字集》与汕头、潮州、潮阳、揭阳和海丰5个方言点均有[am/ap]、[iam/iap]、[im/ip]韵母，而澄海方言点则无；（2）《潮正两音字集》与潮州、潮阳、揭阳和海丰4个方言点均有[uam/uap]韵母，而汕头、澄海则无；（3）潮州、潮阳、揭阳和海丰4个方言点均有[om/op]韵母，而《潮正两音字集》与汕头、澄海方言点均无；（4）唯独潮州话有[ieŋ/iek]韵母，《潮正两音字集》与汕头、澄海、潮阳、揭阳和海丰5个方言点均无；（5）潮州、潮阳、揭阳、海丰4方言点均有[ueŋ/uek]，《潮正两音字集》与汕头、澄海则无；（6）汕头、潮州、澄海、潮阳、揭阳5方言点有[uŋ/uk]，《潮正两音字集》与海丰方言点则无；（7）汕头、潮州、澄海、潮阳4方言点有[iŋ/ik]，《潮正两音字集》与揭阳、海丰方言点则无；（8）汕头、潮州、澄海均有[ɤŋ/ɤk]，《潮正两音字集》与潮阳、揭阳、海丰方言点则无；（9）唯独《潮正两音字集》和海丰有[in/it]、[un/ut]韵母，而汕头、潮州、澄海、潮阳、揭阳5个方言点则无；（10）唯独《潮正两音字集》有[ɯn/ɯt]、[uan/uat]、[ien/iet]、[an/at]诸韵母，潮汕6个方言点均无。

综上可见，《潮正两音字集》所收录的方言韵母，并非只收录潮州方言点的韵母，而且还兼收汕头、澄海、潮阳、揭阳和海丰等方言点的韵母。此外，《潮正两音字集》还收录[in/it]、[un/ut]、[ɯn/ɯt]、[uan/uat]、[ien/iet]、[an/at]等韵母，说明在一百多年前潮汕方言较完整保留了[-m, -n, -ŋ]三套阳声韵和[-p, -t, -k]三套入声韵，经过百来年的演化，[-m, -n, -ŋ]三套阳声韵并为现在[-m, -ŋ]两套阳声韵，[-p, -t, -k]三套入声韵，并为现在[-p, -k]两套入声韵。

汲约翰《潮正两音字集》记载了85个韵母，其中与潮汕方言共有韵母有51个：[a]、[o]、[e]、[i]、[u]、[au]、[ai]、[ia]、[iu]、[ua]、[ue]、[uai]、[ui]、[aŋ]、[iaŋ]、[uaŋ]、[oŋ]、[ioŋ]、[eŋ]、[ã]、[ẽ]、[ãi]、[ĩ]、[iã]、[iũ]、[uĩ]、[uã]、[uẽ]、[m]、[ŋ]、[aʔ]、[eʔ]、[iʔ]、[uʔ]、[iaʔ]、[uaʔ]、[ueʔ]、[ak]、[ok]、[iok]、[ek]、[ou]、[ãu]、[õu]、[oʔ]、[auʔ]、[ẽʔ]、[ĩʔ]、[ãiʔ]、[iak]、[uak]。还有34个韵母的情况有二：

其一，汲约翰记载了23个韵母分别反映了潮汕6个方言点的韵类，见表36：

表 36

潮州澄海	汕头潮州潮阳揭阳海丰	汕头潮阳揭阳海丰	海丰	汕头潮州澄海揭阳	汕头潮州澄海潮阳揭阳	潮州潮阳揭阳海丰	揭阳海丰	潮阳海丰
［ie］ ［iĕ］ ［ieʔ］	［am］ ［im］ ［iam］ ［ap］ ［ip］ ［iap］	［iau］ ［iãu］	［in］ ［un］ ［it］ ［ut］	［ɯ］	［oi］ ［oiʔ］ ［õi］	［uam］ ［uap］	［õ］	［ãʔ］

经统计，汲约翰所记载的海丰韵母最多 16 个，潮州、揭阳各 15 个，潮阳 14 个，汕头 12 个，澄海最少只有 7 个。

其二，汲约翰记载了 11 个现代潮汕 6 个方言所没有的韵母：［ɯn］、［uan］、［ian］、［an］、［ũ］、［uẽʔ］、［õʔ］、［ɯt］、［iat］、［at］、［uat］。这些韵母均有例字，说明确实是存在的。其中［ɯn］、［uan］、［ian］、［an］诸韵母的韵尾［-n］已演变为现在的［-ŋ］；［ɯt］、［iat］、［at］、［uat］诸韵母的韵尾［-t］已演变为现在的［-k］。至于［ũ］、［uẽʔ］、［õʔ］诸韵母，已在现代潮汕方言中消失了。

总之，汲约翰《潮正两音字集》所反映的韵母系统均非汕头或潮州单一的方言音系，而是以潮汕地区方言为基础，吸收潮州、海丰、揭阳、潮阳、汕头、澄海等方言韵类的综合音系。

五 《潮正两音字集》潮音声调系统整理与研究

在《潮正两音字集》书中所记录潮州话的基本声调有 8 个，标调方式是在主要元音上面加一声调符号来表示该字音的调类，阴平和阴入省略，用 6 个符号来表示 8 个主声调，见表 37：

表 37

调　类	上平	下平	上声	上去	下去	去声	上入	下入
代　码	1	2	3	4	5	6	7	8
本书符号	无号	ˆ	´	`	~	－	无号	'

续表

调　类	上平	下平	上声	上去	下去	去声	上入	下入
	a	â	á	à	ā	ā	ah	a̍h
	e	ê	é	è	ē	ē	eh	e̍h
	i	î	í	ì	ī	ī	ih	ih
单元音八调	o	ô	ó	ò	õ	õ	oh	o̍h
	u	û	ú	ù	ū	ū	uh	u̍h
	ṳ	ṳ̂	ṳ́	ṳ̀	ṳ̄	ṳ̄	ṳh	ṳ̍h

实际上，《潮正两音字集》上声即上上，下去即下上，去声即下去。这 8 个调类与现代汕头、潮州、澄海、潮阳、揭阳、海丰诸方言点一致。

六　《潮正两音字集》所反映的正音音系

汲约翰在《潮正两音字集·凡例》指出，正音即北腔（就是一百多年前的北京官话）。虽然与现代普通话有些区别，但可反映当时北京官话音系的某些特点和音值。

（一）《潮正两音字集》所记载正音的声母系统

据考察整理，《潮正两音字集》所记载正音的声母 26 个，现分别说明如下。

1. 双唇音：p[p]，双唇、不送气、清塞音；p'[p']，双唇、送气、清塞音；m[m]，双唇、浊鼻音。

2. 唇齿音：f[f]，唇齿、清擦音。

3. 舌尖中音：t[t]，舌尖中、不送气、清塞音；t'[t']，舌尖中、送气、清塞音；n[n]，舌尖中、浊鼻音；l[l]，舌尖中、浊边音。

4. 舌面后音（舌根音）：k[k]，舌面后、不送气、清塞音；k'[k']，舌面后、送气、清塞音；h[h]，舌面后、清擦音。

5. 舌面中音：ch[tɕ]，舌面中、不送气、清塞擦音；ch'[tɕ']，舌面中、送气、清塞擦音；hs[ɕ]，舌面中、清擦音。按：凡是 ch、ch'、hs 三个声母与-i[-i]、-ü[-y] 类韵母相拼者，一律读作舌面中音[tɕ]、[tɕ']、[ɕ]。

6. 舌尖后音（卷舌音）：ch[tʂ]，舌尖后、不送气、清塞擦音；ch'[tʂ']，舌尖后、送气、清塞擦音；sh[ʂ]，舌尖后、清擦音；j[ʐ]，舌尖后、浊擦音。按：凡是 ch、ch'、sh 三个声母与非-i[-i]、-ü[-y]类韵母相拼者，一律读作[tʂ]、[tʂ']、[ʂ]。

7. 舌尖前音：ts[ts]，舌尖前、不送气、清塞擦音；ts'[ts']，舌尖前、送气、清塞擦音；s[s]，舌尖前、清擦音。tz[ts]，舌尖前、不送气、清塞擦音；tz'[ts']，舌尖前、送气、清塞擦音；ss[s]，舌尖前、清擦音。按：ts、ts'、s 三个声母只能与非-i[-i]、-ü[-y]类韵母相拼，一律读作[ts]、[ts']、[s]。tz、tz'、ss 三个声母只能与-ǔ[ɿ]、- ih[ʅ]类韵母相拼，不读舌面中音[tɕ]、[tɕ']、[ɕ]，而读作舌尖前音[ts]、[ts']、[s]。

8. 零声母：按，凡是以 u 为介音或为韵母的音节，之前必须加上 w；凡是以 i、ü 为介音或为韵母的音节，之前必须加上 y。

现将《潮正两音字集》所记载正音的 26 个声母整理列表见表 38：

表 38

唇音	p[p]巴疤牌罢饱	p'[p']怕抛琶攀旁	m[m]马码麦木眉	f[f]抚贲方枫房
舌尖中音	t[t]大担胆搭歹	t'[t']替台泰态探	n[n]那男南挠闹	l[l]拉礼力流零
舌面后音	k[k]改个丐干刚	k'[k']卡叩扣堪侃	h[h]后汇火灰花	
舌面中音	ch[tɕ]江将焦蕉椒	ch'[tɕ']欠妻切请潜	hs[ɕ]西细写斜谢	
舌尖后音	ch[tʂ]章张漳长丈	ch'[tʂ']吵耻场肠昌	sh[ʂ]杀圣扇侍施	j[ʐ]染肉仍惹犇
舌尖前音	ts[ts]杂罪最尊卒	ts'[ts']才猜菜蔡採	s[s]塞瑟色骚嫂	
	tz[ts]子孜姿兹字	tz'[ts']次辞刺疵雌	ss[s]丝巳死四伺	
喉音	w[∅]瓦未味无武	y[∅]牙宴欲由尤忧		

汲约翰《潮正两音字集》所反映正音声母系统是一百多年前的系统。为了考证此系统与现代普通话声母系统的异同，现根据《辞海·语言文字分册》附录"汉语拼音方案"声母表，将二者加以比较见表 39：

表 39

普通话声母	b	p	m	f	d	t	n	l	g	k	h
	玻	坡	摸	佛	得	特	讷	勒	哥	科	喝
潮正两音字集正音声母	p	p'	m	f	t	t'	n	l	k	k'	h
	[p]巴	[p']柏	[m]马	[f]抚	[t]大	[t']替	[n]那	[l]拉	[k]改	[k']卡	[h]后
普通话声母	j	q	x	zh	ch	sh	r	z	c	s	w/y
	基	欺	希	知	蚩	诗	日	资	雌	思	瓦/牙
潮正两音字集正音声母	ch	ch'	hs	ch	ch'	sh	j	ts/tz	ts'/tz'	s/ss	w/y
	[tɕ]江	[tɕ']欠	[ɕ]西	[tʂ]章	[tʂ']吵	[ʂ]杀	[ʐ]染	[ts]杂 [ts]子	[ts']才 [ts']次	[s]塞 [s]丝	[Ø] 瓦/牙

由表 39 可见，《潮正两音字集》所记载的声母系统与现代普通话声母差不多，不同之处有：（1）《潮正两音字集》舌尖前音［ts］、［ts'］、［s］有两套：ts、ts'、s 和 tz、tz'、ss，实际上可以像普通话合并为一套；（2）《潮正两音字集》有 ch、ch' 两个声母，但与 -i［-i］、-ü［-y］类韵母相拼时读作舌面中音［tɕ］、［tɕ']，与非 -i［-i］、-ü［-y］类韵母相拼时读作舌尖后音［tʂ］、［tʂ']、［ʂ］；（3）《潮正两音字集》有零声母 w［Ø］和 y［Ø］，普通话声母表虽然没有零声母，但在注解中的说明与之大同小异。这说明西方传教士在声母音值的审音方面的确颇为细致。

（二）《潮正两音字集》所记载正音的韵母系统

《潮正两音字集》正音共有 62 个韵母，下面分别加以阐明。

1. 单元音/入声韵（10/8）

《潮正两音字集》正音有 10 个单元音韵母，也有 8 个与之相配的带喉塞尾 -ʔ 的韵母，见表 40：

表 40

	开口呼	齐齿呼	合口呼	撮口呼
舒声韵	ŭ[ɿ]思死四次子姊	i[i]衣机棋	u[u]蛛株诛都树 wu[u]鸱乌邹无芜侮	ü[y]吕侣虑驴句 yü[y]与誉余予芋
促声韵	—	i*[iʔ]籍迹戚疾激 yi*[iʔ]佁佡泆轶	u*[uʔ]蝠腹缚木目 wu*[uʔ]勿屋握沃	ü*[yʔ]玉钰狱伮谷著律 yü*[yʔ]育煜浴欲聿鹬
舒声韵	ih[ʅ]知智时			

续表

	开口呼	齐齿呼	合口呼	撮口呼
促声韵	ih *[ʅʔ]只食骘炙侄跰			
舒声韵	a[a]马茶他			
促声韵	a *[aʔ]瘌拉腊哈			
舒声韵	o[o]磨颇婆破叵			
促声韵	o *[oʔ]拨抹末钹			
舒声韵	o[ɤ]贺和龢可苛颗			
促声韵	o *[ɤʔ]合欱阖部客			
舒声韵	ê[ə]遮这蔗鹧			
促声韵	ê *[əʔ]涩嗇潚斫彻哲择			
舒声韵	êrh[ɚ]二饵儿耳而尔			
促声韵	—			

现就《潮正两音字集》记载的韵母音标说明如下：（1）书中的 ǔ 韵母读作前舌尖、不圆唇元音[ɿ]，ih 韵母读作后舌尖、不圆唇元音[ʅ]；（2）凡是以 u 为介音或为韵母的音节，之前必须加上 w，如 wu[u]焐乌邬无芜侮；凡是以 i、ü 为介音或为韵母的音节，之前必须加上 y，如 yi *[iʔ]俋馸泆轶，yü[y]与誉余予芌；（3）凡是韵母右上角加有 * 号者"即北腔读为入声者"；（4）单元音韵母没有配带喉塞尾-ʔ 的韵母只有两个，即 ǔ[ɿ]和 êrh[ɚ]，其他 8 个单元音韵母均配有入声韵母。

2. 复元音/入声韵（14/14）

《潮正两音字集》正音有 14 个复元音韵母，也有 14 个与之相配的带喉塞尾-ʔ 的韵母，见表 41：

表 41

	开口呼	齐齿呼	合口呼	撮口呼
舒声韵		ia[ia]虾夏家 ya[ia]雅鸦丫哑	ua[ua]瓜夸画话 wa[ua]蛙漥瓦凹	
促声韵		ia *[iaʔ]匣狎甲狭 ya *[iaʔ]押鸭扎轧	ua *[uaʔ]滑猾括刮划 wa *[uaʔ]挖斡林	
舒声韵	ai[ai]哀挨矮	yai[iai]隘厓（崖） 涯捱	uai[uai]怀准坏帅率 wai[uai]歪外崴	
促声韵	ai *[aiʔ]摘宅窄拆	—	uai *[uaiʔ]捽	

续表

	开口呼	齐齿呼	合口呼	撮口呼
舒声韵	ei[ei]飞肥背雷悲眉		uei[uei]归圭葵魁枝 ui[ui]追对队怼 wei[uei]威未尾卫委	
促声韵	ei*[ei?]给		ui*[ui?]悴淬	
舒声韵	ao[au]考烤靠稍	iao[iau]交胶娇笑 yao[iau]要腰邀摇		
促声韵	ao*[au?]摎鹤着烙	iao*[iau?]雀脚学		
舒声韵	ou[ou]周州舟沤	iu[iou]休朽咻裘 yu[iou]幽呦悠		
促声韵	ou*[ou?]匐肉轴妯	iu*[iou?]衄兽		
舒声韵	—		uo[uo]菓过粿 wo[uo]窝涡我倭	
促声韵		io*[io?]猄觉角爵脚 yo*[io?]药钥约乐岳	uo*[uo?]廓霩阔龊说 wo*[uo?]膗踓	
舒声韵		ieh[iɛ]借写谢咩泻卸 yeh[iɛ]也爷也野冶爷		üeh[yɛ]靴瘸舵罣
促声韵		ieh*[iɛ?]蝶列铁喋结切 yeh*[iɛ?]页叶业邺噎喝		üeh*[yɛ?]血诀缺掠略学 yüeh*[yɛ?]月拐乐曰

　　《潮正两音字集》记载的韵母中只有 yai[iai] 没有与之相配的带喉塞尾-?的韵母；io*[io?] 和 yo*[io?] 没有与之相配的舒声韵母。

　　3. 鼻音韵（16）

　　《潮正两音字集》正音有 4 个开口呼鼻音韵母，4 个齐齿呼韵母，5 个合口呼韵母，3 个撮口呼韵母，见表 42：

表 42

开口呼	齐齿呼	合口呼	撮口呼
an[an]安敢鞍	ien[ian]眼嫌矴见 yen[ian]厌掩盐炎	uan[uan]患欢环船川 wan[uan]弯宛腕	üan[yɛn]萱喧旋选 yüan[yɛn]鸳冤渊怨
ên[ən]门们贞	in[in]巾民金宾滨斌 yin[in]音阴喑淫因姻	un[uən]论仑轮沦睔 wên[uən]温瘟稳问文吻	ün[yn]君军郡旬 yün[yn]韵运晕匀
ang[aŋ]航抗糠	iang[iaŋ]香强良 yang[iaŋ]央秧殃羊	uang[uaŋ]光胱桄广 wang[uaŋ]王忘望惘网	
êng[əŋ]曾层拯争	ing[iŋ]经轻玲 ying[iŋ]蝇营嬴影	weng[uəŋ]瓮膃蓊翁嗡	
		ung[uŋ]中东懂重	yung[yŋ]咏用泳 iung[yŋ]兄调匈炯

汲约翰《潮正两音字集》所反映正音韵母系统是一百多年前的系统。为了考证此系统与现代普通话韵母系统的异同，我们根据《辞海·语言文字分册》附录"汉语拼音方案"韵母表，将二者加以比较：

（1）开口呼韵母比较

由表43可见，《潮正两音字集》与现代普通话相同的开口呼韵母有[a]、[o]、[ɤ]、[ai]、[ei]、[au]、[ou]、[an]、[ən]、[aŋ]、[əŋ]11个。不同之处有：（1）《潮正两音字集》仍有带喉塞韵尾-ʔ韵母，即ih*[ɿʔ]、a*[aʔ]、o*[oʔ]、o*[ɤʔ]、ê*[əʔ]、ai*[aiʔ]、ei*[eiʔ]、ao*[auʔ]、ou*[ouʔ]9个入声韵母，而现代普通话则无此韵母；（2）《潮正两音字集》有êrh[ɚ]韵母，"汉语拼音方案"韵母表里则无此韵母，只是在底下注解里提到"儿"写成er；（3）《潮正两音字集》有前舌尖、不圆唇元音ŭ[ɿ]和后舌尖、不圆唇元音ih[ʅ]，而"汉语拼音方案"指出："'知、蚩、诗、日、资、雌、思'七个音节的韵母用i，即：知、蚩、诗、日、资、雌、思等字拼作zhi, chi, shi, ri, zi, ci, si。"实际上，前4个音节的韵母读作[ʅ]，后3个音节的韵母读作[ɿ]；（4）《潮正两音字集》o韵母有两种不同的音值，即："o[ɤ]贺"和"ê[ə]遮"，而现代普通话则合并为"e[ɤ]鹅"韵母。

表43

普通话韵母	-i	-i	ɑ	o	e	ɑi	ei	ɑo	ou	er	ɑn	en	ɑng	eng
	思	知	啊	喔	鹅	哀	欸	熬	欧	儿	安	恩	昂	哼
潮正两音字集韵母	ŭ	ih	a	o	o/ê	ai	ei	ao	ou	êrh	an	ên	ang	êng
	[ɿ] 思	[ʅ] 知	[a] 马	[o] 磨	[ɤ]贺 [ə]遮	[ai] 哀	[ei] 飞	[au] 考	[ou] 周	[ɚ] 儿	[an] 安	[ən] 门	[aŋ] 航	[əŋ] 曾

（2）齐齿呼韵母比较

由表44可见，《潮正两音字集》与现代普通话相同的齐齿呼韵母有[i]、[ia]、[iɛ]、[iau]、[iou]、[ian]、[in]、[iaŋ]、[iŋ]9个。不同之处有：（1）《潮正两音字集》仍有带喉塞韵尾-ʔ韵母，即i*/yi*[iʔ]、

ia*/ya*［iaʔ］、iao*［iauʔ］、iu*［iouʔ］、io*/yo*［ioʔ］、ieh*/yeh*［iɛʔ］6个入声韵母，而现代普通话则无此韵母；（2）《潮正两音字集》有 yai［iai］韵母，而现代普通话则无此韵母。

表 44

普通话韵母	i	ia	ie		iao	iou	ian	in	iang	ing
	衣	呀	耶		腰	忧	烟	因	央	英
潮正两音字集韵母	i	ia ya	ieh yeh	yai	iao yao	iu yu	ien yen	in yin	iang yang	ing ying
	［i］ 衣俋	［ia］ 虾哑	［iɛ］ 借爷	［iai］ 隘	［iau］ 交摇	［iou］ 休悠	［ian］ 眼厌	［in］ 巾音	［iaŋ］ 香羊	［iŋ］ 经影

（3）合口呼韵母比较

由表45可见，《潮正两音字集》与现代普通话相同的合口呼韵母有［u］、［ua］、［uo］、［uai］、［uei］、［uan］、［uən］、［uaŋ］、［uəŋ］、［uŋ］10个。不同之处有：《潮正两音字集》仍有带喉塞韵尾-ʔ韵母，即u*/wu*［uʔ］、ua*/wa*［uaʔ］、uai*［uaiʔ］、ui*［uiʔ］、uo*/wo*［uoʔ］5个入声韵母，而现代普通话则无此韵母。

表 45

普通话韵母	u	ua	uo	uai	uei	uan	uen	uang	ueng	ong
	乌	蛙	窝	歪	威	弯	温	汪	翁	轰
潮正两音字集韵母	u wu	ua wa	uo wo	uai wai	uei ui wei	uan wan	un wên	uang wang	weng	ung
	［u］ 蛛侮	［ua］ 瓜凹	［uo］ 过倭	［uai］ 怀崴	［uei］ 归队委	［uan］ 患弯	［uən］ 论温	［uaŋ］ 光王	［uəŋ］ 瓮	［uŋ］ 中

（4）撮口呼韵母比较

由表46可见，《潮正两音字集》与现代普通话相同的撮口呼韵母有［y］、［yɛ］、［yɛn］、［yn］、［yŋ］5个。不同之处有：《潮正两音字集》仍有带喉塞韵尾-ʔ韵母，即 ü*/yü*［yʔ］、üeh*/yüeh*［yɛʔ］2个入声韵母，而现代普通话则无此韵母。

表 46

普通话韵母	ü	üe	üan	ün	iong
	迁	约	冤	晕	雍
潮正两音字集韵母	ü/yü	üeh	üan/yüan	ün/yün	yung/iung
	[y]吕芋	[yɛ]靴	[yɛn]萱鸳	[yn]君韵	[yŋ]兄咏

　　总之，《潮正两音字集》正音韵母与现代普通话最大的差异是：前者仍有带喉塞韵尾-ʔ韵母，后者则无；前者尚有[ɤ]和[ə]的区别，后者已合二为一，读作[ɤ]；前者有yai[iai]韵母，后者则无。这反映了一百多年来北京官话韵母的演变轨迹。

（三）《潮正两音字集》所记载正音的声调系统

　　关于正音声调系统，《潮正两音字集》"凡例"中说得很清楚，"集音字左边罗马字音即官音，其一、二、三、四即上平、下平、上声、去声，而*号即北腔读为入声者"。

　　在《潮正两音字集》书中所记录正音的基本声调有4个，标调方式是在罗马字音右上方加1、2、3、4来表示该字音的调类，分别是上平、下平、上声、去声。见表47：

表 47

调类	上平	下平	上声	去声
代码	1	2	3	4
例字	ya^1[ia^1]鸦	ya^2[ia^2]牙	chin^3[tɕin^3]谨	ya^4[ia^4]亚
	hsien^1[ɕian^1]先	shao^2[ʂau^2]韶	hsi^3[ɕi^3]洗	su^4[su^4]疏
	t'ing^1[t'iŋ^1]汀	t'ing^2[t'iŋ^2]停	hsiao^3[ɕiau^3]小	chao^4[tʂau^4]肇
	chan^1[tʂan^1]詀	ch'a^2[tʂ'a^2]茶	chan^3[tʂan^3]斩	chan^4[tʂan^4]站
	chin^1[tɕin^1]斤	yen^2[ian^2]研	sao^3[sau^3]嫂	ting^4[tiŋ^4]定

　　由表47可见，《潮正两音字集》所标注的罗马字音标与现代普通话基本上相同，当然，也不排除有些注音与现代普通话不太符合。

　　至于入声韵的调类，《潮正两音字集》一律在罗马字音右上方加*号，但罗马字韵母右上方也都标有1、2、3、4号码。请看表48：

表 48

调类	上平	下平	上声	去声
代码	1	2	3	4
例字	chih[1]* [tɕiʔ²¹]炙	chi[2]* [tɕiʔ²²]籍	ch'iao[3]* [tɕiauʔ²³]雀	chi[4]* [tɕiʔ²⁴]迹
	fa[1]* [faʔ²¹]发	fa[2]* [faʔ²²]伐	hsi[3]* [çiʔ²³]迄	fu[4]* [fuʔ²⁴]复
	chieh[1]* [tɕiɛʔ²¹]契	hua[2]* [huaʔ²²]俗	kei[3]* [keiʔ²³]给	hsüeh[4]* [çyɛʔ²⁴]穴
	chia[1]* [tɕiaʔ²¹]荚	chü[2]* [tɕyʔ²²]踘	pi[3]* [piʔ²³]笔	k'uo[4]* [fuʔ²⁴]阔
	ts'a[1]* [tsʻaʔ²¹]擦	shu[2]* [ʂuʔ²²]熟	so[3]* [soʔ²³]索	sê[4]* [sɔʔ²⁴]塞

　　由表 48 可见，《潮正两音字集》正音中的罗马字标上入声韵的符号*，应带有喉塞韵尾-ʔ，但仍标示 1、2、3、4 号码，说明这些入声韵字已派入上平、下平、上声、去声 4 个调类中。经考察，表 48 所举之例，没有严格规律，但大体上是：（1）古清声母入声字多读作阴平，如：炙，中古属章母昔韵；发，中古属非母月韵；契，中古属溪母屑韵；荚，中古属见母帖韵；擦，中古属清母曷韵。（2）古全浊入声字多读作阳平，如：籍，中古属从母昔韵；伐，中古属奉母月韵；俗，中古属邪母烛韵；踘，中古属群母烛韵；熟，中古属禅母屋韵。（3）古清声母入声字多读作上声，如：雀，中古属精母药韵；迄，中古属晓母迄韵；给，中古属见母缉韵；笔，中古属帮母质韵；索，中古属心母铎韵。（4）古部分清声母、浊声母字读作去声，如：迹，中古属精母昔韵；复，中古属奉母屋韵；穴，中古属匣母屑韵；阔，中古属溪母末韵；塞，中古属心母德韵。总之，《潮正两音字集》把当时正音的入声派入上平、下平、上声、去声 4 个调类，说明当时入声字的读音已融入舒声韵的四声，但又有别于舒声韵，因此又以符号*示之，我们只能以喉塞韵尾-ʔ拟音，以示区别。

参考文献

　　1. 辞海编辑委员会：《辞海·语言文字分册》，上海辞书出版社 1978 年版。

　　2. ［英］汲约翰（John Steele, B. A.）：《潮正两音字集》（*The Swatow Syllabary with Mandarin Pronunciations*），上海英华书局 1909 年版。

　　3. 林伦伦、陈小枫：《广东闽方言语音研究》，汕头大学出版社 1996

年版。

4. 林伦伦：《澄海方言研究》，汕头大学出版社 1996 年版。

5. 罗常培：《厦门音系》，科学出版社 1956 年版。

6. 张屏生：《〈潮正两音字集〉音系初探》，载《潮州学国际研讨会论文集》(上)，暨南大学出版社，1994 年。

7. 张晓山：《新潮汕字典》，广东人民出版社 2009 年版。

(作者简介：马重奇，福建师范大学海峡两岸文化发展协同创新中心教授/文学院教授、博士生导师。

马睿颖，福建师范大学外国语学院讲师，文学博士。)

《中原音韵》与南曲用韵[*]

张玉来

（南京大学文学院）

摘　要：周德清编制《中原音韵》的目的是为北曲创作提供典范，"作北曲者守之，兢兢无敢出入"。（王骥德《曲律》）元亡，北曲渐衰，南曲兴起。南曲本没有规范的韵书，各地难以一致。从明代中叶开始，关于南曲韵律，戏曲界有过辩论。传统派坚持按吴音押韵的习惯，改革派提倡依据韵书检韵。其中沈璟主《中原》，王骥德主《洪武正韵》，沈宠绥"折中论之"，提出"北叶《中原》、南遵《洪武》"的理论，等等。然而，最终也没有编成一部真正的曲韵书，这不是因为学者们没有这个能力，实在是因为不能确定南曲的语言规范，难以找到编纂的依据。所以，《中原音韵》实际上仍然是南曲用韵的基本规范。

关键词：《中原音韵》；曲韵；南曲；韵书

一

元曲（北曲）是我国文学史上的一座丰碑，其创作及演唱本在北方流行，称为北曲。自元灭南宋之后，北曲挟其丰富的现实素材、高超的艺术成就迅速传播到南方，并在江浙一带流行开来。明人徐渭（1521—1593，山阴人）《南词叙录》说："元初，北方杂剧流入南徼，一时靡然向风，宋词遂绝，而南戏亦衰。"早期北曲创作起于自然语言，没有明确规范的用韵形式。随着北曲的南移，南方的作者和唱者，对北方共同语并

＊ 本文为教育部哲学社会科学研究后期资助重大项目"《中原音韵》的史实及其音系结构"（项目编号14JHQ040）的阶段性成果。

不熟练，许多人要通过学习、模仿北曲的语言艺术形式，才能掌握北曲的艺术要领。因此，南移后的北曲在语言运用和曲谱、曲体的规范上产生了分歧，甚至发生了严重的争论，曲词用韵混乱问题十分严重。罗宗信《中原音韵·序》称："国初混一，北方诸俊新声一作，古未有之，实治世之音也。后之不得其传，不遵其律，衬垫字多于本文，开合韵与之同押，平仄不一，句法亦粗……"就是对南移后杂剧创作的评价。

针对这种混乱的局面，作为曲作家和曲评家的周德清创作了"正语之本，变雅之端"的《中原音韵》（含"韵谱"和《正语作词起例》两部分，以下简称《中原》），试图为杂剧的创作祛弊振衰。

周德清编制《中原》的目的是为北曲创作提供典范。可是，不久元亡，北曲渐衰。《中原》在元代所起的作用也就微乎其微，反而入明后的北曲创作以之为典范。明人王骥德（1540—1623，字伯良，会稽人）在《曲律》中说道："作北曲者守之，兢兢无敢出入。"《中原》的问世解决了北曲用韵的分歧，奠定了北曲用韵规范的基础。

二

元亡，朱明王朝建立后，极力恢复汉民族文化道统，对北曲不再提倡，作者、唱者渐少。何良俊《四友斋丛说》说："金元人呼北戏为杂剧，南戏为戏文……祖宗开国，尊崇儒术。士大夫耻留心词曲，杂剧与旧戏文本皆不传，世人不得尽见。虽教坊有能搬演者，然古调既不谐于俗耳，南人又不知北音，听者既不喜，则习者亦渐少。"又说："余家小鬟记五十余曲，而散套不过四五段，其余皆金元人杂剧词也。南京教坊人所不能知，老顿言：'顿仁在正德爷爷时随驾至北京，在教坊学得，怀之五十年，供筵所唱，皆是时曲。此等辞并无人问及，不意垂死遇一知音。'是虽曲艺，然可不谓之一遭遇哉！"可见，北曲至少到了正德时演唱者已经寥落。

明代早、中期北曲虽然衰落，但社会上创作和演唱的主要还是北曲，南曲还没有形成气候。直到明中叶以后，特别是隆庆、万历以后，南曲才逐渐走向全国的舞台。王国维在《宋元戏曲考》里说："明中叶以前，作者寥寥，至隆、万后始盛，而犹以吴江沈伯英璟、临川汤义仍显祖为巨擘。沈氏之词，以合律称，而其文则庸俗不足道。汤氏才思，诚一时之隽，然较之元人，显有人工与自然之别。故余谓北剧、南戏限于元代，非过为苛论也。"这是对南、北曲的确评。

南曲产生之初，多采自里巷歌谣，"韵守自然之音"，依吴侬口语谐韵。南曲起自南方各地，各自的流行范围也非常有限。明初祝允明在《猥谈》中说："数十年来，所谓南戏盛行，更为无端，于是声音大乱……盖已略无音律、腔调。愚人蠢工，徇意更变，妄名'余姚腔''海盐腔''弋阳腔''昆山腔'之类。变易喉舌，趁逐抑扬，杜撰百端，真胡说也。若以被之管弦，必至失笑。"明末李渔（1611—1680，号笠翁，祖籍浙江兰溪，生长于扬州）的《闲情偶寄》还认为："三吴之音，止能通于三吴，出境言之，人多不解。"

南曲复兴之后，随着地位的提升、流传的广泛，再也不能仅仅守"自然之音"了。南曲如何在语言和音乐形式上进行改革，成为它能否走向全国舞台的关键。隆庆、万历间，魏良辅（南昌人，流寓昆山）改造昆曲才使得南曲真正有了生命力。沈宠绥《度曲须知》里说："（魏良辅）愤南曲至讹陋也，尽洗乖声，别开堂奥，调用水墨，拍捱冷板……腔曰昆腔，曲名时曲……"

魏良辅对昆山腔的改革理论产生了影响，梁辰鱼（1519—1591，字伯龙，昆山人）在他的理论指导下，创作了《浣纱记》。该剧一经搬上舞台，就受到好评。昆山腔成了曲坛新声，在全国迅速流行起来。明人张大复说："（《浣纱记》）谱传藩邸戚畹、金紫熠爚之家，而取声必宗伯龙氏，谓之'昆腔'咽。"（见《笔记小说大观》所收张大复《梅花草堂笔谈》卷十二《昆腔》，广陵古籍刻印社，1982）

魏良辅改革昆山腔成功的关键除了音乐形式的改革外，也包括语言形式向共同语靠近。

三

南北语音的差异导致了一场关于南曲韵律的大辩论。传统派坚持按吴音押韵的习惯，改革派提倡依据韵书检韵。其中沈璟主《中原》，王骥德主《洪武正韵》，沈宠绥"折中论之"，提出"北叶《中原》、南遵《洪武》"的理论。其他一些戏曲理论家、音韵学家也纷纷而起，希望为南曲编制专门的韵书，从而掀起了一股曲韵韵书研究与编纂的热潮。

　　南曲韵谱如何编排，不是一个简单的事情。因为，南曲的背景语言都是纯任方言的，各地并不一样。虽然昆山腔想统一语言规范，但毕竟不容易统一思想，所以，仿照《中原》并加以改革可能是最方便的办法。

　　南曲的先天性缺陷，令南曲的创作者、表演者和研究者共同面临着一个如何走向全国舞台的问题。问题的关键在于，南曲的语言和音乐形式必须为全国人民所接受。其中，语言比音乐更为紧迫，毕竟让听众听懂是最重要的。

　　在这种背景下，让周德清意想不到的是，南曲创作者也关注起他的书来了。

　　冯梦龙在《太霞新奏》里引沈璟（1553—1610，字伯英，号词隐，吴江人）《啄木鸟》一曲为序。《啄木鸟》曲云：“《中州韵》，分类详，《正韵》因他为草创。”沈璟还在《南词韵选·范例》中称：“是编以《中原音韵》为主，虽有佳词，弗韵，弗选也。若‘幽窗下教人对景’‘霸业艰危’‘画楼频传’‘无意整云髻’‘群芳绽锦鲜’等曲，虽世所脍•炙，而用韵甚杂，殊误后学，皆斥之。”

　　李渔《闲情偶寄》里说：“旧曲韵杂，出入无常者，因其法制未备，原无成格可守，不足怪也。既有《中原音韵》一书，则犹畛域划定，寸步不容越矣。”

　　南曲作者关注《中原》，不是因为他们对其有特别的感情，而是《中原》所代表的语音系统是全国通行的共同语。周德清《起例》说：“上自缙绅论治道及国语翻译、国学教授言语，下至讼庭理民，莫非中原之音。”元人范德机《木天禁语》里也说：“马御史云：东夷、西戎、南蛮、北狄，四方偏气之语，不相通晓，互相憎恶。惟中原汉音，四方可以通行。四方之人皆喜于习说。盖中原天地之中，得气之正，声音散布，各能相入，是以诗中宜用中原之韵。”这都可以证明周德清不是狂人妄语，当时的确有这种人人通晓的共同语。

　　明人虽然在对《中原》的态度上有分歧，但是离开了它，好像也很难有作为。

　　围绕《中原》，明末的戏曲家关于南戏用韵的看法大致分为两派：

　　一是完全遵从《中原》者。这可以沈璟、沈宠绥为代表。

　　沈宠绥《度曲须知》中说：“从来词家只管得上半字面，而下半字面，须关唱家收拾得好。盖以骚人墨士，虽甚娴律吕，不过谱厘平仄，调析宫商，俾征歌度曲者，抑扬谐节，无至沾唇拗嗓，此上半字面，填词者所得纠正者也。若乃下半字面，工夫全在收音，音路稍伪，便成别字。如鱼模之鱼，当收于音，倘以噫音收，遂讹夷字矣。庚青之庚，本收鼻音，若舐腭收，遂讹巾字矣。其理维何？在熟晓《中原》各韵之音，斯为得之。盖极填词家通用字眼，惟《中原》十九韵可该其概，而极十九韵字尾，惟噫呜数音可筅其全。"

二是否定《中原》，欲另作韵谱者。这可以徐渭、王骥德、冯梦龙为代表。

徐渭《南词叙录》中说："南之不如北有宫调，固也。然南有高处，四声是也。北虽合律，而止三声，非复中原先代之正。周德清区区详订，不过为胡人传谱，乃曰《中原音韵》，夏虫、井蛙之见耳。"这简直就是诋毁了。

王骥德在《曲律》中说："德清浅士，韵中略疏数语，辄已文理不通，其所谓韵，不过杂采元前贤词曲，掇拾成编，非真有晰于五声七音之旨，辨于诸子百氏之奥也。又，周江右人，率多土音，去中原甚远，未必字字订过，是欲凭影响之见，以着为不刊之典，安保其无离而不叶于正者哉！盖周之为韵，其功不在于合而在于分；而分之中犹有未尽然者……"

冯梦龙（1574—1646，苏州人）在《太霞新奏》中对其所选的套曲有评语说："伯良尝论《中原音韵》，谓周德清江右人，多土音，所订未确。如江阳之于邦王，齐微之于归回，鱼居之于模吴，真亲之于文门，先天之于鹃元。试细呼之，殊自径庭，皆宜析为二韵。故自定《南词正韵》一书，内有居蓬韵，与鱼模全别。此套用新韵，不犯旧韵一字。词林苦心，千古一人而已。"可是，我们最终也没有看到王骥德的韵书流传下来。

虽然沈宠绥曾提出"北叶《中原》、南遵《洪武》"的主张，但是我们看他的《度曲须知》，实际上并没有"南遵洪武"的内容，那不过是一个口号罢了。

周德清编制《中原》的目的本来是为北曲创作提供典范的，后来的南曲用韵问题自然不在他的思考之中。指责周德清的那些人有点强古人以就今人之嫌。

四

那些不愿意遵循《中原》的人，他们心中有一个南曲语言的设计框架。这个框架跟《中原》有什么差异，应该是我们理解南曲用韵的钥匙。我们有必要观察一下这些差异。概括一下王骥德《曲律》和冯梦龙《太霞新奏》的有关评语，大致有如下的结论：

（一）南曲用韵不合共同语，应该改革

王骥德在《曲律》里虽然主张不能全遵《中原》，但他也反对南曲用方言。他说："独南曲类多旁入他韵，如支思之于齐微、鱼模，鱼模之于家麻、歌戈、车遮，真文之于庚青、侵寻，或又之于寒山、桓欢、先天，寒山之于桓欢、先天、监咸、廉纤，或又甚而东钟之于庚青，混无分别，不膏乱麻，令曲之道尽亡，而识者每为掩口。"这是对南曲自然用韵的彻底否定。

（二）《中原》的韵部划分虽有不尽合南曲之处，但大体可以修正

王骥德觉得"江阳之于邦王""齐微之于归回""鱼居之于模吴""真亲之于文门""先天之于鹃元"这些韵部"试细呼之，殊自径庭，皆宜析为二韵"。王骥德自定的《南词正韵》就"内有居遽韵，与鱼模全别"。仔细观察一下王骥德的这些认识，不过是把《中原》的韵部按呼法的不同再分类罢了，本质上不完全是新的东西。

冯梦龙自己也说"调可变而韵不可乱"。他在《太霞新奏》中的评语说："宋人不讲韵学，唯作诗宗沈韵。其诗余率皆出入，但取谐音而已。自《中原音韵》既定，北剧奉之唯谨。南音从北而来，调可变而韵不可乱也……"还说："盖韵可偷而调必不可改，近来作者都不解此。"

（三）入声的设置

北曲无单独的入声韵，《中原》的入声韵母读同阴声韵母。南曲的背景语言都有入声，所以许多创作者自然就提出南曲应该有入声。王骥德批评樵李卜氏刻行的《中原》（实为叶以震校正）是"入声之躲舌，尚仍

其旧耳"，直指无入声为"躴舌"。冯梦龙《太霞新奏》里有评语说："入声派平上去三韵，在北曲用三声者则然，若南曲仍有四声，自不得借北韵而废入声一韵也。如皆来韵，时曲每以'客''色'等字押上，'额''墨'等字押去，使周郎听之，有不笑为'两头蛮'者乎？伯良此曲，绝不借北韵一字，可以为法。"他在《太霞新奏·发凡》里说得更明白："《中原音韵》原为北曲所设，若南韵又当与北稍异。如'龙'之'驴东切''娘'之'尼姜切'，此平韵之不可同于北也；'白'之为'排'，'客'之为'楷'，此入韵之不可废于南也。词隐先生发明韵学，尚未及此，故守韵之士犹谓南曲亦可以入韵代上去之押，而南北声自兹混矣。《墨憨斋新谱》谓，入声在句中可代平，亦可代仄，若用之押韵，仍是入声。此可谓精微之论。故选中有偶以入声代上去押者，必标曰：'借北韵几字。'"

（四）平声不可分阴阳

　　南曲的大部分创作者，尤其是吴江派成员，他们语言中存在着全浊声母系统。这让他们觉得北韵平分阴阳实质就是清浊之分，没有必要把平声二分而导致四声传统的泯灭。王骥德《曲律》里说："至谓平声之有上、下，皆以字有阴、阳之故，遂以阴字属下平，阳字属上平，尤为可笑……余家藏得元燕山卓从之《中原音韵类编》，与周韵凡类皆同，独每韵有阴，有阳，又有阴、阳通用之三类。如东钟韵中，'东'之类为阴，'戎'之类为阳，而'通''同'之类并属阴、阳，或五音中有半清、半浊之故耶？夫理轻清上浮为阳，重浊下凝为阴，周氏以清为阴，以浊为阳，所不可解。或以阴之字音属清，阳之字音属浊之故。然分析倒置，殊自不妥。序《琵琶记》者为河间长君，至谓阳宜于男，阴宜于女，益杜撰可嗤矣！宋鄱阳张世南《游宦纪闻》云：'字声有轻浊，非强为差别，盖轻清为阳，阳主生物，形用未着，故字音常轻；重浊为阴，阴主成物，形用既着，故字音必重。'此亦以清为阳，以浊为阴之一证也。"这是他以自己的语言背景来讨论《中原》的平分阴阳。他甚至嘲笑周德清的韵目用字不采用一阴一阳到底的办法，而导致有的阴阳搭配，如萧豪；有的两阴，如东钟；有的两阳，如鱼模。他认为周氏不懂阴阳为清浊。

　　王骥德、冯梦龙等虽然论述了南北曲这么多的差别，而且王骥德还编了一部《南词正韵》，然而，我们查遍有明一代的戏曲论著和押韵体式，也没有发现一种为所有人接受的南戏韵书。

毛先舒在《声韵丛说》里说了几句很公道的话："或以周德清《中原音韵》不过写北方土音耳，不知此书专为北曲而设，故往往与北人土音相和。至其斟酌声韵、婉转喉吻则具有精微矣。"

如上所述，南北曲用韵虽然理论上存在差别，但是由于南曲语言背景的复杂，很难产生一种没有异议的广为接受的韵书。所以，《中原》仍然是明代南戏用韵创作的依据。

毛先舒在《声韵丛说》里很客观地说："梁《沈韵》、宋《中州音韵》、明《洪武正韵》《中州全韵》《琼林雅韵》，世有其书，而诗词家多不承用。"

南曲没有编成一部真正的曲韵书，不是学者们没有这个能力，实在是因为不能确定南曲的语言规范，难以找到编纂的依据。

任讷《作词十法疏证》对此有深刻的分析："按周氏原书体制，本为曲韵，而卷末附此十法，则以曲韵而兼曲论矣。十法之末又俱定格，定格云者，乃谱式也……又以曲论而兼曲谱。……又，按其所列四十首定格，多声文并美者，不同后人之谱，仅顾韵律，不顾文律也。则周氏兹作，盖以一书而兼有曲韵、曲论、曲谱、曲选四种作用，览者更未可以浅量矣。"

作为曲韵和曲律的《中原》一直影响到现在的戏曲创作和戏曲表演。

五

学界经常提及的曲韵书——《琼林雅韵》（简称《雅韵》）和《词林韵释》（又名《箓斐轩词林要韵》，简称《韵释》），有人认为是南曲韵书，这是不正确的。

《雅韵》是一部根据《中原》类的曲韵增补修订的北曲韵书，作者朱权（1378—1448，朱元璋第十七子，封宁王）。其《自序》谓："卓氏著《中州韵》，世之词人歌客莫不以为准绳。予览之，卓氏颇多误脱。因琴书清暇，审音定韵，凡不切于用者去之，舛者正之，脱者增之，自成一家，题曰《琼林雅韵》。"所谓卓氏《中州韵》，即元人卓从之《类编》，它跟《中原》是同一系统的韵书。

明人王骥德在《曲律》里评价说："涵虚子有《琼林雅韵》一编，又与周韵略似，则亦五十步之走也。"清人毛先舒在《声韵丛说》里也说："臞仙所辑《琼林雅韵》全取《中原音韵》，而稍更次之，并换总部之名，如东钟换穹隆，江阳换邦昌，要与周氏之书无大差别。或云周氏书是北曲韵，臞仙书是南曲韵，谬矣。"（据《续修四库全书》本）他们都认为这本韵书不过是《中原》的改编本罢了。

《雅韵》是一部北曲韵书。一则是朱权的时代北曲还具有相当的影响，南曲还不成气候；二则是朱权创作的主要还是杂剧，他还没有进入南曲创作的范畴。他的《太和正音谱》完全是以杂剧为指归的，不涉南戏。

《雅韵》体例基本跟《中原》的《韵谱》部分相同。不同之处主要有三点：

韵目不同：《雅韵》继承《中原》19 韵部，但其韵目为：穹隆、邦昌、诗词、丕基、车书、泰阶、仁恩、安闲、鹔鹭、干元、箫韶、珂和、嘉华、砗琊、清宁、周流、金琛、潭岩、恬谦。

声调划分不同：《中原》平分阴阳，《雅韵》平声不分阴阳，阳平小韵用浊声母表示。

增加注解：《中原》韵字没有注解，《雅韵》每一韵字都有简单的注解。

另外，小韵次序与小韵数量也有不同。

朱权的另一名著《太和正音谱》也有许多地方取材于《中原》，今不赘。

《词林韵释》（又名《菉斐轩词林要韵》），清人及近代学者中有人认为是宋代的著作。赵荫棠先生（1930、1931）论证了该书不是宋人作品，也不是元人作品，而是明人陈铎的作品，是拼合《中原音韵》和《琼林雅韵》而成。有关陈铎的生平材料不多见，《全明散曲》附有谢伯阳先生从明清人笔记杂谈、诗词曲话、诸方志中钩稽出的有关陈铎的资料，推定陈铎约生于 1454 年，卒于 1507 年，字大声，号秋碧，南直隶下邳（今江苏邳县）人，寓居南京，以祖荫世袭济州卫指挥使，工诗善画，尤长于乐府。吴国钦等编《中华古曲观止》："陈铎（1488？—1521？）字大声，号秋碧、七一居士，原籍江苏下邳（今邳县），迁居金陵（今南京市）。世袭指挥使。为人风流倜傥，不治公职。精通音律，好词曲，常执牙板高歌，被教坊子弟称为'乐王'。散曲作品很多，有《秋碧乐府》《梨云寄傲》《月香亭稿》《可雪斋稿》《滑稽余韵》等。"看来，陈铎的生卒年月还有争议。但把它定位于 15 世纪末期的著作当不至于错误。

该书分韵依然是十九部：一东红、二邦阳、三支时、四齐微、五车夫、六皆来、七真文、八寒间、九莺端、十先元、十一萧韶、十二和何、十三嘉华、十四车邪、十五清明、十六幽游、十七金音、十八南三、十九占炎，只是标目与周德清、朱权稍有不同罢了。粤雅堂丛书本的目录把"南三"写成"南山"，明显错误。"三"与"山"差别的意义不同一般。

该书表面上与《中原音韵》不同的地方是，平声不分阴阳，每一个字头后面都有简单的释义。

从前人误认该书为宋人作品及该书的结构体制来看，该书的语音系统属于《中原音韵》系统，是一部北曲韵书。陈铎的戏剧作品无论是散曲还是套数都是北曲体式。

另外，明代中叶吴兴人王文璧的《中州音韵》、范善臻的《中州全韵》（1488—1498）以及清人王鵕的《中州音韵辑要》（1781）、周昂的《新订中州全韵》（1791）大多被认为是南曲韵书，然而，我们只要深入分析，也可以发现它们深受《中原》的影响，改革的成分有限。

参考文献

1. 陈铎：《词林韵释》，《续修四库全书》本，上海古籍出版社 1995年版。

2. 陈荩谟：《皇极图韵》，《四库全书存目丛书》本，齐鲁书社 1997年版。

3. 陈荩谟：《元音韵统》，《四库全书存目丛书》本，齐鲁书社 1997年版。

4. 程明善：《啸余谱》，《续修四库全书》本，上海古籍出版社 1995年版。

5. 范德机：《木天禁语》，何文焕编：《历代诗话》本，中华书局2004 年版。

6. 范善臻：《中州全韵》，《续修四库全书》本，上海古籍出版社1995 年版。

7. 樊腾凤：《五方元音》，《续修四库全书》本，上海古籍出版社1995 年版。

8. 冯梦龙：《冯梦龙全集》，上海古籍出版社 1993 年版。又，江苏古籍出版社 1993 年版。

9. 冯梦龙：《太霞新奏》，《冯梦龙全集》，上海古籍出版社 1993 年版。又，江苏古籍出版社 1993 年版。

10. 何良俊：《四友斋丛说》，中华书局 1997 年版。

11. 贾仲明：《录鬼簿续编》，《中国古典戏曲论著集成》本，中国戏剧出版社 1959 年版。

12. 孔齐：《至正直记》，《历代笔记小说大观》本，上海古籍出版社 2001 年版。

13. 李渔：《闲情偶寄》，《续修四库全书》本，上海古籍出版社 1995 年版。

14. 刘禧延：《刘氏遗著》，《丛书集成初编》本，商务印书馆 1939 年版。

15. 马可·波罗：《马可·波罗游记》，中华书局 2004 年版。

16. 毛先舒：《声韵丛说》，《四库全书存目丛书》本，齐鲁书社 1997 年版。

17. 梅纯：《损斋备忘录》，《四库全书存目丛书》本，齐鲁书社 1997 年版。

18. 朴隐子：《诗词通韵》，《续修四库全书》本，上海古籍出版社 1995 年版。

19. 沈德符：《顾曲杂言》，《中国古典戏曲论著集成》本，中国戏剧出版社 1959 年版。

20. 沈宠绥：《度曲须知》，《中国古典戏曲论著集成》本，中国戏剧出版社 1959 年版。

21. 沈雄：《古今词话》，《词话丛编》本，唐圭璋编，中华书局 1986 年版。

22. 宋濂编，杨时伟笺：《洪武正韵》，《四库全书存目丛书》本，齐鲁书社 1997 年版。

23. 陶承学：《字学集要》，《四库全书存目丛书》本，齐鲁书社 1997 年版。

24. 陶宗仪：《南村辍耕录》，中华书局 1997 年版。

25. 陶宗仪：《说郛》，上海古籍出版社 1988 年版。

26. 唐圭璋编：《词话丛编》，中华书局 1986 年版。

27. 田艺蘅：《留青日札》，《四库全书存目丛书》本，齐鲁书社 1997 年版。

28. 田艺蘅：《大明同文集》，《四库全书存目丛书》本，齐鲁书社 1997 年版。

29. 王德晖等：《顾误录》，《中国古典戏曲论著集成》本，中国戏剧出版社 1959 年版。

30. 王骥德：《曲律》，《中国古典戏曲论著集成》本，中国戏剧出版社 1959 年版。

31. 王鵁：《中州音韵辑要》，《续修四库全书》本，上海古籍出版社 1995 年版。

32. 王荔著、玄允嘉注：《正音捃言》，《四库全书存目丛书》本，齐鲁书社 1997 年版。

33. 王临亨：《粤剑编》，中华书局 1982 年版。

34. 王仁煦：《刊谬补缺切韵》，周祖谟编《唐五代韵书集成》本，中华书局 1983 年版。

35. 王文璧：《中州音韵》，日本内阁文库本。

36. 魏良辅：《曲律》，《中国古典戏曲论著集成》本，中国戏剧出版社 1959 年版。

37. 徐渭：《南词叙录》，《中国古典戏曲论著集成》本，中国戏剧出版社 1959 年版。

38. 尉迟治平：《“北叶〈中原〉、南遵〈洪武〉”溯源》，《语言研究》，1988 年第 1 期。

39. 尉迟治平：《“北叶〈中原〉、南遵〈洪武〉”释义》，载《中原音韵新论》，北京大学出版社 1991 年版。

40. 臧懋循编选：《元曲选》，《续修四库全书》本，上海古籍出版社 1995 年版。

41. 钟嗣成编：《录鬼簿》，《中国古典戏曲论著集成》本，中国戏剧出版社 1959 年版。

42. 卓从之：《中州乐府音韵类编》，陆志韦、廖珣英钞校，中华书局 1978 年版。

43. 周昂：《中州全韵》，《续修四库全书》本，上海古籍出版社 1995

年版。

44. 周德清：《中原音韵》，陆志韦、杨耐思校本，中华书局 1978 年版。

45. 周南瑞编：《天下同文集》，《四库全书本》，上海古籍出版社 1987 年版。

46. 朱权：《琼林雅韵》，《续修四库全书》本，上海古籍出版社 1995 年版。

47. 朱权：《太和正音谱》，《续修四库全书》本，上海古籍出版社 1995 年版。

48. 祝允明：《野记》，《国朝典故》本，北京大学出版社 1993 年版。

49. 张竹梅：《〈琼林雅韵〉研究》，宁夏人民出版社 1993 年版。

50. 张竹梅：《〈中州音韵〉研究》，中华书局 2007 年版。

51. 赵诚：《中国古代韵书》，中华书局 1979 年版。

52. 赵荫棠：《菉斐轩词韵时代考》，《北平晨报》1930 年 12 月 17、18 日。

53. 赵荫棠：《菉斐轩词林要韵的作者》，《北平晨报》1931 年 4 月 1 日。

《悉昙藏》所引《四声谱》解读

于建松

（青岛大学文学院）

摘　要：日僧安然《悉昙藏》所引《四声谱》是一份重要的中古汉语音韵资料，其中解释了四声、纽、反音法等重要范畴，也蕴涵着一些有关汉语语音史、汉语音韵学史的重要信息。

关键词：《悉昙藏》；《四声谱》；四声；纽；反音法

日僧安然《悉昙藏》引有《四声谱》的内容；日僧空海《文镜秘府论》有《调四声谱》一节。今比较两者见有表1：

表1

《悉曇藏》卷第二	《文镜秘府论》调四声谱
四声谱云：	诸家调四声谱，具例如左：
四声肪四方也：	平上去入配四方。
东方是平：平伻病别	东方平声：平伻病别
南方是上：常上尚夕	南方上声：常上尚杓
西方是去：秥赶去呕	西方去声：祛麬去刻
北方是入：任荏袵入	北方入声：壬衽任入
凡四声字为纽。或六字总归一人。	凡四字一纽。或六字总归一纽。
皇晃潢　镬　禾祸和	皇晃璜　镬　禾祸和
傍旁绣　薄　婆菠破	傍旁徬　薄　婆泼綹
光广珖　郭　戈果过	光广珖　郭　戈果过
荒恍优　霍　哜火货	荒恍优　霍　和火货
上三字，下三字，纽属中央一字，是故名为总归一人。	上三字，下三字，纽属中央一字，是故名为总归一人。四声纽字，配为双声叠韵如后：

续表

《悉昙藏》卷第二		《文镜秘府论》调四声谱	
郎朗浪洛	黎礼丽挷	郎朗浪落	黎礼丽挷
刚嗝钢各	笄忓计结	刚嗝钢各	笄忓计结
羊养漾药	颐贻易逸	羊养恙药	夷以异逸
乡向向谑	奚茣经鞊	乡饷向谑	奚篓咥缬
良两亮略	离逦儸栗	良两亮略	离逦詈栗
张长胀著	知伽智窒	张长怅著	知伽智窒
右件字等竖读为纽，横读为韵，当行下四字配上四字即为双声。但解此法，即解反音。反音之法乃有二种：一纽声反，二双声反。一切反音唯有此法也。（文）		凡四声，竖读为纽，横读为韵，亦当行下四字配上四字即为双声。若解此法，即解反音法。反音法有二种：一纽声反音，二双声反音。一切反音有此法也。	
（《四声谱》）又云：韵有二种。清浊各别为通韵。清浊相和为落韵（抄）。①		绮琴　良首　书林 钦伎　柳舫　深庐 释曰：竖读二字互相反也，傍读转气为双声，结角读之为叠韵。曰绮琴、云钦伎，互相反也，绮钦、琴伎两双声，钦琴、绮伎二叠韵。上谐则气类均调，下正则宫商韵切。持纲举目，庶类同然。 　　崔氏曰：傍纽者：（已上三字无异本）。 风小　月脍　奇今　精酉 表丰　外厥　琴鞼　酒盈 　　纽声双声者：（已上五字无异本）。 土　烟 天　坞 　　右已前四字，纵读为反语，横读是双声，错读为叠韵。何者？土烟、天坞是反语，天土、烟坞是双声，天烟、土陽是叠韵，乃一天字而得双声叠韵。略举一隅而示，余皆效此。②	

安然《悉昙藏》所引《四声谱》与空海《文镜秘府论》之《调四声谱》前半部分内容基本一致，文字上虽有出入，但应是同一来源。"诸家调四声谱具例如左"说明《文镜秘府论》此处所引内容不止一个出处，"绮琴"以下内容或有不同来源。谭世宝据《文镜秘府论》之格式，判定《文镜秘府论》所引"绮琴"以下不是《四声谱》原本内容，③是有道理的。

空海圆寂于公元835年，安然之《悉昙藏序》作于"元庆少主即位

① 《大正新藏》第84册，381页下—382页上。

② 弘法大师，王利器校注：《文镜秘府论》，中国社会科学出版社1983年版，第23—32页。

③ 谭世宝：《悉昙学与汉字音学新论》，中华书局2009年版，第334页。

四年岁次庚子"，① 即公元880年，《四声谱》当是九世纪以前的产物。空
海、安然两人都没说明所引《四声谱》的作者。世传南朝梁沈约著《四
声谱》，乃汉语音韵学史上之重要著述，可惜早已亡佚。因此，空海与安
然所记极为引人关注。《文镜秘府论》中又有《四声论》，内有言曰："魏
定州刺史甄思伯，一代伟人，以为沈氏《四声谱》不依古典，妄自穿凿，
乃取沈君少时文咏犯声处以诘难之。又云：'若计四声为纽，则天下众声
无不入纽，万声万纽，不可只为四声。'"又曰："甄公此论，恐未成变
通矣。且夫平上去入者，四声之总名也，征整政隻者，四声之实际也。然
则名不离实，实不远名，名实相凭，理自然矣。故声者逐物以立名，纽者
因声以转注。万声万纽，纵如来言；但四声者，譬之轨辙，谁能行不由轨
乎？纵出涉九州，巡游四海，谁能入不由户也？四声总括，义在于此。"②
任学良认为《四声论》乃隋代学者刘善经之《四声指归》，《四声谱》即
是沈约之《四声谱》，③ 绅绎两者，任氏的结论可信。

《四声谱》的内容可给我们诸多启发：

1. 以四方比四声。但安然并不认同："《白虎通》云：东其音角，南
其音徵，西其音商，北其音羽，中其音宫（抄）。此乃宫商为平，以徵为
上，以羽为去，以角为入。须以五音而形五方，故知前说是不正也。"④

2. 解释了纽的含义。空海"四字一纽"，安然"四声字为纽"，所言
应是此前所述之"平伻病别"（平声）、"常上尚夕/杓"（上声）、"祛麸
去刻"（去声）、"壬衽任入"（入声）等各四字。四声相承的字，共为一
纽。因为入声的性质特殊，既可以承阳声韵，也可以承阴声韵，所以紧接
着说"上三字，下三字，纽属中央一字，是故名为总归一人"，其实质还
是说四声相承的字共为一纽。封演《封氏闻见记·声韵》："周颙好为体
语，因此切字皆有纽，纽有平上去入之异。"体语又叫双声语，同纽的两
个字，则是双声中特殊情况：音值（声韵）相同，调值有异。《韵诠》明
义例云："……二则正纽以相证，令上下自明，人忍仞日之例是也。"⑤ 正

---

① 《大正新藏》第84册，368页上。
② 《文镜秘府论》，中国社会科学出版社1983年版，第97页。
③ 同上书，第23、74页。
④ 《大正新藏》第84册，382页上。
⑤ 同上。

纽这个术语表达的意思更为明确。

3. 介绍了两种反音法。（1）纽声反；（2）双声反。四声之内为纽声反，否则为双声反。安然亦用此理解释悉昙切字。《悉昙藏》卷四："然儒家反音略有二种。一纽声反，二双声反。今悉昙反音亦有二种：用本字音是纽声反，如前一迦也；用麽多音是双声反，如前一枳也。若得此意，如梵字一或呼迦也，亦枳也。于汉字中见迦也，而读枳也；之见枳也而读迦也，并皆可得。他亦仿此。"①

《四声谱》的例字及表述，对我们构拟中古汉语某些韵的音值也有启发。"皇晃璜（《广韵》唐韵）镬禾祸和（《切韵》歌韵、《广韵》戈韵）"纽属中央一字，说明中古唐韵跟歌韵的主元音相同，现代学者皆拟为 ɑ。《广韵》唐韵开合合韵，《切韵》之歌韵《广韵》则分为两韵：歌韵 ɑ、戈韵 uɑ。"皇晃璜"与"禾祸和"对应是非常严格的。再进一步，我们还可以通过比照下列各韵之间的关系构拟它们的音值。

郎（唐韵）落（铎韵）——→黎（齐韵）捩（屑韵）

刚（唐韵）各（铎韵）——→笄（齐韵）结（屑韵）

良（阳韵）略（药韵）——→离（支韵）栗（质韵）

张（阳韵）着（药韵）——→知（支韵）窒（质韵）

安然《悉昙藏》所引《四声谱》中，"颐"为《广韵》之韵字，"眵、易、离、迤、儯、知、佁、智"为支韵字；空海《调四声谱》中，"夷"为脂韵字、"以、异"为《广韵》之韵字，"离、迤、罳、知、佁、智"为支韵字。我们知道，上古韵部脂、质阴入相承，中古早期大致也应如此。《四声谱》多用支韵字与质韵构成四声关系，恰恰印证了陆法言《切韵序》所云"支、脂共为一韵"，见表 2。

表 2

各家异同 韵类	郑张尚芳	高本汉	王力	李荣	邵荣芬
齐韵（黎 笄）	ei 后 iei	Iei	iei	ei	εi

---

① 《大正新藏》第 84 册，398 页上。

续表

各家异同 韵类		郑张尚芳	高本汉	王力	李荣	邵荣芬
屑韵（捩结）		et 后 iet	Iet	iet	et	ɛt
支韵（离） 支韵	A	iE 后 ie	(j) ie	ǐe	ie	jɛ
	B	ɣiE 后 ɨe	—	—	je	iɛ
脂韵 脂韵（夷）	A	iI	(j) i	i	i	jɪ
	B	ɣiɪ 后 ɨɪ	—	—	ji	iɪ
质韵（栗） 质韵（逸）	A	iɪt	Iĕt	ǐĕt	iĕt	jet
	B	ɣiɪt 后 ɨɪt	—	—	jĕt	iet

表2① 中列出了郑张尚芳、高本汉、王力、李荣、邵荣芬五家中古齐韵、屑韵、支韵、脂、质韵的拟音（仅列开口）。五家齐韵、屑韵的拟音对应得非常整齐，这与《四声谱》中齐韵与屑韵同组是一致的。《四声谱》中脂韵（支韵）跟质韵共纽，那么为脂韵（支韵）、质韵拟音时，是否也应该考虑两者介音、主元音一致呢？郑张先生构拟中古音系时，为脂韵、质韵构拟的介音、主元音一致，是恰当的。但既然分了前后两个时期，是否可以考虑中古后期支、脂音值拟音一致呢？

4. 解释了"通韵""落韵"两个范畴。安然《悉昙藏》卷二在"《四声谱》云……（文）"之后紧接着写到："又云：韵有二种。清浊各别为通韵。清浊相和为落韵（抄）。"安然在《悉昙藏序》中介绍《悉昙藏》的体例时说："凡厥引正本文皆注云'文'，引取意文皆注云'抄'。"② 由此可知，"韵有二种，清浊各别为通韵，清浊相和为落韵"，虽不是《四声谱》原文，但也是《四声谱》的内容和观点。《文镜秘府论》中也可以看到"通韵""落韵"这两个范畴："今世间之人，或识清而不知浊，或识浊而不知清。若以清为韵，余尽须用清；若以浊为韵，余尽须浊；若清浊相和，名为落韵。故李槩《音韵决疑序》曰：'篇名落韵，下篇通韵。'以草木如此。"③

要弄清什么是"通韵""落韵"，从汉语音韵学的角度说，首先要知

---

① 郑张尚芳：《上古音系》，上海教育出版社2003年版，第246—247、250页。

② 《大正新藏》第84册，367页上。

③ 《文镜秘府论》，中国社会科学出版社1983年版，第308页。

道"清韵""浊韵"两个范畴的含义。《韵诠·商略清浊例》云："先代作文之士以清韵之不足则通浊韵以裁之。浊韵之不足则兼取叶韵以会之。叶韵之不足则仍取并韵以成之（文）。"① 景审《一切经音义序》："然则古来音反多以傍纽而为双声，始自服虔，元无定旨。吴音与秦音莫辩，清韵与浊韵难明。至如武与绵为双声，企以智为叠韵，若斯之类盖所不取。"《守温韵学残卷》："高，此是喉中音，浊。"高：平声豪韵，见母，清声母，不送气。古人把其中哪一项看作判断"高"为浊的标准？难以确定。《广韵》后附之《辩四声轻清重浊法》应该也与"清韵""浊韵"两个范畴有关：平声下清（轻清）：青（重浊）。《文镜秘府论》所载与此同："律调其言，言无相妨，以字轻重清浊间之须稳。至如有轻重者，有轻中重，重中轻，当韵即见。且庄字全轻，霜字轻中重，疮字重中轻，床字全重；如清字全轻（清），青字全浊。"② 庄、霜、疮、床四字同韵，看来轻、重之别在声；清，清母、清韵；青，清母、青韵，看来全清、全浊之别在韵。但《广韵》之《辩四声轻清重浊法》里又说"珍，轻清；真，重浊"，前者知母真韵，后者章母真韵，轻清、重浊的区别也在声。总之，古人所说的"清韵""浊韵"的含义，我们现在已难以明白。景审即说"清韵与浊韵难明"，看来九世纪时学者们已经难以区别"清韵""浊韵"了。

安然在《悉昙藏》中通过分析悉昙字，把正纽与旁纽、通韵与落韵放在一起论述：

> 又以直拗八韵两两各呼是正纽也；阿等十六——对呼是傍纽也。阿等十二相加迦等三十四字于十六章（除十六、十八章）——横呼其于单合是通韵也；其于合字是落韵也。
>
> ……
>
> 右迦等三十三字承上阿等是通韵也；承下乞叉及从第二以下诸章所有二合三合四合五合字等是落韵也。又乞叉字承下第二已下至第七章诸二合字是通韵也；承上章单字下章三四五合字是落韵也。三四五合准之而知之。又诸章中诸字所有十二转音两两各呼是正纽也；——

---

① 《大正新藏》第84册，382页上。

② 《文镜秘府论》，中国社会科学出版社1983年版，第36页。

对呼是傍纽也。①

　　往而检之，又以毗超六声五九各呼亦有韵纽，其五五字有五例声。五五一一初二柔声，次二怒声，后一非柔怒声，以前两种二字总归第五一字（其一）；又于柔怒二声，各为正纽（其二）；又于三种相呼共为傍纽（其三）；五五配呼各为通韵（其四）；三种交呼互为落韵（其五）。

　　开口各处声

迦	佉	誐	伽	仰		喉间
左	车	惹	酇	娘		腭下
咤	他	拏	茶	曩		舌头
多	他	娜	驮	那		齗根
跛	颇	么	婆	莽		唇中

　　右五五字横行各二为正纽也。横行共五为傍纽也。横行二纽总归第五竖行相呼为通韵也。竖行交呼为落韵也。②

　　安然的意思是：正纽、傍纽两个术语揭示的是字与字之间声纽的关系，依据在韵。在声纽相同的情况下，两字同韵则为正纽，否则是傍纽。譬如悉昙字迦、迦（引）、枳、枳（引）皆为[k]纽，迦与迦（引）、枳与枳（引）都是正纽关系，迦与枳、迦（引）与枳（引）则都是傍纽关系。以此类推，通韵、落韵两个术语揭示的是字与字之间韵的关系，依据在声。在韵相同的情况下，两字声纽属同一发音部位则为通韵，否则为落韵。安然没来过中国，但我们有理由相信，安然的这些分析策略是中土学界学术思想的反映。《四声谱》云：清浊各别为通韵，清浊相和为落韵。安然结合悉昙字阐发通韵、落韵时，没有提到清韵、浊韵两个范畴，这或许跟梵语元音系统的特点有关。但通韵、落韵之别在于声纽（不排除有介音的成分），安然的意思则是明确的，这或许对我们认识清韵、浊韵有些帮助。

①　《大正新藏》第84册，383页中、下。

②　同上书，384页上。

参考文献

1. (宋)陈彭年等：《宋本广韵》，江苏教育出版社 2008 年版。

2. (唐)封演，赵贞信校注：《封氏闻见记校注》，中华书局 2008 年版。

3. ［日］安然：《悉昙藏》，《大正新藏》第 84 册，台湾新文丰出版有限公司 1983 年版。

4. ［日］弘法大师，王利器校注：《文镜秘府论》，中国社会科学出版社 1983 年版。

5. 谭世宝：《悉昙学与汉字音学新论》，中华书局 2009 年版。

6. 周祖谟：《唐五代韵书集存》，中华书局 1983 年版。

7. 郑张尚芳：《上古音系》，上海教育出版社 2003 年版。

（作者简介：于建松，男，1968 年生，山东即墨人，博士，副教授，主要从事汉语史研究。）

谈书面音系的"存雅求正"*

孙志波

（河南师范大学文学院）

摘　要：文献资料所记录的语音系统即"书面音系"，它与"口语音系"既有区别又有联系。"书面音系"具有"存雅求正"的特征，表现为"共时参差性"和"历时持续性"。"存雅求正"的书面音系其内部特征是一致的，不是"综合性音系"。

关键词：书面音系；口语音系；存雅求正；共同语

历史语言学的研究有"前瞻式"和"回顾式"两种途径：前者通过梳理不同时期的文献资料，整理语言发展的脉络；后者从现代语言材料出发，探索语言演变的规律。（徐通锵，2008：7）自高本汉以来，汉语共同语历史的研究都以"前瞻式"为主，即通过文献资料分辨古代语音的类别，然后借助方言或对音材料为语音类别赋定音值。可见，在此框架下对于文献材料的解析是研究历史语音的基础和前提。张玉来（1986、1999）提出书面文献的语音系统具有"存雅求正"的性质，把握这一性质才能更好地梳理分析汉语共同语历史文献。本文的主旨即是讨论与"存雅求正"有关的问题。

一　书面音系"存雅求正"的内涵

（一）书面音系与口语音系

方言、亲属语言的材料和文字、文献材料是重构语言历史的两类材

　＊　本文写作得到河南省教育厅人文社科一般项目（2017-ZZJH-256）和河南师范大学博士科研启动基金的资助。

料。前者是口语音系，特点是：音位系统较为稳固，一旦音位增加或减少，都应该看作不同的音系。① 例如：根据北京话语音只能归纳出 22 个辅音音位，增加或减少一个都不是对北京音的描写。后者是本文所述书面音系，它与口语音系既有区别又紧密相关，具体表现在以下几个方面：

1. 书面音系可以等同口语音系

无论是拼音文字还是表意文字，凭借文献材料搭建语言的历史，有一个前提就是，这些文献资料是能够反映特定时期的语音系统的。一丝不苟地记录口语音的汉语文献相对来说要少一些。明清时期有许多方言韵书如《字海直音》《万韵书》等，都是秉持"凡日用眼前切近应用之字皆在其中"的编纂理念，这类文献对于历史语音的描述是比较贴合实际的。中古时期明确表明依口语音编纂的文献资料是很少的，倒是笔记文献如《大唐新语》、李涪《刊误》中有零散的记录。对音资料如梵汉对音（约 4 世纪—8 世纪）、汉藏对音（7—8 世纪），也基本上是体现口语音的，如钢和泰（2009：458—459）就说："只要我们能寻出梵文原文和音译的咒语对照，便可以知道那些汉字在当时的音读了。"但由于不同语言间转写的缘故，对音材料应该看作是经过"折合"的口语音。

2. 书面音系可以脱离口语音系

所谓书面音系可以脱离口语音系的含义，指的是著述人制作的语音系统并不是反映当时语音的，而是参照了前代文献资料的语音。而他们所参考的文献资料，或许是某一历史阶段的语音。这类材料在明清时期尤为常见，例如清代洪榜《四声韵和表》全书依《广韵》次序，完整收录《广韵》全部音节，与清代语音全无干系。戴震《声类表》将中古三十六字母和上古韵部糅合，得出的系统并非某一时代的语音体系。② 中古《切韵》系韵书也是此类代表，宋代的语音与隋唐时期已经有很大区别，但是编纂《广韵》时陈彭年等人仍兢兢恪守《切韵》，少有变动。贾昌朝《群经音辨》采用陆德明《经典释文》中的音切，来达到"专辨字音、诸经所读及五方言语、字同音异"的目的，其语音系统与宋代时音自然也不吻合。这类文献在研究"时音"方面价值不大，但是却有助于我们了

---

① 音位系统稳固并非意味着不可变化，而是指内部具有一致性，对外具有区别性。

② 《四声韵和表》《声类表》的相关结论引自耿振生《明清等韵学通论》，语文出版社 1992 年版。

解此前的语音系统。

3. 书面音系糅合部分口语音系

涉及实际语音的文献资料，在语音史研究过程中的价值是比较高的，不过，最常见到的往往是那些"不纯粹"的口语音系文献。不纯粹的口语音系文献大致可以分为两类：一类是糅合古音类别与时音类别。如耿振生（1992：127）指出《字母切韵要法》的韵母系统是时音类别，声母、声调则是中古音类别。第二类是将不同方言的语音类别糅合在一起，如《李氏音鉴》包含了北京音和板浦音。（杨亦鸣，1992）如图 1 所示，在语音史研究中，最常见到的是时音类别与古音（或另一种方言）类别相糅合的文献，即图中灰色部分。"存雅求正"就是针对这类文献所提出的理念，"所谓'存雅'就是依据传统韵书所演化下来的语音系统归纳音类，所谓'求正'就是依据'规则'的音变来审定音系。这一类史料很少有不规则音变的现象，它的功能只供人们查正字音"。（张玉来，1999：7）从这一角度来说，"存雅求正"的书面音系与口语音系最根本的不同在于，书面音系更多地表现为供人阅读的音系，而口语音系则是宣诸口吻的音系。

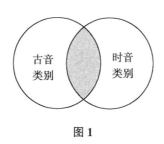

图 1

（二）"存雅求正"的两个层面：音位与字音

"存雅求正"的书面音系从本质上来说，是一种弹性音系，即其语音系统具有可操作性，这种可操作性表现为两个层面：音位层面与字音层面。音位层面的"存雅求正"指的是著述人在实际语音系统的基础上，增加或删除某些音位；字音层面的"存雅求正"则是在音位层面与口语音相同，但在具体的字音上却存在区别。兹叙述如下。

1. 音位层面的"存雅求正"——以元代文献中的全浊声母为例

从历史发展的角度考察汉语语音的演变，有两个重要的切入点：第一是音节结构的变化，何大安（1987：255—261）以音节结构的变化为标准，将语音史分作三期；第二是音位系统的变化，音位系统相较于音节结构，发生的变化较大。文献音系的研究主要在于提炼音位系统，但是书面音系所显示的音位不一定具有语音史研究价值。元代汉语文献中的全浊声母就可以作为代表。

研究元代汉语有两部重要的韵书：《中原音韵》《蒙古字韵》。不过，这两部书的音系各有不同，仅就声母而言：《中原音韵》全浊清化，《蒙古字韵》保留全浊声母。曾有学者将《蒙古字韵》归入"读书音"系统，而《中原音韵》则是"口语音"系统。考现代方言中存在文白异读的，"读书音"都是在音类层面对"口语音"进行调整，极少溢出"口语音"的音位。也就是说，《中原音韵》与《蒙古字韵》的区别，绝对不可能是"读书音"与"口语音"的问题，应该看作是"存雅求正"的表现：《蒙古字韵》在当时口语音的基础上，参照其他文献资料（也有可能是某些方言），将古全浊声母字单独列了出来即"存雅"，其全浊声母的历史价值是有待商榷的。在进行语音史研究时，要谨慎对待这种没有价值的音位系统。①

2. 字音层面的"存雅求正"——兼论中古"鱼虞"的分合

理论上说，字音层面的"存雅求正"无非就是将具体的字从一个音节归到另一个音节，一般不会妨碍从系统性的角度对汉语共同语历史进行研究，但字音层面的"存雅求正"有时候也值得深入探讨。中古"鱼虞"读音即是此例。

中古"鱼虞"读音的分合是一个饶有趣味的问题。陆法言《切韵》将鱼、虞分开，并且指责前代韵书有"支、脂、鱼、虞共为一韵"之误，无独有偶，颜之推《颜氏家训·音辞篇》也批评"北人以庶为戍，以如为儒"弄混了鱼、虞。现代学者以颜、陆二人的话为线索，寻绎比较南北诗人诗文用韵之后，得出"中古北方人鱼虞不分，而南方人可以分辨"的结论。也就是说，学者们承认陆法言与前代韵书的不同，是在将鱼、虞

---

① 不过，我们并不否认《蒙古字韵》的历史价值，正如沈钟伟（2015）所说："在汉语历史材料中，《切韵》是现存的第一个对整个音系音类的记录，《蒙古字韵》则是现存的第一个对整个音系音值的记录。"

从音位上区分开来，分立的依据可能就是"南方音"（"金陵音"）。[①]

但据麦耘（1999）、鲍明炜（2010：169—468）的研究，隋唐诗文用韵鱼、虞是有界限的。我们查考初唐《汉书音义》《玄应音义》《后汉书注》《窥基音义》《文选音决》五家音注的结果显示，五家音义均能区分鱼、虞。不过，《汉书音义》《玄应音义》《后汉书注》等北方著者的文献中偶有鱼、虞相混的例子，如：苴：侧于反（汉书音义，卷九一上）；躇：肠诛反（玄应音义，卷五）；瘀：于务反（玄应音义，卷七）；捒：师句反（玄应音义，卷一八）；诹：子余反（后汉书注，卷三）。日译汉音、高丽译音、汉藏对音中均显示鱼、虞有别。以上这些文献资料促使我们从具体字音的角度来看待陆法言所说鱼、虞读音问题——北方人也能从音位上区分鱼、虞，但是在具体字音上颇多相混的例子，而陆法言著《切韵》时，很可能是参照某个韵书或某方言，细致地将北方人口中鱼虞相混的字区分开来。也就是说，从音位上，南北方言鱼、虞都是对立的，不应该看作某一个方言区域的特殊读音现象。

二 "存雅求正"书面音系的特征

研究特定阶段的语言历史，离不开对文献资料的利用。然而，正如上文所分析的，许多文献资料具有"存雅求正"性质，它们反映出的语音现象是不具有历史价值的，如何从文献资料中提炼历史语音特点，是利用文献资料进行语音史研究的重要任务。在此之前，则需要对"存雅求正"书面音系所表现出的特征有所把握。本文归纳为两点：共时参差性和历时持续性。

（一）共时参差性——以中古文献中"从邪"分合为例

研究共同语的历史最希望看到：同一时期的文献资料表现出相同的语

① 本文认为，讨论"北人以庶为戍，以如为儒"时，不能过分强调鱼、虞用韵表现。鱼、虞同用不代表鱼、虞同音，例如北方人读鱼为[-juo]，虞为[-jo]，模为[-o]，鱼和虞只是介音的问题，在押韵上是可以同用的；相应的南方人读鱼为[-jo]，虞为[-ju]，模为[-u]，在押韵上虽然鱼、虞不倾向同用，但鱼和虞不同音，与北方是一致的。当然，也不可否认，鱼、虞同用有可能是鱼、虞同音的写照，只是这与音义文献、域外译音的表现是矛盾的。

音系——目前为止这类材料还是很少的。而最常见的情况则是，同时期的材料语音系统存在很大差别，有的甚至让人怀疑它们不是同一时期的语音系统，如《中原音韵》和《蒙古字韵》。这就是"共时参差性"，即同一时期的书面音系，对共同语语音特征的描写是不同的（如图2）。"共时

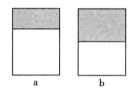

图2

参差性"可以用图2表示：a、b面积相同，代表它们都是对共同语的描写，但是由于融入了其他特点（阴影部分），导致他们描写的音系存在区别。下面以中古文献资料中"从邪"读音的分合为例，来阐述共时参差性（见表1）。①

表1

《汉书音义》	《玄应音义》	《窥基音义》	《后汉书注》	《文选音决》
区分	区分	区分	区分	不分

　　以上五份材料均为初唐时期的音义文献，其中《汉书音义》《玄应音义》《窥基音义》《后汉书注》的作者颜师古、玄应、窥基等都是北方人，而《文选音决》的作者公孙罗则是南方人。颜之推《颜氏家训·音辞篇》早已指出南方人"以钱为涎""以贱为羡"，混淆了"从"与"邪"。而《经典释文》《博雅音》中也记录了大量"从""邪"相混的例子，可知"从邪"不分是公孙罗自己口语的特点——也是他认为共同语语音所具有的特点。

　　"共时参差性"的表现与历史上的汉语共同语缺少明确清晰、具有规范口语音作用的标准音有关。根据张玉来（2007：37）、张鸿魁（2007）、孙志波（2015：19—22）的研究，历史上的汉语共同语在使用上是以听懂为标准，发音一致的规范共同语标准语音并不存在。这就使得古人在描

---

①　下表中的结论均取自笔者的博士学位论文《初唐汉语音韵研究》，南京大学，2015年。

述共同语时，会融入许多其他成分，特别是自己方言的语音特点。

（二）历时持续性——以中古文献"支脂之"分合为例

所谓"历时持续性"是指，某一种语音特征在书面音系中曾经存在，但在实际语言中已经消失，"存雅求正"的书面音系往往将其保留。如图3所示，特征A是阶段1的语音特点，文献将其记录在案。随着时间的流逝，特征A在阶段2的口语中已经消失了，但是由于著述人"存雅"的

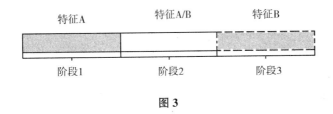

图3

缘故，所以在阶段2的书面音系中仍旧有特征A的记录。部分近代汉语书面文献保留全浊声母，是"历时持续性"的典型表现。初唐书面音系中止摄支、脂、之的读音分合，也是此类代表。下面先将初唐以前文献所记"支脂之"读音情况进行大致勾勒（见表2）：①

表2

时期 韵类	先秦	西汉	东汉	魏晋	南北朝前期	南北朝后期北方	南北朝后期南方	隋	初唐
支	支	支	支	支	支佳	支	支	支辙	支脂之微
微	微	脂	脂	脂	脂微	微	微	微辙	
脂	脂					脂	脂之	支辙	
之	之	之	之	之	之	之			

仅就表2来说，直到"南北朝后期北方"支、脂、之的区别还是很明显的。隋代用韵虽然归入同一辙，但李荣（2014：149）说："支部、微部都以独用为主，和他部同用的不多。脂部和之部的关系密切，两部同

---

① 表中内容参考根据罗常培等（2007：13—14）、丁邦新（1975：238—239）、何大安（1981：91—92）、李荣（2014：148—156）、麦耘（1999）、鲍明炜（2010：208）。

用的例几乎和分别独用的例一样多。"麦耘（1999）用"数理统计法"检验之后，得出支辙内部"脂、之关系相当密切，但不合并；支与脂、之更是分开。"也就是说，晚至隋代，支、脂、之三分还是书面音系的重要特点。而"支、脂、之"在初唐书面音系中的表现见表3①：

表 3

切韵 ＼ 文献资料	《汉书音义》	《玄应音义》	《窥基音义》	《后汉书注》	《文选音决》
支	支	支	支	支	支
脂	脂	脂之	脂	脂之	脂
之	之		之		

　　隋和初唐是书面音系支、脂、之三分和二分相互竞争、此消彼长的阶段。总体来看，隋代是支、脂、之三分占据上风，而脂、之合并虽然已然出现，但在初唐及以后方始盖过支、脂、之三分的势头。后期文献，如《晋书音义》《五经文字》等则没有支、脂、之三分的记录了，武玄之《韵诠》云："以彼支章移反、之止而反、微无飞反摄此伊、伊引"，有支、之、微，而无脂，可能就是合并了脂、之。到《慧琳音义》则已然将支、脂、之、微四韵全部合并。

　　"历时持续性"与著述人的学识、审音能力有关，如初唐"支、脂、之"三分的《汉书音义》《窥基音义》都与《切韵》有密切联系，是典型"存雅"的表现，最直接的证据就是征引《切韵》反切的《窥基音义》说，"制止：诸市反。非纸，亦非旨"，刻意区分支、脂、之。

三　结语："存雅求正"与音系内部一致性

　　学界很早就注意到书面音系的"复杂性"问题，如耿振生（1992）、张玉来（1999）等论著相继讨论了近代汉语书面文献的复杂性。书面音系"存雅求正"的性质与文献音系的复杂性是有所关联的，可以说，具有复杂性的文献资料才具有"存雅求正"的性质。这里所说的"复杂性"是指书

---

① 表中内容取自笔者的博士学位论文《初唐汉语音韵研究》，南京大学，2015 年。

面音系构成的复杂性,依本文的说法则是既有"存雅"又有"求正"。从书面音系本身来说,其内部结构是严谨的,不能用"复杂"与否来说明。

以学界争讼不一的《切韵》音系性质来说,有"综合音系""单一音系""以洛阳音为主糅合部分金陵音"等多种说法。我们将《切韵》与初唐《汉书音义》《玄应音义》《窥基音义》《后汉书注》《文选音决》五种音义文献的音类做比较,发现《切韵》的韵类划分十分细致,以咸摄二等为例:①

表4

文献资料 切韵	《汉书音义》	《玄应音义》	《窥基音义》	《后汉书注》	《文选音决》
咸	咸衔	咸衔	咸衔	咸衔	咸衔
衔					
洽	洽	洽狎	洽	洽	洽狎
狎	狎		狎	狎	

但是《切韵》这种细致的划分不足以成为"综合"的证据。由表4可见,正如《汉书音义》的划分比《玄应音义》要细致,不能说《汉书音义》是综合的结果。韵类划分细致程度的不同,是作者审音能力(区分古今音类的能力)不同造成的,如"咸"和"衔"五家音义都不区分,《切韵》能够区分,表现出《切韵》比五家音义审音更为严格。

当然,我们也不主张用"单纯性"来描述这类文献,而是用"内部一致性"来表述。"存雅"或者"求正"表现出的是一种取舍的态度,哪一个语音特点该用,哪一个不该用,作者在心目中是有衡量标准的,而在这种标准下构建的书面音系的内部是一致的。

参考文献

1. 鲍明炜:《鲍明炜语言学论文集》(顾黔编),南京大学出版社2010年版。

2. 丁邦新:《魏晋音韵研究》,(台北)"中央研究院"历史语言研究

---

① 表中内容取自笔者的博士学位论文《初唐汉语音韵研究》,南京大学,2015年。

所专刊之六十五，1975 年版。

　　3. 麦耘：《隋代押韵材料的数理分析》，《语言研究》1999 年第 2 期。

　　4. 钢和泰：《音译梵书与中国古音》（胡适译），载《佛教汉语研究》（朱庆之主编），商务印书馆 2009 年版。

　　5. 耿振生：《明清等韵学通论》，语文出版社 1992 年版。

　　6. 何大安：《南北朝韵部演变研究》，博士学位论文，台湾大学中文研究所，1981 年。

　　7. 何大安：《声韵学中的观念和方法》，台湾大安出版社 1987 年版。

　　8. 李荣：《隋韵谱》，载《音韵存稿》，商务印书馆 2014 年版。

　　9. 罗常培、周祖谟：《汉魏晋南北朝韵部演变研究》，中华书局，2007 年版。

　　10. 沈钟伟：《蒙古字韵集校》，商务印书馆 2015 年版。

　　11. 孙志波：《初唐汉语音韵研究》，博士学位论文，南京大学，2015 年。

　　12. 徐通锵：《历史语言学》，商务印书馆 2008 年版。

　　13. 颜之推：《颜氏家训集解》（王利器集解），中华书局 2013 年版。

　　14. 杨亦鸣：《李氏音鉴音系研究》，陕西人民出版社 1992 年版。

　　15. 佚名：《字海直音·徐州十三韵乾隆戊戌年周兆文序本》，徐州圣旨博物馆文化项目。

　　16. 余迺永校注：《新校互注宋本广韵》（定稿本）上册，上海人民出版社 2008 年版。

　　17. 张鸿魁：《语音规范化的历史经验和"官话音"研究》，载《近代官话语音研究》（耿振生主编），语文出版社 2007 年版。

　　18. 张玉来：《略论〈韵略汇通〉的几个问题》，《山东师大学报》1986 年第 4 期。

　　19. 张玉来：《韵略易通研究》，天津古籍出版社 1999 年版。

　　20. 张玉来：《近代汉语官话语音研究焦点问题》，载《近代官话语音研究》（耿振生主编），语文出版社 2007 年版。

　　（孙志波，男，副教授，博士，从事汉语音韵学研究。通信地址：河南省新乡市牧野区建设东路 46 号河南师范大学文学院 106 办公室。邮编：453007。电子邮箱：hsdzhibo@ 163. com。）

论邵雍《皇极经世声音唱和图》的象数及其语音问题

杨　曦

（南京大学文学院）

摘　要：邵雍的《皇极经世声音唱和图》（以下简称《唱和图》）是研究宋代语音的重要材料。自周祖谟《宋代汴洛语音考》发表以来，研究成果不断出现。但研究者对于《唱和图》中某些语音现象，如全浊、次浊声母的二分问题，知庄章分合问题，[ï] 韵问题，入声问题等，看法相差很大。这是由于他们没有注意到《唱和图》的象数背景，把《唱和图》完全看作实际语音的反映。必须先了解《唱和图》的先天象数学背景及其"以四起数"的特点，在此为基础上，才能将实际语音系统剥离出来。

关键词：《皇极经世声音唱和图》；象数；声母；韵母；声调

宋代通语是早期官话的代表。张玉来（2007）指出："五代动乱之后，宋、元代汉语进入了真正的近代官话时期，具备了近代官话的主体特征，彻底打破了中古音的音韵结构，整个音位系统有了质的变化，完全进入近代官话的范畴。"[1] 而邵雍的《皇极经世声音唱和图》（以下简称《唱和图》）虽然分辨声韵仍未脱前人窠臼，但总体上能以时音为重。它所记录的语音系统比起中古时期的《切韵》音系，有了质的转变，因此，可谓是研究宋代通语语音的最佳参照系，正如周祖谟（1966）所说："欲考宋代语音，所资虽多，此其选矣。"[2]

---

① 张玉来：《近代汉语官话语音研究焦点问题》，《近代官话语音研究》，语文出版社 2007 年版，第 24 页。

② 周祖谟：《宋代汴洛语音考》，《问学集》，中华书局 1966 年版，第 581 页。

一 《皇极经世声音唱和图》的象数

从现代语言学角度研究《唱和图》的，首推周祖谟（1943）的《宋代汴洛语音考》。[①] 他指出："邵氏之书不仅为洛邑之方音，亦即当时中州之恒言。"[②] 也就是说，他认为《唱和图》代表的是以汴洛语音为基础的宋代通语音系。后来陆志韦（1946）、李荣（1956）、赵荫棠（1957）、李新魁（1983）、竺家宁（1983）、雅洪托夫（1986）、冯蒸（1987）、平山久雄（1993）、侍建国（2004）、蒋绍愚（2005）、朱晓农（2010）、沈小喜（2014）等人的研究，[③] 实际上都以周祖谟的研究为基础，再加以修订、驳正。

不过，《唱和图》与象数思想是先前研究中的薄弱环节。这一点除平田昌司（1984）外，罕有论及。周祖谟（1966）说："若夫取天之四象日月星辰以配平上去入四声，取地之四象水火土石以配开发收闭四等，则事涉理数，无关体要。"[④] 但实际上，如果缺乏对象数思想的了解，不少结论是无法得出的。只有阐明《唱和图》是如何在象数思想的影响下制作的，才能了解《唱和图》所反映的语音信息。

（一）邵雍先天之学"以四起数"的特点

邵雍的先天之学，可分为先天易学与先天象数学两部分。前者侧重探讨宇宙本体及其运化准则。后者则是宇宙万物的衍化图式，以历数、律数等形式具体展现。历数即《元会运世》，律数即《律吕声音》，也就是《声音唱和图》。

邵雍认为数规定了宇宙、历史变化的周期历程，也规定了宇宙万物的品类。他用这一原则处理声音、易图，其最大特点则在于注重四。唐明邦（1998）总结说："邵雍的先天易学思想体系，最大特点就在注重这个四，

---

① 原载《辅仁杂志》1943 年 1、2 期合刊总第 12 卷，后收入周祖谟《问学集》，中华书局 1966 年版。

② 周祖谟：《宋代汴洛语音考》，《问学集》，中华书局 1966 年版，第 582 页。

③ 参见蒋绍愚《近代汉语研究概要》第三章第二节《宋代语音研究》，北京大学出版社 2005 年版，第 52—62 页。

④ 周祖谟：《宋代汴洛语音考》，《问学集》，中华书局 1966 年版，第 583 页。

他认为四应是人们认识宇宙万物乃至人类历史变化的一把钥匙。"①

《经世天地四象图》是这一思维模式最为直观的体现（见表1）：②

表1

太极							
天				地			
阳		阴		刚		柔	
太阳	太阴	少阳	少阴	太柔	太刚	少刚	少柔
日	月	星	辰	石	土	火	水
暑	寒	昼	夜	雷	露	风	雨
性	情	形	体	木	草	飞	走
目	耳	鼻	口	色	声	气	味
元	会	运	世	岁	月	日	辰
皇	帝	王	霸	易	书	诗	春秋

由表1可见，四分思维模式贯彻始终：天有四象日月星辰，地有四象石土水火，太阳、太阴、少阳、少阴是日月星辰之象，太柔、太刚、少柔、少刚是石土水火之象。天地四象交而成变化，就是暑寒昼夜与雷露雨风。走飞草木所代表的动植物，其性情形体与暑寒昼夜、雷露雨风相感应，也各有变化。在自然界之外，邵雍还将天有四时春夏秋冬，与圣人有四经以及历史上的皇帝王伯比附在一起，以达到将人事纳于天道的目的。

以上所说的都是"象"，邵雍还为阴阳刚柔配以不同的体用之"数"。

太阳、少阳、太刚、少刚的体数都是10，以应天干。

太阴、少阴、太柔、少柔之体数都是12，以应地支。

太阳、少阳、太刚、少刚之用数是10×4＝40，是阳刚之卦的总数。

太柔、少柔、太阴、少阴之用数是12×4＝48，是阴柔之卦的总数。

而天之体数、地之体数都是4，所以阳刚之卦的体数就是40×4＝160，阴柔之卦的体数就是48×4＝192。

之后进退阴阳柔刚，由体数得出用数，就是用阳刚、阴柔的体数分别减去阳刚、阴柔的总数。因此，40×4－48＝112，就是阳刚之用数，48×4－

---

① 唐明邦：《邵雍评传》，南京大学出版社1998年版，第135页。

② 参见（清）黄宗羲、全祖望《宋元学案》，中华书局1986年版，第416—417页。

40＝152，就是阴柔之用数。其原因在于"阳中有阴，阴中有阳，刚中有柔，柔中有刚，天地交际之道也"。①

以阳刚与阴柔两者的用数相乘，即相倡或相和，由此可以求出阳刚的变数，阴柔的化数，以阳刚的用数倡阴柔的用数，就是日月星辰的变数，112×152＝17024，以阴柔的用数和阳刚的用数，就是水火土石的化数，152×112＝17024。日月星辰的变数称作动数，水火土石的化数称作植数。

动数与植数再相倡和，就是动植的通数，17024×17024＝289816576。体用变化，最后得出动植通数，可以囊括天地万物。正如邵伯温所说："以阴阳、刚柔之数，穷律吕声音之数，穷动植飞走之数，《易》所谓万物之数也。"②

不过，世间万物显然不会如他所设想的那样全部四分，其中必然有诸多现象逸出其体系之外。于是，他就不得不调整从前的认识，以使之符合自己设计的框架。因此遇事四分，是他思想体系的最大特点，同时也是最凸显的缺陷。

这一思想模式，深刻地影响了易图与音图的制作。

（二）《唱和图》以声起数的体例

如上文所说，《唱和图》是为了配合全书的象数体系而作的。而其具体方式，就是把日常生活中人们传递信息的自然语言，转换为象数语言。

邵雍以声为天、为阳，从十天干，用天之四象（日、月、星、辰），配平、上、去、入四声；以音为地、为阴，从十二地支，用地之四象（水、火、土、石），配开、发、收、闭四等。声分清浊，音分辟翕，凡遇一、三奇数位是清声、辟音，遇二、四偶数位是浊声、翕音。声均为律，音均为吕，以律倡吕，以吕和律，从而推演声音之数，都是由二分而四分，真可谓是"莫非以四起数，叠叠推去"。③

由于《唱和图》本身卷帙浩繁，因此很早就出现了隐括全书的《正声正音总图》（见表2、表3），今日研究就从后者入手。

---

① （清）王植：《皇极经世书解》卷八，清文渊阁《四库全书》本。

② （清）王植：《皇极经世书解》卷首上，清文渊阁《四库全书》本。

③ （清）王植：《皇极经世书解》，清文渊阁《四库全书》本。

表 2①

音	清浊	开水	发火	收土	闭石
一	清水	古见姥合一上遇 ku	甲见狎开二入咸 kap	九见有开三上流 kiəu	癸见旨合三上止 kuei
	浊火	□	□	近群隐开三上臻 kiən	揆群旨合三上止 kuei
	清土	坤溪魂合一平臻 kʰuən	巧溪巧开二上效 kʰau	丘溪尤开三平尤 kʰiəu	弃溪至开三去止 kʰi
	浊石	□	□	乾群仙开三平山 kʰiɛn	虬群幽开四平流 kʰiəu
二	清水	黑晓德开一入曾 xei	花晓麻合二平假 xua	香晓阳开三平宕 xiaŋ	血晓屑合四入山 xiuɛ
	浊火	黄匣唐合一平宕 xuaŋ	华匣麻合二平假 xua	雄云东合三平通 xiuŋ	贤匣先开四平山 xiɛn
	清土	五疑姥合一上遇 ŋu	瓦疑麻合二上假 ŋua	仰疑养开三上宕 ŋiaŋ	□
	浊石	吾疑模合一平遇 ŋu	牙疑麻开二平假 ŋa	月疑月合三入山 ŋiu	尧疑萧开四平效 ŋiau
三	清水	安影寒开一平山 an	亚影祃开二去假 a	乙影质开三入臻 i	一影质开三入臻 i
	浊火	□	爻匣肴开二平效 iau	王云阳合三平宕 uaŋ	寅以真合三平臻 in
	清土	母明厚开一上流 mu	马明马开二上假 ma	美明旨开三上止 mei	米明荠开四上蟹 mi
	浊石	目明屋开三入通 mu	貌明效开二去效 mau	眉明脂开三平止 mei	民明真开三平臻 min
四	清水	夫帮虞合三平遇 fu	法帮乏合三入咸 fap	□	飞帮微合三平止 fi
	浊火	父并虞合三上遇 fu	凡并凡合三平咸 fam	□	吠并废合三去蟹 fi
	清土	武明虞合三上遇 vu	晚明阮合三上山 vuan	□	尾明尾合三上止 vi
	浊石	文明文合三平臻 vuən	万明愿合三去山 vuan	□	未明未合三去止 vi
五	清水	卜帮屋合一入通 pu	百帮陌开二入梗 pai	丙帮梗开三上梗 piəŋ	必帮质开三入臻 pi
	浊火	步并暮合一去遇 pu	白并陌开二入梗 pai	备并至开三去止 pei	鼻并至开三去止 pi
	清土	普滂姥合一上遇 pʰu	朴滂觉开二入江 pʰau	品滂寝开三上深 pʰiəm	匹滂质开三入臻 pʰi
	浊石	旁并唐开一平宕 pʰaŋ	排并皆开二平蟹 pʰai	平并庚开三平梗 pʰiəŋ	瓶并青开四平梗 pʰiəŋ
六	清水	东端东合一平通 tuŋ	丹端寒开一平山 tan	帝端霁开四去蟹 ti	■
	浊火	兑定泰合一去蟹 tuai	大定泰开一去蟹 ta	弟定霁开四去蟹 ti	■
	清土	土透姥合一上遇 tʰu	贪透覃开一平咸 tʰam	天透先开四平山 tʰiɛn	■
	浊石	同定东合一平通 tʰuŋ	覃定覃开一平咸 tʰam	田定先开四平山 tʰiɛn	■
七	清水	乃泥海开一上蟹 nai	妳泥蟹开二上蟹 nai	女泥语开三上遇 niu	■
	浊火	内泥队合一去蟹 nuai	南泥覃开一平咸 nam	年泥先开四平山 niɛn	■
	清土	老来晧开一上效 lau	冷来梗开二上梗 ləŋ	吕来语开三上遇 liu	■
	浊石	鹿来屋合一入通 lu	莘来觉开二入江 lau	离来支开三平止 li	■
八	清水	走精厚开一上流 tsəu	哉精咍开一平蟹 tsai	足精烛合三入通 tsiu	■
	浊火	自从至开三去止 tsï	在从海开一上蟹 tsai	匠从漾开三去宕 tsiaŋ	■
	清土	草清晧开一上效 tsʰau	采清海开一上蟹 tsʰai	七清质开三入臻 tsʰi	■
	浊石	曹从豪开一平效 tsʰau	才从咍开一平蟹 tsʰai	全从仙合三平山 tsʰiuɛn	■

① 《天声图》有例字 83 字，《地音图》有例字 128 字，合计 221 字。本表标明《广韵》音韵地位，并给出拟音，具体依据参见笔者硕士学位论文。陆志韦（1988）指出《唱和图》拟音中最大的困难在于主元音的音色，"只可斟酌推订"。由于《唱和图》与术数的密切关系，使得剥离术数因素考察语音现象存在诸多疑难，因此，本表也只是参考诸家意见作出的一种构拟，以期能够反映《唱和图》的语音现象，而非定论。

续表

音	清浊	开水	发火	收土	闭石
九	清水	思心之开三平止 sĭ	三心谈一平咸 sam	星心青开四平梗 siəŋ	■
	浊火	寺邪志开三去止 sĭ	□	象邪养开三上宕 siaŋ	■
	清土	□	□	□	■
	浊石	□	□	□	■
十	清水	■	山生山开二平山 ʂan	手书有开三上流 ʃiəu	■
	浊火	■	士崇止开三上止 ʂĭ	石禅昔开三入梗 ʃi	■
	清土	■		耳日止开三上止 ʒi	□
	浊石	■	□	二日至开三去止 ʒi	■
十一	清水	■	庄庄阳开三平宕 tʂuaŋ	震章震开三去臻 tʃiən	■
	浊火	■	乍崇祃开二去假 tʂa	□	■
	清土	■	叉初麻开二去假 tʂʰa	赤昌昔开三入梗 tʃʰi	■
	浊石	■	崇崇东开三平通 tʂʰuŋ	辰禅真开三平臻 tʃʰiən	■
十二	清水	■	卓知觉开二入江 tʂau	中知东合三平通 tʃuŋ	■
	浊火	■	宅澄陌开二入梗 tʂai	直澄职开三入曾 tʃi	■
	清土	■	坼彻陌开二入梗 tʂʰai	丑彻有开三上流 tʃʰiəu	■
	浊石	■	茶澄麻开二平假 tʂʰa	呈澄清开三平梗 tʃʰiəŋ	■

表 3

声	辟翕	平日	上月	去星	入辰
一	辟日	多端歌开一平果 ta	可溪哿开一上果 kʰa	个见个开一去果 ka	舌船薛开三入山 ʃia
	翕月	禾匣戈合一平果 xua	火晓果合一上果 xua	化晓祃合二去假 xua	八帮黠开二入山 pa
	辟星	开溪哈开一平蟹 kʰai	宰精海开一上蟹 tsai	爱影代开一去蟹 ai	○
	翕辰	回匣灰合一平蟹 xuai	每明贿合一上蟹 mai	退透队合一去蟹 tʰuai	○
二	辟日	良来阳开三平宕 liaŋ	两来养开三上宕 liaŋ	向晓漾开三去宕 xiaŋ	○
	翕月	光见唐合一平宕 kuaŋ	广见荡合一上宕 kuaŋ	况晓漾合三去宕 kʰuaŋ	○
	辟星	丁端青开四平梗 tiəŋ	井精静开三上梗 tsiəŋ	亘见嶝开一去曾 kəŋ	○
	翕辰	兄晓庚合三平梗 xiuəŋ	永云梗合三上梗 iuəŋ	莹影径开四去梗 iuəŋ	○
三	辟日	千清先开四平山 tsʰiɛn	典端铣开四上山 tiɛn	旦端翰开一去山 tan	○
	翕月	元疑元合三平山 ŋiuɛn	犬溪铣合四上山 kʰiuɛn	半帮换合一去山 pan	○
	辟星	臣常真开三平臻 tʃiən	引以准开三上臻 iən	艮见恨开一去臻 kən	○
	翕辰	君见文合三平臻 kiuən	允以准合三上臻 iuən	巽心恩合一去臻 suən	○
四	辟日	刀端豪开一平效 tau	早精晧开一上效 tsau	孝晓效开二去效 xiau	岳疑觉开二入江 ŋiau
	翕月	毛明豪开一平效 mau	宝帮晧开一上效 pau	报帮号开一去效 pau	霍晓铎合一入宕 xau
	辟星	牛疑尤开三平流 ŋiəu	斗端厚开一上流 təu	奏精候开一去流 tsəu	六来屋开三入通 liəu
	翕辰	○	○	○	玉疑烛开三入通 ŋiu
五	辟日	妻清齐开四平蟹 tsʰi	子精止开三上止 tsĭ	四心至开三去止 sĭ	日日质开三入臻 ʒi
	翕月	衰生脂合三平止 ʃuɛi	○	帅生至合三去止 ʃuɛi	骨见没合一入臻 ku
	辟星	○	○	○	德端德开一入曾 tei
	翕辰	龟见脂合三平止 kuei	水书旨合三上止 ʃuei	贵见未合三去止 kuei	北帮德开一入曾 puei

声	辟翕	平日	上月	去星	入辰
六	辟日	宫见东开三平通 kuŋ	孔溪董开一上通 kʰuŋ	众章送开三去通 tʃiuŋ	○
	翕月	龙来锺开三平通 liuŋ	甬以肿开三上通 iuŋ	用以用开三去通 iuŋ	○
	辟星	鱼疑鱼开三平遇 ŋiu	鼠书语开三上遇 ʃiu	去溪御开三去遇 kʰiu	○
	翕辰	乌影模开一平遇 u	虎晓姥开一上遇 xu	兔透暮开一去遇 tʰu	○
七	辟日	心心侵开三平深 siəm	审书寝开三上深 ʃiəm	禁见沁开三去深 kiəm	○
	翕月	○	○	○	十常缉开三入深 ʃiəp
	辟星	男泥覃开一平咸 nam	坎溪感开一上咸 kʰam	欠溪㪇开三去咸 kʰiɛm	
	翕辰	○	○	○	妾清叶开三入咸 tsʰiɛp
八	辟日	●	●	●	●
	翕月	●	●	●	●
	辟星	●	●	●	●
	翕辰	●	●	●	●
九	辟日	●	●	●	●
	翕月	●	●	●	●
	辟星	●	●	●	●
	翕辰	●	●	●	●
十	辟日	●	●	●	●
	翕月	●	●	●	●
	辟星	●	●	●	●
	翕辰	●	●	●	●

祝泌曾对图中的思想有很好的概括，摘录如下：

　　宫、商、角、徵、羽分太少，为十声，管以十干；六律六吕合为十二音，管以十二支，摄之以声音之字母二百六十四。声分平、上、去、入，音分开、发、收、闭，铺布悉备，以为三千八百四十图，各十六声、十六音，总三万四千四十八音声，盖取天声有字、无字与无声字一百六十位，地音有字、无字与无音字一百九十二位，衍忒而成之。声之位，去不用之四十八，止百十二，所以括《唐韵》之内外八转，而分平、上、去、入也。音之位，去不用之四十，止百五十二，所以括切字母唇、舌、牙、齿喉，而分开、发、收、闭也。

　　何谓无声？百六十位中，有位而调不出者。何谓无音？百九十二位中，有位而切不出者。以声音统摄万物之变，及于无声无音，则备矣。其间有声有音，虽无字，皆洪纤高下，遂其生育者也。若有声而无音，有音而无声，则天地不相倡和，独阳不生，独阴不成，徒有其位，实无其物也。声音字母二百六十四，相交而互变，始于一万七千二十四，极于二万八千九百八十一万六千五百七十六，以取卦一之二百五十六卦，以观天地万物之进退、盈虚、消长也。①

其要点是：

（1）天数一衍为十，天声有十图。"十"，还代表十日、十天干等。

（2）地数二衍为十二，地音有十二图。"十二"，还代表十二辰、十二地支等。②

（3）十声全数一百六十，源于四象阳数：$10×4=40$（阳刚体数），$40×4=160$。

（4）十二音全数一百九十二，源于四象阴数：$12×4=48$（阴柔体数），$48×4=192$。

（5）声音唱和十六图，共三万七百二十位，源于四象全数：160（阳刚体数）$×192$（阴柔体数）$=30720$（四象全数）。

（6）天之用声一百一十二，源于阳刚用数：$160-48=112$。

（7）地之用音一百五十二，源于阴柔用数：$192-40=152$。

（8）声音倡和用数为一万七千二十四，在声称为变数、在音称为化数，分别源于动数、植数：$112×152=17024$。

（9）变化之数再倡和，为二万八千九百八十一万六千五百七十六，源于动植通数：$17024×17024=289816576$。

这与上文所说的邵雍象数之学的用数及特点完全一致，正说明《唱和图》是在象数思想指导下制作的。受制于象数因素，邵雍在制图时不得不煞费苦心，以期调和实际语音与象数之间的矛盾。例如《正声图》只有七声，其余三声均用●填入，表示无声无音。是因为他认为，十二辰中亥、子、丑三时不能见到阳光，而地音辟翕以律天，因此，就将此处的

---

① （宋）祝泌：《观物篇解》，清文渊阁《四库全书》本。

② 采用"天干十""地音十二"的系统，是根据《汉书·律历志上》所谓："天之中数五，地之中数六"，"六律六吕而十二辰立矣，五声清浊而十日行矣"，《易纬乾凿度》卷上、《太玄经》卷八"太玄数"也有类似记载。

三声空出，与之相配。又如《正音图》中的空位，邵雍解释说："韵法，先闭后开者，春也，纯开者，夏也，先开后闭者，秋也，冬则闭而无声。东为春声，阳为夏声，此见作韵者亦有所至矣。衔凡，冬声也。"① 这又将春夏秋冬与水火土石、开发收闭联系在一起。因此，水音中十、十一、十二图都用■填入，火音、土音的十二图都没有■填入，石音中只有六至十二图用■填入。

　　总之，只有在了解《唱和图》的象数背景之后，我们才可能把它实际透露的语音信息从中剥离出来。

二　《皇极经世声音唱和图》声母系统中的一些问题

　　《地音图》分十二图，每图一三为清，二四为浊，又各分开发收闭，共十六位，合计一百九十二位，代表声母。如果不考虑开发收闭，实际上仅有四十八母（其中两母为空位）。

　　为什么邵雍不直接用三十六字母呢？

　　这是因为他是从象数思想而非语音事实出发的。他所需要的声母数目应该既是十二（地支）的倍数，又是四（地之四象）的倍数，因此最小也得有四十八位了。而且如以三十六字母为基础，即便帮、非、端、知四组这类恰好四分的，在具体排位上也存在困难。因为如此一来，不论是全清配全浊、次清配次浊，还是全清配次清、全浊配次浊，在声母上的联系都不紧密。举例来说，如以帮配并，或者以帮配滂，都容易理解，但若以滂配明，或以并配明，就莫名其妙了。更不必说还有精组、照组、影晓匣喻来日等母根本难以按四分类了。所以，邵雍无法直接根据三十六字母设置音类，而必须另起炉灶，新创一套符合其思想体系的声母系统。他只有通过分离重组，以求由二分而四分，最终使之能相互对应，配成四十八位。

　　《地音图》研究的主要问题集中在三点：（1）全浊声母的性质，（2）次浊声母的性质，（3）知、庄、章三组的分合。下面分别讨论。

---

① （宋）邵雍：《皇极经世书》卷十三，清文渊阁《四库全书》本。

（一）全浊声母性质问题

从形式上看，全浊声母按仄、平一分为二，分别对应同部位的全清声母和次清声母。音一、音五、音六、音八、音十一、音十二涉及群、并、定、从、床、澄六母，其浊位二都是仄声字，浊位四都是平声字，应该不是随意安排的。我们一并讨论。

对于全浊声母二分的性质，主要有以下几种看法：

1. 全浊声母已清化

周祖谟（1966）、赵荫棠（1957）、陆志韦（1988）都认为全浊声母已然清化，按平声送气、仄声不送气的规律变为同部位清声母，全浊仄声读同全清，全浊平声读同次清。不过，周祖谟认为之所以仍列为浊音，是邵雍受字母家旧说的束缚而设置的虚位，[①] 也就是说，已经没有声调的区别。陆志韦（1988）、雅洪托夫（1986）则认为全浊声母已经清化，但声调上还有区别。[②]

2. 全浊声母平声送气、仄声不送气

李荣（1956）认为邵雍方言中仍保留了浊塞音，且有两种不同读法，即平声送气，仄声不送气。[③] 李新魁（1983）、蒋绍愚（2005）也表示赞同。

3. 全浊声母平声是清音浊流、仄声仍是浊音

冯蒸（1997）从音理与汉语语音史、汉语方言这几方面出发，对上述的看法提出质疑。他认为浊送气音当改为清音浊流[ɦ]，并引用吴语南部边区方言平声读清、仄声读浊的现象作为证明。以音五帮滂并三母举例来说，构拟的音值即为清[p]浊[b]清[pʰ]浊[pɦ][④]。

4. 全浊声母是气声化音

麦耘（1998）认为当时的全浊声母即气声化音，并且有强弱色彩的

① 参见周祖谟《宋代汴洛语音考》，《问学集》，中华书局1966年版，第581页。

② 参见陆志韦《记邵雍皇极经世的"天声地音"》，《陆志韦近代汉语音韵论集》，商务印书馆1988年版，第43页；雅洪托夫《十一世纪的北京语音》，《汉语史论集》，北京大学出版社1986年版，第187—195页。

③ 李荣：《皇极经世十声十二音解》，《切韵音系》，科学出版社1956年版，第171页。

④ 参见冯蒸《北宋邵雍方言次浊上声归清类现象试释》，《汉语音韵学论文集》，首都师范大学出版社1997年版，第254—256页。

差别：即［pɦ］、［pʰ］、［tɦ］、［tʰ］、［tsɦ］、［tsʰ］等①朱晓农（2010）也认为全浊清化的规律就是低送高不送。他同时指出，不存在两两平行的清带、送气性关系，即不存在两套全浊声母，一套送气、一套不送气分别与清声母相配。②。

我们赞同周祖谟（1966）的看法，主要有以下四点考虑：

1. 术数影响

邵雍保留浊位一方面是墨守字母家旧说，拘泥于三十六字母的传统，另一方面也是受到术数观念的限制。因为如果不保留浊位，就难以建构其清浊对立的二分模式，也无法形成四分格局。

2. 总体结构

从总体语音性质上进行判断，《唱和图》中体现出非敷不分、影喻合流、知照二组声母相近、已无独立二等韵、三四等韵相混、全浊上变去等诸多特点，整体音系趋于简化，因此全浊声母二分应当是已清化的表现，而不是仍处于清化过程中。

蒋冀骋（1997）也指出《唱和图》音系更接近当时汉语北系共同语口语音，从总体音系特征看，全浊声母显然是清化了。③ 我们也不认为还存在声调上的区别，因为音系结构大大简化之后，而仍保留八调格局，也不符合常理。

3. 存古性质

宋代通行有两套音系，一套是以《广韵》为代表的传统正音体系，主要用于查正字的读音，并与实际口语的语音不同；另一套是当时共同语的语音，如宋词用韵。而很多材料都行走在两者之间。如张玉来（1999）所指出的，音韵文献往往受"存雅求正"观念的影响，因此带有较强的保守性与滞后性，并不能及时反映口语中的变化。

因此，虽然宋代还没有全面显示全浊声母清化的材料，但不足以作为否定的证据。全浊清化现象在唐五代时期已露端倪，这一现象在北宋文献

---

① 麦耘：《"浊音清化"分化的语音条件试释》，《语言研究》（增刊）1998 年。

② 参见朱晓农《全浊弛声论》，《语言研究》2010 年第 3 期。所谓"不存在两两平行的清带、送气性关系"是指不存在清声不送气［p］、清声送气［pʰ］、带声不送气［b］、带声送气［bɦ］这样的四类声母，既有不送气和送气的对立，又有清声和带声的对立。

③ 参见蒋冀骋《近代汉语音韵研究》，湖南师范大学出版社 1997 年版，第 100 页。

中表现更多。《唱和图》正是一份大胆突破旧式、遵从时音的记录。

4. 方言证据

现代官话方言中全浊清化主要有以下几种类型：绝大多数官话都是平声变成送气音，仄声变成不送气音，分别与《切韵》音系中的浊塞音和浊塞擦音相对应；在少部分中原官话和通泰官话中，全部变为送气音。

李荣、李新魁之说的困难在于，现代汉语方言中找不到浊音送气、不送气互补的证据。陆志韦之说的问题在于在官话方言中，如果全浊已经清化，那么浊声调也就不再独立，全浊清化而保留浊声调不合官话方言的实质。

冯蒸之说的问题在于，邵雍方言既以汴洛音为基础，那么为何以现代吴语方言中的现象作为证据呢？要知道，吴音历史悠久，其特征在宋代也十分突出，与中原雅音多有不同，如此牵合，恐难服人。

麦耘、朱晓农的看法，较好地解释了全浊清化的过程，但邵雍是否能够有如此之高的审音能力值得怀疑。如果《唱和图》中全浊声母是气声化音，只是气化程度有强弱的不同，邵雍还能否制作出如此毫不紊乱的图表，令人怀疑。结合邵雍音必四分的思想看，还是视作已经清化比较妥当。

（二）次浊上声性质问题

《地音图》中六个次浊声母，即疑（音二）、明（音三）、微（音四）、泥（音七）、来（音七）、日（音十），它们都按上声、非上声一分为二，前者归清，后者浊，相互对应。诸家都认为这一现象与声调相关，但具体看法不一，主要有以下四种。

1. 上声与非上声，或声母有别，或声调有别

周祖谟（1966）认为邵雍列于清者均为上声字，而列于浊者均为非上声字，两者在声母上存在区别。具体来说，疑、微、日三母，其上声字逐渐由鼻音变为口音，又由口音而失去声母，因此读成一类；明、泥、来三母，则由于上声字浊音成分较少，非上声字浊音成分较多，可能因为声调关系，分为两类。他的拟音如下：疑母：ng>ɣ，ø，微母：ɱ>v，ø，日母：ńź>ź>z>œr，明母：m>mb。[1]

---

① 参见周祖谟《宋代汴洛语音考》，《问学集》，中华书局 1966 年版，第 592 页。

　　蒋绍愚（2005）、冯蒸（1997）都对此提出质疑。的确，目前在方言材料中，还找不到次浊声母上声先变的证据，而且在设置上也有难以避免的困难。

　　2. 上声升调说（调型）

　　陆志韦（1988）另从声调高低的角度考虑，认为疑、明、泥、来、日五母，从表面上看与现代吴语近似，各分阴阳。但他也有所怀疑，因为图中作为上声阴调字，在吴语中未必是阴调。①

　　因为他将清浊理解为声调的阴阳，如此一来，这五母的上声字就只有阴调，非上声字就只有阳调。如果他不承认这一分法中存在错误或疏漏，其平上去入各分阴阳的八调说必然受到冲击。因此，他对微母分阴阳提出批评，他认为邵雍把升调作为清、阴，把非升调作为浊、阳，混淆了调型的升降与由辅音清浊形成的声调的阴阳。

　　冯蒸（1997）对此提出质疑。他认为从体系上看，应该是声母对立而非声调对立，不应混淆；而声调引起声母对立，特别是引起次浊声母对立，没有根据。因此他认为"微母也可以分阴阳，但音值是 [ʋ]，不是 [v]，也不是 [w]"。②

　　冯蒸的质疑有一定道理。不过，《唱和图》并非在完全如实反映语音现象，如果执着于语音层面的解释，难免胶柱鼓瑟。陆志韦的看法，至少跳出了仅从声母角度考虑的框架。

　　3. 上声高调说（调值）

　　雅洪托夫（1986）也从声调角度着眼。他认为"在响辅音作声母的字中，上声是高调"，③ 并以现代杭州话作为证据。因为有人认为杭州话虽是吴语，但保留了宋代北方方言的很多特点。杭州话的平、上、去三声，各按清浊分为阴、阳二调，但是浊上变去，响辅音的上声和清辅音的上声合一，所以上声只有一个声调，且为高调。他认为邵雍方言与杭州话一样有七个声调，四个高调，三个低调。

---

　　① 参见陆志韦《记〈皇极经世〉的"天声地音"》，《陆志韦近代汉语音韵论集》，商务印书馆 1988 年版，第 42—43 页。

　　② 冯蒸：《北宋邵雍方言次浊上声归清类现象试释》，《汉语音韵学论文集》，首都师范大学出版社 1997 年版，第 258 页。

　　③ 雅洪托夫：《十一世纪的北京音》，《汉语史论集》，北京大学出版社 1986 年版，第191—192 页。

蒋绍愚（2005）对此表示赞同。他们都认为邵雍混淆了声调的高低与声母的清浊。

4. 上声声门紧缩

李荣（1956）认为这说明次浊声母分为带浊流与紧喉两类，这一现象可以用"鼻音字边音字调类的演变来解释"。他说："吴语黄岩，温岭的鼻音字边音字平去入三声带浊流，上声字声门紧缩，不带浊流，可以引为旁证。"①

不过梅祖麟（2000）指出，吴语或闽语中上声声门紧缩的现象，"只能帮助我们推测上古汉语上声的性质，不能和十一世纪邵雍的洛阳话相提并论。要如此论证，似乎必需假设上古或中古上声的喉塞尾音，保存于温岭等方言，也保存于十一世纪的洛阳话，这假设的后一半还有商榷余地。"② 我们也认为，上声声门紧闭说，虽然在理论上可通，但其论证前提可疑，难以取信。

综合以上诸家意见，无非从声母和声调两个角度考虑。

从声母角度考虑，问题较多。从前人的批评看，他们也认为次浊声母一分为二实属不当。江永就曾说，"疑字无清声，不当分二声"，"明字无清，不当分二声"，"泥来无清，不当分二声"。③ 赵荫棠（1957）的意见与之相同。因为如果以清浊指带音与否论，这六母都是鼻音或边音，同为浊音，在等韵中均属次浊，不当分清浊两类。

根据许芃（2009）的研究，在现代汉语方言中，中古次浊上声字绝大多数仍读上声，这一类型数量最多，分布最广。在少数方言中，中古次浊上声字多数或约半数读去声。在个别方言中，中古次浊上声字多数或约半数读平声。后两者基本都出现在非官话方言中。不论如何，从历史音变看，次浊声母也从未分化出一套清音，这在现代方言中也找不到根据。

所以分为两套，只能是出于象数思想的人为设置。值得注意的是，《韵镜》中此六母所标也为清浊。之所以标"清浊"，可能在古人的认识中，这些鼻音或边音声母，与其他诸母发音方法差别较大，因此另立一类，而邵雍的二分，或许也是基于这样的理由。

---

① 李荣：《切韵音系》，科学出版社1956年版，第171页。

② 梅祖麟：《说上声》，《梅祖麟语言学论文集》，商务印书馆2000年版，第343—344页。

③ 江永：《音学辨微》，《丛书集成初编》本，中华书局1985年版。

同时，《唱和图》中的清浊也不是完全着眼于声调的阴阳，它仍然是就声母的清浊而言。且不论是否可以用吴语的声调类型去比附北宋汴洛方言，即便用历来认为与汴洛方言密切相关的杭州方言推论，也是不妥的。平田昌司指出："杭州位于大运河的南端，是个非常重要的物资集散地，几百年来一边不断受到外来人口的影响，一边向江南各地发出社会活动上的多方面信息，此种环境的城市往往不得不使用一种桥梁性的官话。笔者认为，郑伟的近作妥善地解释杭州语音的历史层次，证明了北宋汴京话跟现代杭州话之间存在较大的差异。"① 因此，用吴语或粤语中八调或七调的结构去比附邵雍方言，恐怕难以吻合。

总之，邵雍将次浊上声归为清类，可能是受到全浊上声变去声的影响。在官话方言中，同为浊声母，全浊上声变为去声，次浊上声却跟清声母走，读上声，对比明显。因此，邵雍在分配次浊声母时可能就受到这一启发，把次浊上声归清类，而把次浊非上声归浊类，实际并不是语音现象的反映。

（三）知庄章三组的关系

从表面看，《唱和图》似乎是知、照两分。不过仔细审视知二、知三、庄（照二）、章（照三）的排列，知二、庄列在发行，知三、章列在收行，丝毫不乱，应该还有区别。

知庄章的分合问题，牵涉究竟是"庄[tʂ]章[tɕ]先合、再与知合并为[tʂ]"还是"知二庄[tʂ]与知三章[tʃ]合并"的问题。

近年来，学者们多认为传统的"庄章先合、再与知合"的认识存在问题，其本质应是"知二庄合、知三章合"。② 换言之，所谓"知照合一"只是形式上合一，本质上的"等"的区别并未在知庄章三组中消失。

就《唱和图》而言，"庄乍叉崇"是庄组字，列在发行，"震赤辰"

---

① 平田昌司：《回望中原夕霭时——失陷汴洛后的"雅音"想象》，陈平原、王德威、关爱和编《开封：都市想象与文化记忆》，北京大学出版社 2013 年版，第 286 页。参见郑伟《从比较音韵论杭州语音的历史层次》，《中国语言学集刊》第 5 卷第 1 期，2011 年。

② 三十六字母中庄、章合并为照组，可能是由于以下三点原因。一是庄、章两组声母读音相近，是互补格局，没有音位上的对立；二是由于三十六字母是出于僧人之手，梵文中只有两组齿音，因此作出这一设置；三是在传统文化中三十六是一个神秘数字，到清代江永还认为其"不可增，不可减，不可移易"，因此可能是为了配合这一数字，也将庄、章合并。

是章组字，列在收行，"卓宅圻茶"为知二组字，列在发行，"中直丑呈"为知三组字，列在收行，都说明知、照组字并未混淆二三等的区别，而是按知二庄、知三章的方式排列的。

陆志韦（1988）也认为庄组、章组读音仍有不同，并视为音位变体关系。他说："'庄崇'二字也填在'发'类。[ʧɪɑŋ]>[ʦuɑŋ]（?），[ʤɪuŋ]>[ʦ̢uŋ]（邵氏[ʦoŋ]）。卷舌音已经发现。图里'山庄'二行的'发'类代表[ʂ]，[ʈʂ]，'收'类代表[ɕ]，[tɕ]……邵氏也以为[tɕ]跟[ʈʂ]可以合为一母。"①

不过陆志韦将收行拟为舌面音，似乎不妥。我们把庄、知二、澄二（仄）拟为[ʈʂ]，章、知三、澄三（仄）拟为[ʧ]，初、彻二、澄二（平）拟为[ʈʂʰ]，昌、彻三、澄三（平）拟为[ʧʰ]，生拟作[ʂ]，书拟为[ʃ]。两者形成互补关系，属于同一音位的变体。邵雍之所以如此设计，一方面是出于术数需要，因为地音的数目应为十二，另一方面他可能也参考了传统字母家知、照两组的划分，但其实质还是知二庄、知三章的模式。

类似的现象在《中原音韵》中也十分明显。宁继福（1985）、王洪君（2007）、张玉来（2013）等都把《中原音韵》"形式合一、内部分为两类"的中古知庄章三组声母，拟为知二庄、知三章[ʈʂ]：[ʧ]互补分布的一套音位变体。王洪君解释说："介音音值的不同和声母音值的不同都处理为不同的音位，允许羡余对立的音位存在。"②

这一现象在多地官话方言中也可以得到印证。以洛阳方言为例，古知庄章这三组字一般都有平舌和翘舌两类读法，其分化条件是摄、等和今开合口。"知组二等、庄组和止摄章组今开口洛阳读[ts, tsʰ, s]；知组二等和庄组今合口及其他各摄的章组字（除止摄开口）洛阳今读[ʈʂ, ʈʂʰ, ʂ]。"③大体来说，也表现出知二庄、知三章两分的格局。

因此，我们把知、庄、章三组声母，分为知二章[ʈʂ]和知三章[ʧ]两

① 陆志韦：《记〈皇极经世〉的"天声地音"》，《陆志韦近代汉语音韵论集》，商务印书馆1988年版，第43页。

② 王洪君：《〈中原音韵〉知庄章声母的分合及其在山西方言中的演变》，《语文研究》2007年第1期。

③ 贺巍：《洛阳方言研究》，社会科学文献出版社1993年版，第77页。

组音位变体。

三　《皇极经世声音唱和图》韵母、
声调系统中的一些问题

《天声图》分十图，每图一、三位为辟，二、四位为翕，每位各分平、上、去、入，每图十六位，合计一百五十二位，用以概括韵母。其中八、九、十三声都是虚设的，余下七声所显示的韵母系统其分配方式大致相当于等韵的摄。《天声图》研究的焦点，是舌尖元音是否产生与入声如何演变这两大问题，下面分别讨论。

（一）　舌尖元音是否产生

《地音图》音八的"自"字和音九的"思""寺"两字，都列在开行，这些字都是四等字。《天声图》声五中又将"妻子四日"同列。这是否反应了语音变化，诸家的意见不同。主要有以下三种看法：

1. 舌尖前元音[ɿ]、舌尖后元音[ʅ]已经产生

周祖谟（1966）认为，止摄精组字的韵母已由[i]变为[ɿ]，而且推论说，止摄知组字的韵母也必定由[i]变为[ʅ]，舌尖元音已经产生。因此拟为[i]，[ɿ]，[ʅ]三类。①

2. 韵母已有改变，拟为不肯定的[ï]

陆志韦（1988）比较谨慎，他认为止摄精组字的韵母已经由[i]变为[ɿ]或[ï]。李新魁（1983）、蒋绍愚（2005）都赞成此说。

3. 同一行韵母应当相同，拟为[əi]

竺家宁（1994）对周祖谟的拟音提出质疑。他认为同一行中设置[i]、[ɿ]、[ʅ]三种不同的韵母，包含了舌面元音与舌尖元音，其性质殊异，既与周祖谟自己的拟音体例不一致，也和邵图的原则有出入。此外，他认为一二行的区别既在开合，那么第二行的[ui]就无法与第一行的舌尖元音相配。因此，他把"妻子四日"四字的韵母拟成[əi]。

我们赞同陆志韦的意见。如果按照竺家宁的构拟，音系中通常最普遍的三个基本元音[i]、[a]、[u]，就少了一个。即便如他所解释的，

---

①　周祖谟：《宋代汴洛语音考》，《问学集》，中华书局1966年版，第602页。

"［əi］韵母中的央元音是个弱元音"，① 放入《地音图》中，也难以说通。因为从音图中收闭两位等字看，其主元音显然是［i］不可能是［əi］。而且在唐宋间这些字的语音也不可能经历从［i］到［əi］，再变成［i］的变化。

到南宋时期，支思韵产生的痕迹已经十分明显。② 而《唱和图》中对于相关韵母的安排，也体现出这种变化的迹象，但是否已经产生舌尖元音，还不能肯定。如蒋绍愚（2005）所说："不一定就说止摄精组字的韵母变成了［ʅ］，谨慎一点，如同陆志韦，把主元音拟成［ï］也是可以的。"③我们也拟为［ï］。

至于竺家宁提到的邵图原则与拟音体例问题，我们认为可以把［i］、［ɿ］、［ʅ］或者［i］、［ï］视为同一音位/i/的变体。在古人审音未密时，这一情况更有可能发生。而且《唱和图》也不是对实际语音的精确记录，其中有出于象数因素而作出的人为设置，不宜过于拘泥。如果将之视为一类，那么它们与第二行的［uɛi］作为开合口相配也就可以理解了。

（二）入声变化问题

入声变化问题，既与韵尾有关，又与声调有关。《唱和图》中入声绝大多数承阴声，④ 说明入声韵开始变化，这一点毫无疑问。但其究竟如何，诸家意见不同。

周祖谟（1966）、李荣（1956）都倾向于认为《唱和图》中入声已经失去了辅音韵尾，和阴声字相同。

陆志韦（1988）也认为塞音韵尾开始消失。不过，他又为《唱和图》的入声拟了变成四种入声韵尾，比如［-ɥ］、［-ɦ］即声五的入声"日、骨、德、北"与声四的入声"岳、雀、六、玉"，声一的入声［-ʔ］，再加上保

---

① 竺家宁：《论皇极经世声音唱和图之韵母系统》，《近代音论集》，（台北）学生书局1994年版，第149—150页。

② 参见薛凤生《论支思韵的形成与演进》，《汉语音韵史十讲》，华语教学出版社1999年版，第73—97页。

③ 蒋绍愚：《近代汉语研究概要》，北京大学出版社2005年版，第59页。

④ 《唱和图》中，只有声七入声承阳声，似乎说明［p］尾应该还保存着，不过也可能是出于象数的需要，暂且不论。

留的［-p］，自相矛盾①。［-ɥ］、［ɦ］这两种擦音韵尾和四种入声韵尾的格局，在现代方言中似乎找不到证据。

不过，从宋代其他语音材料看，入声始终还保持着。因此，竺家宁认为入声韵尾并未消失，只是弱化为喉塞音韵尾。

但《唱和图》中如果还保留着喉塞尾［-ʔ］，这样在拟音中就出现了［auʔ］、［iauʔ］、［eiʔ］、［ueiʔ］这类入声韵。雅洪托夫（1986）指出如果入声所承的阴声是二合元音，那么入声尾必然已经消失，不可能出现［auʔ］类型的入声。换言之，入声韵尾应当已经消失，韵母与阴声韵混同，但还保留着一个独立的声调，其总体情形与《中原音韵》相近。②

总之，可能在口语中，入声确实如周祖谟所说"其声调当较短较促"，已经变成了一个促调，或者只是调值与平上去三声不同。但在读书音系统中和某些方言中、人们的观念中，入声仍然与平上去三声截然不同。因此邵雍在设计音类时，既受到口语中已消变入声的影响，又受到观念中入声存在的影响，最后加以折中，就形成了今天我们所看到的面貌。在实际语音中，［-p］也应当不存在，但由于其便为识别、学习，或者读书音中还有保留，邵雍《地音图》中又有全闭的需要，所以设有此类。而从整体音系结构上看，十分特殊。

（三）宕江摄入声问题

声四"孝""霍"两字，实际上代表宕江两摄的入声，包括药铎觉三韵。

宕江两摄的入声，在《切韵》中阳唐、江等阳声韵相配，一般拟作药［iɑk］、铎［ɑk］、觉［ɔk］。到宋代，它们都发生较大变化。在《七音略》《四声等子》（以下简称《等子》）和《切韵指掌图》（以下简称《指掌图》）等韵图中，它们开始兼承阴阳。

在《七音略》中，只有铎药两韵兼承阴阳，即分别与阳唐与豪肴相配，此外所有入声韵都只承阳声韵，罗常培（2004）指出"盖已露入声

---

① 陆志韦：《记〈皇极经世〉的"天声地音"》，《陆志韦近代汉语音韵论集》，商务印书馆 1988 年版，第 38—39 页。

② 参见雅洪托夫《十一世纪的北京语音》，《汉语史论集》，北京大学出版社 1986 年版，第 187—195 页。

兼承阴阳之兆"。① 这说明此时铎药两韵可能已经和阴声的萧豪韵读音十分相近，不然不可能出现这种例外情况。更进一步说，宕江摄入声萧豪韵的读法，也绝不是某一地区所特有的语音，而是存在于共同语中的普遍现象。

《等子》《指掌图》效、摄、各等都有入声和阴声相配，一等配铎，二等配觉，三、四等配药。[-k]尾本来只和宕江摄相配，现在又兼承效摄。唐作藩（1989）认为，这可能反映出[-k]尾演变为喉塞尾，是从铎药两韵开始的。

《天声图》将宕江摄入声只配阴声，较之《七音略》《等子》《指掌图》，变化更大，它反映的现象更接近当时的语音事实。

其音值，周祖谟（1966）拟为[ɔ]、[uɔ]，竺家宁（1994）增加入声韵尾，改为[ɔʔ]、[uɔʔ]。不过，不管怎么构拟，它们与[au][iau]相配，都有与全图体例不够吻合之处。这说明入声的塞音韵尾已经消失，宕江摄入声韵母和阴声韵萧豪相同，可拟为[au]、[iau]。

主要有以下四点考虑：

1. 全图体例

宕江摄入声承效摄字，韵母拟为二合元音，比拟成单元音，与图例显然更为吻合。结合《地音图》来看，宕江摄入声字音五的"朴"、音七的"荤"都列在发行，而发行的字大多主元音是[a]。效摄字也一般列在开行或发行，如音一的"巧"和音三的"爻""貌"都列在发行，音七的"老"、音八的"草""曹"都列在开行。效摄字的韵母无疑是[au]或者[iau]，那么，把与之同处于发行的"朴""荤"两字拟成[au]、[iau]，显然要比拟成[ɔ]、[uɔ]，更符合全图体例。

2. 旁证材料

在宋元时期的《清平山堂话本·快嘴李翠莲记》中，有一段韵文押"闹告乐道灶笑醮泡到告皂闹燥妙弱套调要"。其中，"乐"是铎韵字，"弱"是药韵字，其他都是效摄字，说明[-k]尾字当时已经读同二合元音，而且这是共同语中普遍存在的现象。

---

① 罗常培《〈通志·七音略〉研究》，《罗常培语言学论文集》，商务印书馆 2004 年版，第149 页。

3. 方言证据

在近代官话书面音系中，宕江两摄入声有萧豪和歌戈两种读法。也就是说，它们在舒化后按照不同路径发展，既有读[au]、[iau]的，也有[ɔ]、[uɔ]的。《等子》中铎韵，与唐韵、豪韵相配，又与歌戈两韵相配，应该也是这一现象的曲折反映。在《中原音韵》中这就更为普遍，这些入声字大都歌戈韵、萧豪韵两收。因此，不一定要把《唱和图》中的入声拟成[ɔ]、[uɔ]。

从方言材料看，宕江摄入声类似《中原音韵》的歌戈、萧豪两读的情况，在今河北方言中仍十分普遍。以"岳"字（三山五岳）为例，[①]河北绝大多数地区都存在文白两读，白读为复合韵母[iau]，另一条演变路径是变成[uɒi]，进一步简化为[ci]，这样就与歌戈的读音相近。

"霍"字，在存在入声的方言中韵母多为[ʂɔʔ]，在非入声方言中韵母多为[ɔ]或[uɔ]。这可能是由于"霍"是合口字，而[uau]这类读音无法成立，因此多变成[uɔ]，进而简化为[ɔ]。在河北方言中，也有某些字没有文白两读的情况。以定兴方言为例，其中有两读的绝大多数是开口字，没有又读的大多是合口字，而且多读[ɔ]或[uɔ]，[②]可能是"霍"字的情况与此相似，暂且按照开口的读法拟为[xau]。

4. 音理分析

竺家宁（1994）拟成[ɔʔ]、[uɔʔ]，在周祖谟的基础上又加上喉塞尾，可能是认为如果北宋时期入声就消失可能过早了。不过沈钟伟（2006）指出，含有元音韵尾的复合韵母和塞音韵尾不能并存，也就是说不可能存在[auʔ]、[iauʔ]这类的读法。

而且入声韵尾消失，并不代表入声不再独立，可能它还是一个独立的调类。再者，在当时口语中入声的情况可能还比较复杂，不一定都是《唱和图》所反映的情况，但不能因此就得出不合实际的结论。

在北宋汴洛方言中，宕江两摄入声的塞音韵尾可能已经失去，韵母读同二合元音，因此才与纯粹的二合元音相承，可拟为[au]、[iau]。

还要补充的是，铎、药、觉入声萧豪韵的读法，也不是汴洛方言叠加

---

① 参见刘淑学《中古入声字在河北方言中的读音研究》，河北大学出版社 2003 年版，第 182 页。

② 参见陈淑静、许建中《定兴方言》，方志出版社 1997 年版，第 55—57 页。

到幽燕方言而产生的，而是早期汉语共同语中的音变现象。① 正如耿军（2013）指出的："产生［au］或［o］这样的异读，是系统内部调整后的又读，也可以说是入声演变消失过程中语音自然选择的结果，不是其他方音的叠置。"②

总之，《唱和图》的总体音韵格局，是以汴洛语音为代表的通语音系。这一通语音系所具有的基本特征，也是当时河南北部、河北南部一带的北方话所共有的。《唱和图》是宋代北音一系的代表。与《切韵》系韵书相比，其语音格局发生了巨大转变。

但由于《唱和图》是邵雍在先天象数学的指导下制作的，其突出特点就是每音必分四片。邵雍为了使《唱和图》能合乎其理论体系，人为设置了不少虚位，都应该不是实际语音的反映。

参考文献

1. 陈淑静、许建中：《定兴方言》，方志出版社 1997 年版。

2. 冯蒸：《北宋邵雍方言次浊上声归清类现象试释》，《北京师院学报》（社会科学版）1987 年第 1 期。

3. 冯蒸：《汉语音韵学论文集》，首都师范大学出版社 1997 年版。

4. 耿军：《元代汉语音系研究》，中国出版传媒股份有限公司、中国对外翻译出版有限公司 2013 年版。

5. 贺巍：《洛阳方言研究》，社会科学文献出版社 1993 年版。

6. 蒋冀骋：《近代汉语音韵研究》，湖南师范大学出版社 1997 年版。

7. 蒋绍愚：《近代汉语研究概要》，北京大学出版社 2005 年版。

8. 李荣：《切韵音系》，科学出版社 1956 年版。

9. 李新魁：《汉语等韵学》，中华书局 1983 年版。

10. 刘淑学：《中古入声字在河北方言中的读音研究》，河北大学出版社 2003 年版。

11. 陆志韦：《记邵雍〈皇极经世〉的"天声地音"》，《燕京学报》

---

① 参见张玉来《〈中原音韵〉的史实及其音系结构》，未刊稿，第 67 页。

② 耿军：《元代汉语音系研究》，中国出版传媒股份有限公司、中国对外翻译出版有限公司 2013 年版，第 211 页。

第 31 卷，1946 年。

　　12. 陆志韦：《陆志韦近代汉语音韵论集》，商务印书馆 1988 年版。

　　13. 罗常培：《〈通志·七音略〉研究》，《罗常培语言学论文集》，商务印书馆 2004 年版。

　　14. 麦耘：《"浊音清化"分化的语音条件试释》，《语言研究（增刊）》，1998 年。

　　15. 梅祖麟：《说上声》，《梅祖麟语言学论文集》，商务印书馆 2000 年版。

　　16. 宁继福：《中原音韵表稿》，吉林文史出版社 1985 年版。

　　17. 平田昌司：《〈皇极经世·声音倡和图〉与〈切韵指掌图〉》，《东方学报》第 56 册，1984 年。

　　18. 平田昌司：《回望中原夕霭时——失陷汴洛后的"雅音"想象》，《开封：都市想象与文化记忆》，北京大学出版社 2013 年版。

　　19. 平山久雄：《邵雍〈皇极经世·声音倡和图〉的音韵体系》，《东洋文化研究所纪要》第 120 册，1993 年。

　　20. 侍建国：《宋代北方官话与邵雍"天声地音"图》，《中国语言学论丛》第 3 辑，北京语言文化大学出版社 2004 年版。

　　21. 沈小喜：《〈皇极经世·声音倡和图〉声母体系的再构拟》，《语言学论丛》第 49 辑，商务印书馆 2014 年版。

　　22. 沈钟伟：《辽代北方汉语方言的语音特征》，《中国语文》2006 年第 6 期。

　　23. 唐明邦：《邵雍评传》，南京大学出版社 1998 年版。

　　24. 唐作藩：《〈四声等子〉研究》，《语言文字学术论文集》，知识出版社 1989 年版。

　　25. 王洪君：《中原音韵知庄章声母的分合及其在山西方言中的演变》，《语文研究》2007 年第 1 期。

　　26. 薛凤生：《汉语音韵史十讲》，华语教学出版社 1999 年版。

　　27. 许芃：《中古上声字在现代方言中的演变研究》，博士学位论文，陕西师范大学，2009 年。

　　28. 雅洪托夫：《汉语史论集》，北京大学出版社 1986 年版。

　　29. 张玉来：《近代汉语官话韵书音系复杂性成因分析》，《山东师大学报》（社会科学版）1999 年第 1 期。

30. 张玉来：《近代汉语官话语音研究焦点问题》，《近代官话语音研究》，语文出版社 2007 年版。

31. 张玉来：《〈中原音韵〉的史实及其音系结构》，未刊稿 2013 年。

32. 赵荫棠：《等韵源流》，商务印书馆 1957 年版。

33. 周祖谟：《宋代汴洛语音考》，《辅仁学志》第 12 卷 1、2 期合刊，1943 年。

34. 周祖谟：《问学集》，中华书局 1966 年版。

35. 朱晓农：《全浊弛声论》，《语言研究》2010 年第 3 期。

36. 竺家宁：《记〈皇极经世·声音唱和图〉之韵母系统》，《淡江学报》1983 年第 20 期。

37. 竺家宁：《近代音论集》，学生书局 1994 年版。

（本文是在笔者硕士论文《邵雍〈皇极经世·声音唱和图〉的史实及其音系结构》的基础上修改而成。论文写作过程中，得到张玉来老师的悉心指导，谨此致谢。）

高丽藏本慧苑音义的讹、脱、倒问题

黄仁瑄

（华中科技大学中国语言研究所）

摘　要：高丽藏本慧苑《新译大方广佛华严经音义》存在讹、脱、倒等种种文字问题。勘正这些谬失，对发掘、利用其学术价值有着积极的意义。

关键词：慧苑；《新译大方广佛华严经音义》；校勘

盛唐释慧苑《新译大方广佛华严经音义》（下称慧苑音义）约成书于唐玄宗开元二十年（732）前后，凡四万五千余言。慧苑音义成书后即以抄本形式流行于世，八十余年后为慧琳《一切经音义》收录，又一百六十余年后入藏刊行。其后迭经翻刻，流布宇内，形成了错综复杂的版本系列①。不仅如此，在千年流播的过程中，由于种种原因，慧苑音义的文字或漫漶不清，或鲁鱼亥豕。简言之，古籍常见的讹、脱、衍、倒等种种文字问题，慧苑音义中触处皆是，这无疑对正确识读其文本造成了极大的困难和障碍。因此，发现并勘正这些文字问题，对最大程度地发掘、利用其学术价值有着积极的意义。

一　讹②

（1）覃　　《尔雅》曰："覃，延也。"郭璞曰："谓蔓延相波

---

① 参见黄仁瑄（2011：42—46）。

② 此就大体而言，有的材料讹、脱、衍、倒等问题兼有之。材料的排列原则上以在文中出现的先后为序。

及也。"（序，59p. 0481c①）

案："相波及"，慧琳本（57p. 0811b）作"枝及"，② 金藏本（59p. 0425b）作"枝相及"。③ 考《尔雅·释言》"覃，延也"郭璞注（页986上）："谓蔓延相被也。"疑"波"为"被"讹。慧琳音义卷八十四"所覃"注引郭注《尔雅》云（59p. 0071b）："谓蔓延相被及也。"④亦作"相被及"，是其讹误之旁证，宜据改。

　　（2）法界之壃域　　《方言》曰："廓，谓张小使大也。"郑玄注《周礼》曰："壃，犹界也。"《毛诗传》曰："壃，境也。"域，管域也。《说文》："域，封也。"⑤（序，59p. 0482a）

案："管域"，金藏本（59p. 0425b）作"营域"。考《诗·唐风·葛生》"蔹蔓于域"毛传（页366下）："域，营域也。"亦作"营域"。典籍中营、茔常相借用，⑥ 所以"营域"或作"茔域"。《葛生》"蔹蔓于域"朱熹集传（页73）："域，茔域也。"是知丽藏本讹，宜据改。

　　（3）宝叶扶踈　　扶，服无反。《汉书音义》曰："扶踈，分布也。"《说文》曰："扶踈，四布也。"扶字，《玉篇》在木部，经本从才作者，谬也。（卷一，59p. 0482c）

案：例中五"扶"字，皆"枎"之讹，如《说文·木部》（页119上）："枎，枎疏，四布也。从木，夫声。"《玉篇·木部》（页60下）：

---

① 括注中文字表示字目的出处，"p"前数字表示《中华大藏经》的册次，"p."后数字表示页码，字母 a、b、c 表示上、中、下栏。引文文字遵循存真和规范相结合的原则。下同。

② 慧琳本指慧琳《一切经音义》（下称慧琳音义）转录之慧苑音义。

③ 金藏本指赵城金藏收录之慧苑音义。

④ "蔓"字原阙，今据《尔雅》郭璞注补。

⑤ 疑引书误。《玉篇·土部》（页8上）："域，封也。"

⑥《广雅·释丘》"茔，葬地也"王念孙疏证（页300上）："茔，亦营也。"《周礼·春官·肆师》"掌兆中、庙中之禁令"郑玄注"兆，坛茔域"孙诒让正义（页1474）："茔营字通。"

"枎，枎疏，四布也。"皆作"枎"，宜据改。

（4）痴翳常蒙惑　　翳，于计反。《方言》曰："翳，薆也。"《珠丛》曰："薆，蔽也。"《文字集略》曰："翳，目障也。"《公羊传》曰："眼有眸子而无见曰蒙也。"[①] 言痴为惠眼之障蔽，不见真理，故常生疑惑也。翳字又作瞖。[②] 薆音爱也。（卷三，59p.0484a）

案："眼有眸子而无见曰蒙也"，此释前后无据，疑"蒙"为"翳"讹。师古本（页792—793）正作"翳"，可据改。

（5）颇梨色　　正云窣堵致迦。其状少似此方水精，然有赤有白者也。（卷六，59p.0485b）

案："堵"，慧琳本（57p.0819b）作"拔"。考颇梨是梵词sphaṭika的对音，梵音ph慧苑音系一般以滂纽字对译（黄仁瑄，2011：275—276），拔读滂纽，正合此例，知"堵"字讹，宜据改。[③]

（6）般涅槃　　具云般利菩提那。谓般利，普也，究竟也；涅，出离也；槃那，烦恼结也。言诸烦恼结普究竟出离也。（卷七，59p.0485c）

案："菩提"，慧琳本（57p.0819b）作"涅盘"，金藏本（59p.0429a）作"涅槃"，据文意，金藏本是，宜据改作"涅槃"。般涅槃是梵词parinirvāṇa的对音。

---

① 疑引书误。《诗·大雅·灵台》"蒙瞍奏公"毛传（页525中）："有眸子而无见曰蒙。"《玉篇·目部》"蒙"字下引《诗》云："蒙瞍奏公。"传云（页22上）："有眸子而无见曰蒙。"

② "又作"，慧琳本（57p.0816b）作"正宜作"。

③ 玄应《大唐众经音义》（下称玄应音义）凡四释"颇梨"，皆以"塞颇胝迦"（卷二"颇梨"注（320016A）、卷六"颇梨"注（320080A—0080B）、卷二十二"颇胝"注（320288A））为正译，或以"娑破致迦"（卷二十四"颇胝迦"注（320320B））为其或译，颇、破皆读滂纽，对译梵音ph，可为据改之旁证。

　　（7）币字之形　　今按梵本，①币字乃是德者之相，元非字也。然经中据汉本惣一十七字同呼为万，依梵文有一十八相，即八种相中四种相也，谓室利靺瑳、难提迦物多、塞啭悉底迦、本囊伽咤，又有钵特柁、斫讫罗、跋折罗等三相，虽于《花严》《回向》二品中有，以其可识无谬，故此不列在数。又有盘句奢相，此经惣无，故亦不列。其一十七相既非万字②，又非一色之相，今显异异同，谓第八卷有一室利靺瑳相，③第九卷有三相：初难提迦物多，次室利靺瑳，后亦室利靺瑳。第二十三有一相，谓塞啭悉底迦，第二十七有五种相：初室利靺瑳，次塞啭悉底迦，次难提迦物多，次室利靺瑳，后难提迦物多。第四十八有三相：一塞转悉底迦相，二室利靺瑳，三室利靺瑳。第五十七、五十八、六十三、六十五等中各有一室利靺瑳相。若谨依梵本，惣有二十八相，具显如《刊定记》说也。（卷八，59p.0486a—0486b）

　　案：此例文字问题较多，逐一言之如次：（1）两"币"字，慧琳本（57p.0821a）作"卐"。慧琳本是，宜据改。④　（2）"经中"，慧琳本（57p.0821a）作"经中上下"，金藏本（59p.0429b—04029c）作"经中上"，丽藏本脱"上下"二字，宜据补。（3）"一十八"，今据慧琳本（57p.0821a）、金藏本（59p.0429b—04029c）作"二十八"，丽藏本误，宜据改。（4）"塞啭悉底迦"，慧琳本（57p.0821a）作"塞嚩悉底迦"，其参差在啭、嚩的不同。考塞嚩悉底迦是梵词 svastika 的对音，梵音 v 慧苑音系一般以并奉纽字对译（黄仁瑄 2011：275—276），嚩读奉纽，正合此例，知丽藏本误，宜据改。例中他处之"啭/转"，慧琳本（57p.0821a）皆作"缚"宜据改作"嚩"。（5）"钵特柁"，慧琳本（57p.0821a）、金藏本（59p.0429b—04029c）作"钵特忙"。考钵特忙是梵词 padma 的对音，梵音 m 慧苑音系一般以明纽字对译，忙读明纽，正

---

① "按"，慧琳本（57p.0821a）作"勘"。

② "万"，慧琳本（57p.0821a）作"万"。

③ "弟"，慧琳本（57p.0821a）作"第"；下同。案：弟，同"第"。《干禄字书·去声》（《汉语大字典》，页3048）："弟、第，次弟字。上俗，下正。"

④ 卐，佛三十二相之一，意为吉祥。

合此例，知丽藏本误，宜据改。（6）"花藏"，慧琳本（57p.0821a）作"华严"，丽藏本"藏"字误，宜据改。（7）"异异同"，慧琳本（57p.0821a）作"异同"，丽藏本衍一"异"字，宜据删。

（8）城郭　　《风俗通》曰："城之为言成，郭之为言廓。"谓宽廓㽎受者。① （卷九，59p.0486b）

案："成"，慧琳本（57p.0821b）作"盛"，宜据文意改作"㽎"。㽎，同"盛"。《水经注》卷二引《风俗通》曰（涵芬楼景印本）："城，盛也。"《释名·释宫室》（页1523下）："城，盛也，盛受国都也。"《说文·土部》（页288上）："城，以盛民也。"《广韵·清韵》引崔豹《古今注》云（页191）："城者，盛也，所以盛受民物也。"皆作"盛"，理据甚明，可为据之旁证改。

（9）酸楚　　酸，苏官反。《说文》曰："酸，醋也。"② 按③楚犹断也。谓身受剧苦疼痛不可触近，犹齿之酸断不可以近物也。或曰：酸犹于酸，疼也。楚，荆杖也。言被杖疼痛也。又曰：酸伤于骨，楚犹齿断。言受重苦，彻骨疼痛，不可触近也。④ （卷十，59p.0487a）

案：例中三"断"字，金藏本（59p.0430b）皆作"齭"。考《说文·齿部》（页45下）："齭，齿伤酢也。……读若楚。"《玉篇·齿部》（页28上）："齼，齿伤醋也。齭，同齼。"知"断"字讹，宜据改。又："酸犹于酸"之"于"字衍⑤。《释名·释疾病》"酸，逊也"王先谦疏证补引吴翊寅曰（页1556上）："酸即酸之叚借字。"《广雅·释诂二》"酸，通也"王念孙疏证（页49上—49下）："酸，字通作酸。"是其证。

---

① "㽎受者"，慧琳本（57p.0821b）作"盛受者也"。

② "醋"，慧琳本（57p.0822b）作"酢"。

③ "按"字慧琳本（57p.0822b）无。

④ "也"，慧琳本（57p.0822b）作"之"。

⑤ 参见徐时仪（2012：872注[三五]；2008：872注[三五]）。

（10）巾驭汝宝乘　驭，鱼据反。乘，食证反。《晋书·舆服志》曰：“《周礼》巾车大赤以朝，大自以成。”按：[①] 巾谓饰也。郑玄注《周礼》曰：“巾，犹衣也。”音于记反。谓以缯彩衣带有车也。《广雅》曰：“驭，驾也。”（卷十一，59p.0487b）

案：（1）“大自以成”之“成”，《晋书》《周礼》皆作“戎”。《晋书·舆服志》（页752）：“《周礼》，巾车氏建大赤以朝，大白以戎。”《周礼·春官·御史》（页822下—823中）：“（巾车氏）王之五路：……象路，……建大赤以朝，异姓以封。革路，……建大白以即戎，以封四卫。”知“成”字讹，宜据改。（2）“音于记反”，慧琳本（57p.0823b）作“衣音于记反”，丽藏本宜补一“衣”字。宜据改。（3）“有车”之“有”，慧琳本（57p.0823b）作“于”，“有”字误，宜据改。

（11）或名性超迈　迈，莫芥反。按：[②] 梵本云遏底讫烂陁塞啅皤婆。言遏底讫烂陁者，超过；塞啅，自也；皤婆，性也。谓自躰性超过也。[③]《说文》云：“迈，远行也。”远即过远也。（卷十二，59p.0487c）

案：两“啅”字，慧琳本（57p.0824a—0824b）、金藏本（59p.0431a）皆作“嚩”。丽藏本讹，宜据改。

（12）戈铤剑戟　戈，古禾反。铤，市连反。《小雅》曰：“戈，剑戟也。”《说文》曰：“戈，谓平头戟也。”《声类》曰：“铤，铤鏦也。”鏦音窻。[④] 许叔重注《淮南子》曰：“鏦，小矛也。”[⑤]《方言》曰：[⑥]“吴、扬、江淮、南楚之间谓矛为铤。”按《论语图》：[⑦]

---

① “按”，慧琳本（57p.0823b）作“案”。
② “按”，慧琳本（57p.0824a—0824b）作“案”。
③ “躰”，慧琳本（57p.0824a—0824b）作“體”。
④ “窻”，金藏本（59p.0433c）作“忩”。
⑤ “也”字慧琳本（57p.0830a）无。
⑥ “曰”字慧琳本（57p.0830a）无。
⑦ “按”，慧琳本（57p.0830a）作“案”。

"戈形旁出一刃也，戟形旁出两尸也。"①（卷十五，59p.0490b）

案：（1）"剑戟"，慧琳本（57p.0830a）作"钩戟"，"剑戟"误，宜据改。《小尔雅·广器》（集释本，页296）："戈，句孑戟也。"《诗·大雅·公刘》"干戈戚扬"郑玄笺（页541下）："戈，句孑戟也。"《礼记·曲礼上》"进戈者前其镈，后其刃"孔颖达疏（页1244上—1244下）："戈，钩孑戟也。"或言"句孑戟"，或言"钩孑戟"，跟慧琳本表意相同，可为据改之旁证。（2）"尸"，慧琳本（57p.0830a）、金藏本（59p.0433c）作"刃"，"刃"字是。

（13）须臾　　《玉篇》曰："须臾，俄顷之间也。"《俱舍论》②："百二十刹那为一怛刹那量，六十怛刹那为一腊缚，③三十腊缚为一须臾，三十须臾为一昼夜也。"（卷十五，59p.0490b）

案："腊缚"，慧琳本（57p.0830b）、金藏本（59p.0433c）同，宜据文意改作"腊嚩"。

（14）特垂矜念　　《汉书集注》曰："特，独也。"《毛诗传》曰："矜，怜也。"谓偏独忧怜也。（卷二十一，59p.0493a）

案：两"矜"字，宜据文意改作"矜"。《方言》卷一（页1237下）："矜，哀也。齐鲁之间曰矜。"《诗·小雅·鸿雁》"爰及矜人"毛传（页431中）："矜，怜也。"皆作"矜"，可为据改之证。

（15）我慢原阜　　阜，扶九反。《迩雅》曰："高厚广平曰陆，大陆曰阜。"按：④陆即原也。（卷三十五，59p.0496b）

---

① "两刃也"之"也"字慧琳本（57p.0830a）无。
② "俱舍论"，慧琳本（57p.0830b）、金藏本（59p.0433c）作"俱舍论云"。
③ "嚩"，慧琳本（57p.0830b）、金藏本（59p.0433c）作"缚"。
④ "按"，慧琳本（57p.0845a）作"案"。

案："高厚广平"表意生涩。考慧琳音义卷二十二转录之慧苑音义"不处于陆"注引《毛诗传》曰（57p.0848a）："高原广平曰陆。"疑"厚"为"原"讹，当据改。又考慧苑音义凡二引《尔雅》释"阜"，除此例外，慧琳音义卷二十三"坑坎堆阜"注引《尔雅》曰（57p.0874b）："高平曰陆，大陆曰阜。"参详文意，疑此例引文有讹脱，宜据《尔雅》补、正作："广平曰原，高平曰陆，大陆曰阜。"①

（16）一俱卢舍　依《毗昙》中，一尺五寸为一肘，四肘为一弓，三百弓为一里，四里为一俱卢合，准计一里二百六十步，则一俱卢舍有一千四百四十步也。依《俱舍论》第十二云："分拆诸色至一极微，② 故一极微为色，七极微为一微量，积微至七为一金尘，七金尘为一水尘量，水积七为一兔毛尘，积七兔毛尘为一羊毛尘量，积羊毛尘七为一牛毛尘，积七牛毛尘为隙游尘量，隙尘七为一虮，七虮为一虱，七虱为穬麦，七麦为一指节，二十四指横布为肘，竖四肘为弓，竖积五百弓为一俱卢舍，即是从村至阿练若中间量者也。"③（卷四十一，59p.0498a）

案：此例文字问题较多，逐一言之如次：④（1）"俱卢合"之"合"，慧琳本（57p.0848a—0848b）、金藏本（59p.0456a）作"舍"，"合"字讹，宜据改。俱卢舍是梵词krośa的对音。（2）"二百六十步"，金藏本（59p.0456a）作"三百六十步"，"二"字讹，宜据改。（3）"为色"，慧

---

① 《尔雅·释地》（页1098下）："下湿曰隰，大野曰平，广平曰原，高平曰陆，大陆曰阜，大阜曰陵，大陵曰阿。""高原广平"，今本作"高平"。
② "拆"，慧琳本（57p.0848a—0848b）作"析"。
③ "者也"二字慧琳本无。
④ 参见《阿毗达磨俱舍论》卷第十二："论曰：'分析诸色至一极微，故一极微为色极少。'""论曰：'极微为初，指节为后，应知后后皆七倍增。谓七极微为一微量，积微至七为一金尘，积七金尘为水尘量，水尘积至七为一兔毛尘，积七兔毛尘为羊毛尘量，积羊毛尘七为一牛毛尘，积七牛毛尘为隙游尘量，隙尘七为虮，七虮为一虱，七虱为穬麦，七麦为指节，三节为一指，世所极成，是故于颂中不别分别。二十四指横布为肘，竖积四肘为弓。谓寻。竖积五百弓为一俱卢舍。一俱卢舍许是从村至阿练若中间道量。说八俱卢舍为一踰缮那。如是已说踰缮那等。'"

琳本（57p. 0848a—0848b）"为色边际"。丽藏本脱"边际"二字，宜据补。①（4）"七金尘"，慧琳本（57p. 0848a—0848b）作"积七金尘"。丽藏本脱"积"字，宜据补。（5）"水积"，慧琳本（57p. 0848a—0848b）作"水尘积"。丽藏本脱"尘"字，宜据补。（6）据文意，"隙游尘量"前宜着一"一"字。（7）"为一虮"，慧琳本（57p. 0848a—0848b）作"为一虮量"。丽藏本脱"量"字，宜据补。（8）"七虮为一虱"，慧琳本作"积七虮量为一虱"。丽藏本脱"积、量"二字，宜据补。（9）据文意，"穬麦"前宜着一"一"字。（10）据文意，"七麦"宜作"七穬麦"，丽藏本脱"穬"字。（11）"二十四指横布为肘"文气不接，据普宁藏本、永乐南藏本、径山藏本（《中华大藏经》校记，59p. 0468a），其前尚有"三节为一指"五字，宜据补。（12）"中间量"，慧琳本作"中间道量"。丽藏本脱"道"字，宜据补。

（17）熙怡微笑　　熙，许基反。怡，与脂反。《方言》：②"湘潭之间谓喜曰熙怡，或曰纷怡。"《说文》曰："熙，悦也。"③怡，和也。谓容皃和悦也。④熙字又作熙也。⑤（卷四十八，59p. 0499c）

案："又作熙"之"熙"，慧琳本（57p. 0853a）作"嫼"。"熙"字讹，宜据改。《正字通·女部》（页 248 上）："嫼，俗嫼字。"《左传·襄公十年》"因公子之徒以作乱"，杜预注"子驷所杀公子嫼等之党"陆德明释文（页1014）："（嫼，）本亦作熙。"《方言》卷十"纷怡，喜也。湘潭之间或曰熙已"钱绎笺疏（页 1377 下）："熙、嫼、熙并字异义同。"《说文·女部》"嫼，说乐也"段玉裁注（页 620 上）："按：《老子》《史记》'天下熙熙'字，皆当为'嫼嫼'。今熙行而嫼废矣。"可为据改之旁证。

---

① "边际"，普宁藏本、永乐南藏本、径山藏本（中华大藏经 59p. 0468a）作"极少"。

② "方言"，慧琳本（57p. 0853a）作"方言曰"。

③ "熙"，《说文》作"僖"。《说文·人部》（页 165 上）："僖，乐也。从人，喜声。"

④ "皃"，慧琳本（57p. 0853a）作"貌"。

⑤ "也"字慧琳本（57p. 0853a）无。

（18）或以妙义授非其人　　颜注《萧望之传》曰："将非其人者，言不才之才也。"谓有器量者也。①（卷五十八，59p.0501c）

案："不才之才"，慧琳本（57p.0858b—0859a）作"不才之人"。考《汉书·陈胜项籍传》"将非其人，不可"颜师古注（页1798）："言以不材之人为将，不可求胜也。"表意与此例同，知丽藏本讹，宜据改。

（19）颦蹙不喜　　颦，脾仁反。蹙，子六反。《玉篇》曰："颦蹙，谓忧愁不乐之状也。"贾注《国语》曰："频，迹也。"②《毛诗传》曰："蹙，促也。"言人有忧愁则皱撮，眉、额、鼻、目皆相促近也。又案《说文》："渡水向岸，水文蘱皱，亦谓之颦蹙。"然愁忧之频，频下着卑，今从省之不用也。经本有更安口者③，俗也④。（卷五十八，59p.0501c）

案：此例文字问题较多，逐一言之如次：（1）"颦蹙不喜"之"颦""颦脾仁反"之"颦"和"颦蹙谓忧愁"之"颦"，宜据文意改作"频"。（2）"迹"，慧琳本（57p.0859a）、金藏本（59p.0460a）作"近"。丽藏本讹，宜据改。《广雅·释诂三》（页105上）："频，比也。"《小学搜佚·切韵》（《故训汇纂》，页2499）："频，近也。"庶几可为据改之旁证。（3）"亦谓之颦蹙"，慧琳本（57p.0859a）作"亦为之频蹙"。"颦"宜改作"频"。（4）"愁忧之频"，慧琳本（57p.0859a）作"忧愁之频"。详文意，"频"宜改作"颦"。

（20）伺其过失　　伺，相吏反。郑玄注《周礼》曰："伺，犹察也。"《玉篇》曰："伺，候也。"《方言》曰："伺，视也。自关而北凡窃相视谓之伺也。"（卷五十八，59p.0501c）

---

① "谓"前慧琳本（57p.0858b—0859a）有一"才"字。

② "也"字慧琳本（57p.0859a）无。

③ "更"，慧琳本（57p.0859a）作"傍"。

④ "也"字慧琳本（57p.0859a）无。

案："自关而北"之"关"，今本作"江。"《方言》卷十（页1379下）："伺，视也。凡相窃相视南楚谓之窥，……自江而北或谓之觇。凡相候谓之占。占犹瞻也。"丽藏本讹，宜据改。慧琳音义卷二十"伺求"注引《方言》（57p.0800a）："自江而北谓相窃礼为伺。"① 亦作"江"，可为据改之旁证。

（21）宴然　　宴，于见反。《汉书音义》曰："宴，安居也。"嘿，静也。（卷五十九，59p.0502a）

案："宴然"之"然""嘿，静也"之"嘿"，慧琳本（57p.0860a—0860b）皆作"默"。丽藏本讹，宜据改。"宴默"见《新译大方广佛华严经》卷第五十九："或天女围绕，或时独宴默。"

（22）危楼迥带　　迥，胡项反。郑注《礼记》云："危，高也。"《迩雅》曰："迥，远也。"言高楼险绝似空中之远封者也。②（卷六十，59p.0502b）

案："远封"之"封"，慧琳本（57p.0861a）作"卦"，金藏本（59p.0460c）作"挂"。详文意，疑当作"挂"。

（23）辔勒　　辔，鄙媚反。《说文》谓曰："勒谓马头鑣衔。"③（卷六十二，59p.0503a）

案："鑣"，慧琳本（57p.0863a）作"镳"。《玉篇·革部》（页123上）："勒，马镳衔也。"慧琳音义卷八"辔勒"注引《说文》（57p.0537a）："勒，马头络镳衔也。"④ 卷七十四"羁勒"注引《说文》

---

① "相窃礼"之"礼"为"视"讹。《方言》卷十（页1379下）："伺，视也。凡相窃相视南楚谓之窥，……自江而北或谓之觇。凡相候谓之占。占犹瞻也。"

② "者"字慧琳本（57p.0861a）无。

③ "衔"，慧琳本（57p.0863a）作"衔也"。

④ 《说文·革部》（页61下）："勒，马头络衔也。"

（58p. 0943b）：“勒，马镳衔也。”又：卷十转录之玄应音义“辔勒”注引《声类》（57p. 0580a）：“勒，马头镳衔也。”卷四十六转录之玄应音义“辔勒”注（58p. 0322a）：“勒，马头𧥛衔也。”卷六十四转录之玄应音义“辔勒”注（58p. 0744b）：“勒，马镳衔也。”皆作“镳”。《说文·金部》（页298上）：“镳，马衔也。……𧥛，镳或从角。”知丽藏本、慧琳本皆讹，宜据改。

　　　　（24）藤罗所罥　　藤，但登反。①　罥，古泫反。《切韵》称：“卦也。”藤性缘物自织成罗也。（卷六十八，59p. 0505c）

　　案：“卦”，疑当作“挂”。挂，即“掛”。《广韵·卦韵》（页383）：“挂”，“掛”的俗字。《玉篇·网部》（页76下）：“罥，挂也。”《广韵·铣韵》（页290）：“罥，挂也。”庶几可为其证。

　　　　（25）盗塔寺物　　塔，具云窣堵波。谓置佛舍利处也。寺名。依梵本中呼为鞞诃罗。此云游，谓众生共游止之所也。《三苍》曰：“寺，馆舍也。”馆舍与游义称相近耳。又《风俗通》曰：“寺，司也。匡之有法度者也。”今诸侯所止皆曰寺也。《释名》曰：“寺，嗣也。治事者相继嗣于内也。”今若以义立名，则佛弟子助佛扬化，住持正法，同后三说；若直据梵本敌对而翻，则如初释也。（卷六十八，59p. 0505c）

　　案：“匡之有法度”，玄应音义引作“廷之有法度”，其参差在匡、廷的不同。玄应音义卷十四“寺庙”注引《风俗通》曰（32p. 0194A—0194）：“寺，司也。廷之有法度者也。”又考《说文·寸部》（页67上）：“寺，廷也，有法度者也。”亦作“廷”。是知丽藏本讹，宜据改。

　　　　（26）囹圄　　囹，历丁反。圄，鱼举反。郑注《礼》曰：“囹圄，所以禁守系者，若今之刑狱也。”《说文》曰：“囹圄，谓之狱名也。”（卷七十三，59p. 0506c）

---

① “但登反”，慧琳本（57p. 0870b）作“徒登反”。

案：（1）"刑狱"，慧琳本（57p.0873b）作"别狱"。考《礼记·月令》"省囹圄"郑玄注（页1361中）："囹圄，所以禁守系者，若今别狱矣。"亦作"别狱"，知丽藏本讹，宜据改。（2）"谓之"，慧琳本作"谓周之"。考《汉书·礼乐志》"囹圄空虚"颜师古注引应劭曰（页1029—1030）："囹圄，周狱名也。"知丽藏本脱一"周"字，宜据补。

（27）膑割　　膑，蒲忍、扶忍二反。《大戴礼》曰："人生暮而膑生，然后行也。"《说文》曰："膑，膝骨也。"①《《尚书大传》曰："夫关梁逾城郭而略盗者，其刑膑。"顾野王曰："谓断足之刑。"即《吕刑》之剕，《周礼》之刖类也。字从骨。经本从月作者，俗也。②（卷七十三，59p.0506c）

案：（1）"暮而膑生"，今本作"期而生膑"。《大戴礼记·本命》（页251）："人生而不具者五，……期而生膑，然后能行。"又考《玉篇·骨部》（页34下）："髌，膝端也。《大戴礼》曰：'人生朞而髌。'"亦作"朞"③。是知丽藏本讹，宜据改作"朞"④。（2）"决"，原作"夫关梁"之"夫"，慧琳本（57p.0873b—0874a）、金藏本（59p.0465a）作"决"。《册府元龟》卷六百九《刑法部》"司刑掌五刑之法"注引《书传》曰（1879上）："决关梁逾城廓而略盗者，其刑膑。"亦作"决"，知丽藏本讹，宜据改。（3）"则类"之"则"，金藏本（59p.0465a）作"刖"。《周礼·秋官·司刑》（页880中）："掌五刑之法，以丽万民之罪。……刖罪五百，杀罪五百。"亦作"刖"，知丽藏本讹，宜据改。（4）"字从骨"，慧琳本（57p.0873b—0874a）作"字宜从骨"。详文意，丽藏本脱"宜"字，当据补。

---

① 膑，《说文》作"髌"。《说文·骨部》（页86下）："髌，厀端也。从骨，宾声。""膝骨"，今本作"厀端"。

② "也"字慧琳本（57p.0873b—0874a）无。

③ 期，同"朞"。《易·系辞上》"当期之日"陆德明释文（页125）："（期），本又作朞，同。"《左传·文公元年》："先王之正时也，履端于始。"杜预注"期之日三百六十有六日"陆德明释文（页940—941）："期、朞同。"

④ 暮、朞形近致讹。

（28）拘留孙　　具云羯罗迦寸地。此云所应断已断，或障已断也。①（卷七十三，59p. 0506c）

案："地"，慧琳本（57p. 0874a）作"陁"。考拘留孙是梵词 Krakuc-chandha 的对音，梵音 dha 慧苑音系多以定纽歌韵字对译（黄仁瑄，2005：120—123），陁读定纽歌韵，正合此例，知丽藏本讹，宜据改。

（29）园林名岚毗尼　　岚，卢含反。或曰流弥尼。此云乐胜圆。光是昔天女之名，因来此处，遂以其处名耳。（卷七十三，59p. 0507a）

案：（1）"圆"，疑当作"园"。玄应音义卷一"流弥尼"注（32p. 0006a）："亦名岚毗尼。国名也。……即上古守园婢名也，因以名园。"卷十九"岚毗"注（32p. 0253b）："力含反。或言流毗尼，或言林微尼，正言蓝鞚尼。此云盐，即上古守园婢名也，因以名园。"慧琳音义卷二十五再删补之云公音义"林微尼园"注（57p. 0917b）："梵云蓝鞚尼。此云乐胜园。"皆作"园"，是其证。（2）"光是"之"光"，疑是"先"的讹字，宜改。

（30）廓彻心城　　《方言》曰："张小使大谓之廓也。"②《迩雅》曰："廓，大也。"《通俗文》曰："廓，宽也。"《说文》曰："彻，通也。"此中经意谓以理融事小遍法界，故曰张小使大。（卷七十六，59p. 0507c）

案："小遍"不合文意，宜据永乐南藏本、径山藏本（《中华大藏经》校记，59p. 0478c）改作"彻遍"。

（31）钳钀　　钀，尼辄反。《玉篇》曰："钀，谓拔去睫发也。"经本有作钀者，此乃车轴端鐵，非经所用。（卷七十八，59p. 0508b）

---

① "或障已断"四字慧琳本（57p. 0874a）无。
② "也"字慧琳本（57p. 0876a—0876b）无。

案："经本有作鉏"之"鉏"，慧琳本（57p.0879a）作"镊"。考后文有"车轴端铁"一语，《说文·金部》（页 297 下）："鐗，车轴铁也。"《释名·释车》（页 1549 下）："锏，间也。閒釭轴之间，使不相摩也。"丽藏本、慧琳本皆讹，宜据改作"鐗"。

二　脱

（32）滋荣　　《韵圃》称："滋，润也。"《释名》曰："荣荣然照明之皃。"言其光润者也。（卷三，59p.0484a）

案："荣荣"，慧琳本（57p.0816a—0816b）作"荣犹荣荣"。考《释名·释言语》（页 1502 下）："荣，犹荧也，荧荧照明貌也。"揣摩文意，丽藏本、慧琳本皆误，宜据《释名》改、补作"荣犹荧也荧荧"，庶几文从字顺。

（33）大名闻　　闻，无运反。《珠丛》："声谓名声。"复有此言，准释之也。①（卷三，59p.0484b）

案："声谓名声"表意突兀。考"声谓"前慧琳本（57p.0816b）着"闻谓声所至也"六字，文气顺畅，知丽藏本脱之，宜据补。又："复"，慧琳本（57p.0816b）作"后"，"后"字表意为上，可据改。

（34）其声所暨　　暨，渠肆反②。杜注《左传》曰："暨，及也。"（卷三，59p.0484b）

案："暨及也"出处不详。考慧琳音义凡十八释"暨"，其中引《左传》及其杜预计八次，除此例外，皆引释"暨"为"至也"，而此后三例都在引杜注后再引他书释"暨"为"及也"。慧琳音义卷八十三"暨乎"

① "之"字慧琳本（57p.0816b）无。
② "渠肆反"，慧琳本（57p.0816b）作"渠冀反"。

注（59p. 0058a）："奇冀反。杜注《左传》：[①] '暨，至也。'《尔雅》亦及也。" 卷八十八 "暨乃" 注（59p. 0133a）："上音洎，下音乃。杜注《左传》：'至也。'《韵英》云：'及也。'" 卷八十九 "暨于" 注（59p. 0253a）："其冀反。杜注《左传》云：'暨，至也。'《字书》：'及也。'" 或引《尔雅》，或引《韵英》，或引《字书》，知此例 "及也" 前或脱 "至也字书" 四字，宜据补。

（35）暨罗跋那　　暨者，具云暨湿弗罗跋，此云自在也；罗跋那者，大声也。谓佛号大自在声。[②]（卷十二，59p. 0487c）

案："暨者"，疑当作 "暨罗者"，丽藏本脱一 "罗" 者。又："暨湿弗罗跋"，慧琳本（57p. 0824a）作 "暨湿弗罗"；"罗跋那者"，慧琳本作 "跋那者"。考暨罗跋那是梵词 īśvaravāna，慧苑译暨湿弗罗跋那，则丽藏本 "弗罗跋" 之 "跋" 字和 "罗跋那者" 之 "罗" 字衍，宜据删。

（36）修臂　　修，相由反。按《玉篇》，[③] 修饰、修长皆从攸、彡，脩脯从肉。今有以脯脩为饰长之用者，并谬。修、修同从。（卷十二，59p. 0487c）

案：（1）"修饰、修长"，径山藏本（《中华大藏经》校记，59p. 0446c）作 "修饰、修长之修"，详文意，丽藏本脱 "之修" 二字，宜据补。《说文·彡部》（页 185 上）："修，饰也。从彡，攸声。"（2）"脩脯从肉"，慧琳本（57p. 0824a）作 "脩脯之脩从肉"，丽藏本脱 "之脩" 二字，宜据补。径山藏本（《中华大藏经》校记，59p. 0446c）亦着 "之脩" 二字，可为据补之旁证。（3）"脯脩为饰长"，径山藏本（《中华大藏经》校记，59p. 0446c）作 "脩长之脩为修饰之修"，前者表意晦涩，后者表意明白，详文意，疑当作 "脯脩之脩为修饰修长之脩"。丽藏本脱 "之脩" 和 "修、修、之修" 六字，宜据补。（4）"修修同从" 之 "修

---

① "左" 字原阙，今据文意补。
② "声"，慧琳本（57p. 0824a）作 "声也"。
③ "按"，慧琳本（57p. 0824a）作 "案"。

修"，慧琳本（57p. 0824a）作"脩修同从也"，金藏本（59p. 0431a）作"修修同从彳彳"，径山藏本（《中华大藏经》校记，59p. 0446c）作"今经文宜从脩也"。考《说文·肉部》（页89上）："脩，脯也。从肉，攸声。"《彡部》（页185上）："修，饰也。从彡，攸声。"今据改、补作"脩修同从攸也"。

（37）舩筏　　筏，房越反。《方言》曰："箄谓之篁，篁谓之筏。秦晋通语也。"又按：① 暂缚柴木水中运载者亦曰筏也。筏字又作橃、艜两躰也。②（卷十五，59p. 0490b）

案：《方言》卷九（页1363下）："泭谓之篺，篺谓之筏。筏，秦晋之通语也。江淮家居篺中谓之荇。"据此知，例中"秦晋"前脱一"筏"字，宜据补。又："暂缚柴木水中运载者"表意欠稳。考玄应音义卷十四"筏船"注（32p. 0184B—0184C）："编竹木浮于河以运物者，南土名篺，北人名筏也。"卷十七"是筏"注（32p. 0227C）："谓编竹木浮于河以运物者也。"慧琳音义卷十"筏谕"注引《集训》云（57p. 0594b）："缚竹木浮于水上，或运载，名之为（拨）［橃］。南土吴人或谓之篺，即筏也。"卷十二"缚筏"注引《桂苑珠丛》云（57p. 0625b）："缚竹木浮于水谓之橃。"或言"缚竹木浮于水"，或言"编竹木浮于河"，皆着"浮于"二字，表意分明，知此例脱之，宜据补。

（38）觐谒　　觐，渠悋反。谒，于歇反。《珠丛》曰："觐，谓就见尊老也。"谒，谓启白温清起居之事也。（卷十七，59p. 0492a）

案："谒谓启白温清起居之事也"，慧琳本（57p. 0834a）、金藏本（59p. 0435a—0435b）作"杜注左传曰谒白也谓启白温清起居之事也"。详文意，丽藏本脱"杜注左传曰"和"白也"七字，宜据补。

---

① "按"，慧琳本作（57p. 0830a）作"案"。
② "躰"，慧琳本作（57p. 0830a）作"軆"。

（39）躭味　　躭，都含反。按：①《玉篇》《字林》等嗜色为媅，嗜酒曰酖，耳类。媅字作妉。今经本作躭字，时俗共行，未详所出也。（卷十七，59p.0492a）

案："耳类"，慧琳本（57p.0834b）作"耳垂为耽声类"。详文意，丽藏本脱"垂为耽"和"声"四字，宜据补。慧琳音义卷六十八"耽嗜"注（58p.0819b）："《声类》亦作妉、躭、酖，并同。"可为据补之旁证。

（40）暨于法界　　上渠器反②。《珠丛》曰："暨，谓及赖也。"（卷二十，59p.0492c）

案："及赖也"，慧琳本（57p.0836a）作"及也预也"。考慧苑音义"泊乎法界"注（57p.0854b）："正宜作暨。暨，至也。音渠秘反。《珠丛》曰：'暨谓及也。'杜预注《左传》曰：'暨，至也。'经作泊者，误也。"知此例脱字，宜据补作"及也杜预注左传曰暨至也"。③慧琳音义卷八十"爰暨"注（58p.1078b）："下其意反。《尔雅》云：'暨，及也。'孔注《尚书》云：'与也。'杜注《左传》云：'至也。'《说文》：'从旦，既声。'录作泊，非。"行文与此基本相同，可为据旁证补之。

（41）靡所俦　　俦，直由反。《珠丛》曰："俦。"④《玉篇》曰："俦，类也。"（卷二十，59p.0492c）

案："俦"和"玉篇"间疑脱"匹也"二字。慧琳音义卷十二"俦匹"注引《考声》云（57p.0624b）："俦，亦匹也。"卷十六"俦党"注引《韵略》（57p.0726b）："俦，匹也。"卷八十四"之俦"注引《韵略》云（59p.0077a）："俦，匹也，类也。"庶几可为其证。

---

① "按"，慧琳本（57p.0834b）作"案"。
② "上"，慧琳本（57p.0836a）作"暨"。
③ "也杜预"，原作"预也杜"，今据文意已正。详说见"泊于法界"例。
④ "珠丛曰俦"四字慧琳本（57p.0836a）无。

（42）妓侍众女　　妓，奇绮反。《埤苍》曰："妓，美女也。"
以美女为侍谓之妓侍也①。或曰：妓，女乐也。美女为乐，亦云妓
乐。或有作伎者②，音支义反，伤害也。非此所用也。(卷二十八，
59p.0495c）

案："为侍"，慧琳本（57p.0843a）作"以美女为侍"，丽藏本脱
"以美女"三字，宜据补。又：慧苑音义卷上"妓乐"注（59p.0487b）：
"因以美女为乐，谓之妓乐也。"慧琳音义卷二十五再删补之云公音义
"作倡妓乐"注（57p.0909b）："以女为乐故也。"或言"因以"，或言
"以"，知此例"美女为乐"前至少脱一"以"字，宜据补。

（43）羁繫　　羁，寄宜反。王逸注《楚词》曰。生为贪爱等所
系亦然矣。(卷三十八，59p.0497a）

案："生为贪爱等所系亦然矣"，慧琳本（57p.0847a）作"羁谓络马
头也言众生为贪爱等所系亦然矣"。详文意，知此例脱"羁谓络马头也言
众"八字，当据补。《楚辞·离骚》"余虽好修姱以鞿羁兮"王逸注（页
14）："革络头曰羁。"《文选·颜延之〈赭白马赋〉》"服鞿羁兮"李善
注亦引《楚辞》王逸注曰（页206下）："缰在口曰鞿，络在头曰羁。"可
为据补之旁证。

（44）人王都邑　　《左氏传》曰："凡有宗庙先君之主曰都，
无曰邑也。"③《汉书音义》曰："都，城也。"《广疋》曰："都，国
也。"《司马法》曰："大国五百里为都。"《风俗通》曰："天子所居
之城曰都，旧都曰邑也。"④（卷四十七，59p.0499b）

案：《左传·庄公二十八年》（页1782上）："凡邑，有宗庙先君之主

---

① "以美女"三字原阙，今据慧琳本（57p.0843a）补。

② "或"，慧琳本（57p.0843a）作"字或"。

③ "庿"，慧琳本（57p.0852b）作"庙"。

④ "所居"，慧琳本（57p.0852b）作"治居"。

曰都，无曰邑，邑曰筑，筑曰城。"据此，知此例"凡""有"间脱一"邑"字，宜据补。

（45）玩味不忘　　玩字正宜作忨。杜注《左传》曰："忨，贪也。"经本作玩字者，① 误也。案孔安注《书》云："戏弄贪。"忨即受乐之意也。（卷四十八，59p.0499c）

案：（1）"孔安"，慧琳本（57p.0853a）作"孔安国"。丽藏本宜据补一"国"字。（2）"戏弄贪"，慧琳本（57p.0853a）作"玩戏贪弄"。详文意，丽藏本字有脱倒，宜据补正。（3）"忨即受乐"，金藏本（59p.0458a）作"玩即受乐"，慧琳本（57p.0853a）作"忨即是爱乐"。详文意，"忨、受"讹，宜据改作"玩、爱"。

（46）右辅下牙　　《左传》："宫支奇曰：'虞，虢之表也。犹辅车相依，唇亡齿寒。'"杜注曰："辅，颊也；车，牙车也。"又注曰："辅颊，车骨。"②（卷四十八，59p.0499c）

案：（1）"虞，虢"，狮谷本（页859）作"虞，虢"。考《左传·僖公五年》（页1795中）："宫之奇谏曰：'虢，虞之表也。虢亡，虞必从之。晋不可启，寇不可翫。……谚所谓"辅车相依，唇亡齿寒"者，其虞虢之谓也。'"二本皆误，宜据《左传》改、正作"虢，虞"。（2）"颊也"，宜据《左传》杜预注补作"颊辅也"③。

（47）充洽　　洽，侠夹反。④《小雅》曰："充，偹也。"《玉篇》曰："洽，濡。"洽润之也。⑤（卷四十九，59p.0500b）

---

① "字"字慧琳本（57p.0853a）无。
② "车骨"，慧琳本（57p.0853a）作"车骨也"。
③ 《左传·僖公五年》"辅车相依"杜预注（页1795中）："辅，颊辅；车，牙车。"
④ "侠夹反"，慧琳本（57p.0854b）作"咸夹反"。
⑤ "之也"二字慧琳本（57p.0854b）无。

案："也濡沾"，原作"洽"，慧琳本（57p. 0854b）作"也濡沾"。详文意，丽藏本字有脱讹，宜据补、改。

（48）师子频申三昧　　杜注《左传》曰："频，齐名。"申，展也。谓申展四体之拘急，所以解于劳倦，故曰频申也。表此三昧能申展自在，无导法法界，解脱障导拘急劳倦，故喻名耳。此或全是梵言也，①《刊定记》说。（卷六十，59p. 0502b）

案：（1）"齐名"，慧琳本（57p. 0861a）作"急"，普宁藏本、明永乐南藏本、径山藏本（《中华大藏经》校记，59p. 0473a）作"急也"。详文意，丽藏本讹，宜据改作"急也"。（2）"法法"，慧琳本（57p. 0861a）作"法"。丽藏本衍一"法"字，宜据删。（3）"刊定记说"，慧琳本（57p. 0861a）作"如刊定记也"。考慧苑音义卷八"卐字之形"注（59p. 0486a—0486b）："……若谨依梵本，惣有二十八相具显。如《刊定记》说也。"卷九"师子频伸"注（59p. 0486c）："此或全是梵语，如《刊定记》说也。"知两本皆有脱字，宜据补作"如刊定记说也"。

（49）振恤　　振，之刃反。恤，须聿反。郑注《礼》曰：②"振，救也。"又注《周礼》曰："恤，忧贫也。"又云忧恤从心，③恤少从卩。《迩雅》通用。今案诸书，依《说文》从卩为胜。（卷六十，59p. 0502c）

案：（1）"又"，金藏本（59p. 0461a）作"文"，慧琳本（57p. 0862a—0862b）作"振字古体作抵有本作赈赈给之义也恤字说文"。丽藏本字有讹脱，宜据慧琳本改、补。（2）"恤少"之"恤"，宜据《说文》改作"鲜"。《说文·血部》（页105上）："恤，忧也。从血，卩声。一曰鲜少也。"

---

① "也"字慧琳本（57p. 0861a）无。
② "礼"，慧琳本（57p. 0862a）作"礼记"。
③ 《说文·心部》（页219下）："恤，忧也，收也。从心，血声。"

（50）市肆　　崔豹《古今注》曰："肆，陈也。谓陈货鬻物。"（卷六十三，59p.0503c）

案："陈货鬻物"，今本作"所以陈货鬻之物"。《古今注》卷上《都邑》第二（宋刊本）："肆，所以陈货鬻之物也。肆，陈也。"考玄应音义卷二十二"邸肆"注（32p.0288C）："肆，陈也，所以陈货鬻之物于邸也。"慧琳音义卷五十九"市肆"注引《古今注》云（58p.0631a）："肆，陈也。店，置也。肆，所以陈货鬻之物也。店，所以置货鬻之物也。"皆同今本，是知丽藏本脱"所以、之"三字，宜据补。

（51）坦荡自心　　《论语》曰："君子坦荡荡，小人长戚戚。"郑玄曰："坦荡荡，宽广貌；戚，多忧惧也。"（卷六十三，59p.0503c）

案："戚，多忧惧也"之"戚"，今本作"长戚戚"。《论语·述而》"君子坦荡荡，小人长戚戚"何晏集解引郑（玄）曰（页2484中）："坦荡荡，宽广貌；长戚戚，多忧惧。""君子"句邢昺疏："此章言君子小人心貌不同也。坦荡荡，宽广貌；长戚戚，多忧惧也。君子内省不疚，故心貌坦荡荡然宽广也；小人好为咎过，故多忧惧。"亦作"长戚戚"，是知丽藏本脱"长戚"二字，宜据补。

（52）鲜荣　　鲜，新然反。《玉篇》曰："鲜，是明也。"①《释名》曰："荣，犹荣荣然照明之皃也。"（卷六十四，59p.0504a）

案：《释名·释言语》（页1502下）："荣，犹荧也，荧荧照明貌也。"详文意，此例文字有脱讹，宜据补、改"荣荣"作"荧也，荧荧"。

（53）良臣猛将　　将，即亮反。《谥法》曰："小心敬事曰良，顺理习善曰良。"今谓正私存国良，绝谋而后勇曰猛将也。②（卷七

---

① "是"字慧琳本（57p.0866a）无。
② "也"字慧琳本（57p.0872a）无。

十，59p. 0506a）

案："正耘存国良"，慧琳本（57p. 0872a）作"止私存国曰良臣"。详例中"绝谋而后勇曰猛将"一语，知丽藏本字有讹脱，宜据慧琳本补改。

（54）中夭　　中，张仲反。于矫反。孔安注《书》曰："小丧曰夭也。"（卷七十，59p. 0506a）

案：（1）"于矫反"，慧琳本（57p. 0872a）作"夭于矫反"。丽藏本宜据补"夭"字。（2）"孔安""注书"间宜据文意补一"国"字。（3）"小丧"之"小"，慧琳本（57p. 0872a）作"少"。考《释名·释疾病》（页1559下）："少壮而死曰夭，如取物，中夭折也。"此当系《书》孔注之所本，亦作"少"。是知丽藏本讹，宜据改。

（55）众景夺曜　　《说文》曰："景，光也。"曜字又从光也。（卷七十，59p. 0506a）

案："曜字"，慧琳本（57p. 0872a）作"曜照也曜字"。丽藏本脱字，宜据补。

（56）觉悟　　觉，古皂反。① 字又作窜。（卷七十一，59p. 0506b）

案：（1）据文意，"字又作"前宜补一"悟"字。（2）"窜"，慧琳本（57p. 0872b）作"窝"。窜、窝异文。《龙龛手鉴·穴部》（页509）："窝，俗；窜，正。"窜是个楚语词，其意为灶。《广雅·释宫》（页208下）："窜谓之灶。"《玉篇·穴部》（页58下）："窜，《苍颉》云：'楚人呼灶曰窜。'"典籍中亦见窝、窜通用之例。《越绝书·越绝外传记宝剑第十三》（涵芬楼景印之明刊本）："楚王卧而窜，得吴王湛卢之剑。"知

---

① "古皂反"，慧琳本（57p. 0872b）作"古兑反"。

丽藏本讹，宜据改。①

（57）辅弼　　弼，皮笔反。《尚书大传》曰："天子必有四邻：前仪，后丞，左辅，右弼。"② 直立而敢料，广心而从欲，辅善而相承谓之辅，廉洁而切谓之弼。《戴礼》曰："弼者，拂。拂天子之过，常立于左。"③ 洁廉而切直、匡过而谏邪谓之弼也。④ 　（卷八十，59p. 0509a—0509b）

案：此例文字问题较多，逐一言之如次：（1）"直立而敢料"表意未明，宜据文意改、补作"直立而敢断谓之仪"。（2）"广心而从欲"表意未完，宜据文意补作"广心而从欲谓之丞"。（3）"廉洁而切"，慧琳本（57p. 0881a）作"廉洁而切直"。丽藏本宜据补一"直"字。（4）"戴礼"，慧琳本（57p. 0881a）作"大戴礼"。丽藏本宜据补一"大"字。（5）"弼者，拂"，慧琳本（57p. 0881a）作"辅者弼也"。丽藏本表意为上，且"拂"后宜补一"也"字。⑤《大戴礼记·保傅》引《明堂之位》曰（页54）："弼者，拂天子之过者也。常立于右，是召公也。"（6）"左"，慧琳本作"名"，宜据《大戴礼》改作"右"。

三　倒

（58）世尊凝眸　　眸，宣醉反。《易》云："君子以正位凝命。"王弼注曰："凝者，严整之皃。"眸，视也。谓肃然而视也。又

---

① 典籍中悟、寤相通用。《说文·寢部》："寤，寐觉而有言曰寤。"段玉裁注（页347下）："古书多叚寤为悟。"《周礼·春官·占梦》"四曰寤梦"（页808上），《说文·寢部》"寢"字下（页153下）引作"四曰悟寢"。

② 《礼记·文王世子》"设四辅"孔颖达疏引《尚书大传》云（页1407上）："古者天子必有四邻：前曰疑，后曰丞，左曰辅，右曰弼。"

③ "于"，慧琳本（57p. 0881a）作"其"。

④ 《大戴礼记·保傅》引《明堂之位》曰（页54）："絜廉而切直，匡过而谏邪者，谓之弼。""洁廉而切直"五字和"也"字慧琳本（57p. 0881a）无。

⑤ 普宁藏本、明永乐南藏本、径山藏本（中华大藏经校记，59p. 0480c）亦作"弼者拂也"。

《孟子》曰："睟，面色润也。"① 睟然，润也。《玉篇》曰："泽之皃
也。"（卷五，59p. 0485a）

案："睟然润也玉篇曰"，慧琳本（57p. 0818b）作"玉篇曰睟然
润"。考《玉篇·目部》（页22下）："睟，润泽皃。"知丽藏本字有乙
倒，且"润也"之"也"字衍，宜据慧琳本（57p. 0818b）正、删。

（59）芒草箭　　芒草，一名紫杜。西域既自有之，东江亦多此
类。其形似荻，皮重若笋，躰质柔弱，② 不堪劲用也。其正宜作茳
也。③（卷十三，59p. 0489a）

案：（1）"紫杜"，慧琳本（57p. 0827a）作"杜筞"。芒，《尔雅》
作"茳"。《释草》（页1148上）："茳，杜荣。"《说文·艹部》（页19
上）："茳，杜荣也"段玉裁注（页31上）："见《释艹》。……按：《太
平御览》引《杂字解诂》'芒，杜荣'，而芒讹作芸。"《管子·地员》
"山藜苇芒"集校引张佩纶引《尔雅·释草》（页1121）："芒，杜荣。"
皆作"杜荣"，宜据乙改。普宁藏本、永乐南藏、径山藏本皆作"杜荣"
（《中华大藏经》校记，59p. 0448a），可为乙改之旁证。（2）"东江"，慧
琳本（57p. 0827a）作"江东"。"东江"误，宜据乙正。

（60）洎于法界　　洎字正宜作暨。暨音渠秘反。《珠丛》曰：
"暨，谓及预也。"杜注《左传》曰："暨，至也。"经作洎者，谬
也。④（卷四十九，59p. 0500b）

案："暨谓及预也"费解。详文意，疑当作"暨谓及也杜预"，宜据
乙正。

---

① 《孟子·尽心上》"其生色也睟然见于面"赵歧注（页2766上）："睟然，润泽之貌也。"
② "躰"，慧琳本（57p. 0827a）作"體"。
③ "正"，慧琳本（57p. 0827a）作"字"。
④ "谬也"，慧琳本（57p. 0854b）作"误也"。

（61）弧矢剑戟　　弧，户孤反。矢，式耳反。戟，居逆反。
《说文》曰："弧木曰弓。"《考工记》曰："孤，名弧。"谓往多而来
寡也。《易》曰："剡谓之矢。"矢即箭也。戟有三岐，①岐皆两刃，
或中有小子名雄戟，或有两岐名偏戟。②矢字又作夨。（卷五十九，
59p. 0502a）

案：（1）"弧木曰弓"，慧琳本（57p. 0859b—0860a）作"弧，木弓
也"。考《说文·弓部》（页269下）："弧，木弓也。从弓，瓜声。一曰：
往体寡、来体多曰弧。"丽藏本字有乙倒，宜据乙正作"木弓曰弧"。（2）
"孤名弧"，慧琳本（57p. 0859b—0860a）作"弧犹孤"。详文意，丽藏本
字有乙倒，宜据乙正作"弧名孤"。（3）"剡谓之矢"，慧琳本
（57p. 0859b—0860a）作"剡木谓之矢"。考《易·辞系下》（页87中）：
"黄帝、尧、舜垂衣裳而天下治，盖取诸干、坤。……弦木为弧，剡木为
矢，弧矢之利以威天下，盖取诸睽。"丽藏本字有讹脱，宜据改、补作
"剡木谓之矢"。（4）"小子"，疑为"小子"讹。《方言》卷九（页1353
上）："戟，楚谓之孑。"《左传·庄公四年》"授师孑焉"杜预注"扬雄
《方言》'孑者戟也'"孔颖达疏（页1763下—1764上）："《方言》云：
戟谓之孑。郭璞云：取名于钩孑也。戟是击刺之兵，有上刺之刃，又有下
钩之刃，故以钩孑为名也。"皆言"孑"，是其讹错之旁证。（5）"各偏
戟"之"各"，金藏本（59p. 0460b）作"名"。丽藏本误，宜据改。

（62）威光赫弈　　赫，许挌反。弈，移益反。《广雅》曰："赫
赫，威也。"弈弈，明也。赫字又作荥。③弈字，经本亦下着廾者，
簿弈字也。④（卷六十二，59p. 0503a）

案：（1）除"簿弈"之"弈"外，例中"弈"字皆当作"奕"，宜
改。（2）"威也"之"威"，疑当作"明"。《广雅·释训》（页179下）：

①　"岐"，慧琳本（57p. 0859b—0860a）作"枝"；下同。
②　"名"，原作"各"，今据金藏本（59p. 0460b）改。
③　"荥"，原作"燕"，不成字，今据慧琳本（57p. 0863a）改。
④　"簿"，原作"簿"，今据慧琳本（57p. 0863a）改。

"奕奕，明也。"慧苑音义卷上"威光赫奕"注引《广雅》曰（59p.0482c）："赫赫，明也。"慧琳音义卷八"赫奕"注引《广雅》（57p.0536b）："赫赫，明也。"卷三十"赫奕"注引《广雅》云（571040b）："明也。"卷三十七"赫奕"注引《广雅》（58p.0136b）："赫赫，明也。"皆作"明"，是其证。（3）"明也"之"明"，疑当作"盛"。《广雅·释训》（页185下）："奕奕，盛也。"慧苑音义卷上"威光赫奕"注引《广雅》曰（59p.0482c）："奕奕，盛也。"皆作"盛"，是其证。（4）"簿弈"之"簿"，今据慧琳本（57p.0863a）作"簿"。丽藏本讹，宜据改。

（63）讽咏　　郑注《礼》曰："背文诵曰讽也。"（卷七十五，59p.0507b）

案："背文诵曰讽"不辞。考《周礼·春官·大司乐》"以乐语教国子：兴、道、讽、诵、言、语"郑玄注（页787下）："倍文曰讽，以声节之曰诵，发端曰言，答述曰语。"玄应音义"讽诵"注引《周礼注》（32p.0311b）："倍文曰诵，以声节之曰讽。"慧苑音义卷上"讽诵"注引郑玄注《周礼》曰（59p.0490a）："背文曰讽，以声节之曰诵也。"慧琳音义卷四"讽颂"注引《周礼》　　"教国子兴道讽颂"郑玄云（57p.0458a）："背文曰讽，以声节之曰颂。"卷十二"讽诵"注引郑玄注《周礼》云（57p.0622b）："背文曰讽，以声节之曰诵。"卷三十二"讽诵"注引郑注《周礼》云（58p.0049b）："背文曰讽，以声节之曰诵。"卷八十"讽习"注引郑注《周礼》云（58p.1084a—1084b）："背文曰讽。"详文意，知丽藏本字有脱倒，宜据补正作"背文曰讽，以声节之曰诵"。

高丽藏本慧苑音义的文字情况比较复杂，前述种种并非其文字问题的全部，且有不少衍字问题未在此赘列。佛典音义的校勘应遵循内外结合的原则，[①] 慧苑音义的校勘实践再次证明了这一点。

---

① 所谓内，既指佛典音义，也指佛门内其他典籍；所谓外，一指外典，即佛门外典籍，一指外语特别是梵文文献（黄仁瑄2012）。

参考文献

1. (汉)班固撰、(唐)颜师古注：《汉书》，中华书局 1962 年版。

2. (汉)许慎撰、(宋)徐铉校定：《说文解字》（附检字），中华书局 1963 年版。

3. (后汉)袁康：《越绝书》，涵芬楼景印之乌程刘氏嘉业堂藏明刊本。

4. (北魏)郦道元：《水经注》，涵芬楼景印武英殿聚珍版本。

5. (南朝梁)顾野王：《大广益会玉篇》，中华书局 1987 年版。

6. (南朝梁)萧统编、(唐)李善注：《文选》，中华书局 1977 年版。

7. (唐)房玄龄等：《晋书》，中华书局 1974 年版。

8. (唐)释慧琳、(辽)释希麟：《正续一切经音义》（附索引两种），上海古籍出版社 1986 年版。

9. (唐)释玄应：《大唐众经音义》，高丽大藏经本。

10. (辽)释行均编：《龙龛手镜》（高丽本），中华书局 1985 年版。

11. (宋)王钦若等编：《宋本〈册府元龟〉》，中华书局 1989 年版。

12. (宋)朱熹集注：《诗集传》，中华书局 1958 年版。

13. (明)张自烈、(清)廖文英：《正字通》，中国工人出版社 1996 年版。

14. (清)段玉裁：《说文解字注》，上海古籍出版社 1981 年版。

15. (清)郝懿行：《尔雅义疏》，许慎等著《汉小学四种》，巴蜀书社 2001 年版。

16. (清)钱绎：《方言笺疏》，许慎等著《汉小学四种》，巴蜀书社 2001 年版。

17. (清)阮元校刻：《十三经注疏》，中华书局 1980 年版。

18. (清)孙诒让：《周礼正义》，王文锦、陈玉霞点校，中华书局 1987 年版。

19. (清)王念孙：《广雅疏证》，中华书局 2004 年版。

20. (清)王聘珍：《大戴礼记解诂》，中华书局 1983 年版。

21. (清)王先谦：《释名疏证补》，许慎等著《汉小学四种》，巴蜀书社 2001 年版。

22. 迟铎：《小尔雅集释》，中华书局 2008 年版。

23. 汉语大字典编辑委员会：《汉语大字典》（第二版），湖北长江出版集团·崇文书局、四川出版集团·四川辞书出版社 2010 年版。

24. 黄仁瑄：《唐五代佛典音义研究》，中华书局 2011 年版。

25. 黄仁瑄：《慧琳添修之〈妙法莲花经音义〉的讹、倒、衍问题》，《语言研究》2012 年第 2 期。

26. 黎翔凤：《管子校注》，梁运华整理，中华书局 2004 年版。

27. 徐时仪：《一切经音义三种校本合刊》，上海古籍出版社 2008 年版。

28. 徐时仪：《一切经音义三种校本合刊》（修订版），上海古籍出版社 2012 年版。

29. 余迺永校注：《新校互注宋本广韵》（增订本），上海辞书出版社 2008 年版。

30. 《中华大藏经》编辑局编：《中华大藏经》（汉文部分），第五十七册，1993 年。

31. 《中华大藏经》编辑局编：《中华大藏经》（汉文部分），第五十八册，1993 年。

32. 《中华大藏经》编辑局编：《中华大藏经》（汉文部分），第五十九册，1993 年。

33. 宗福邦、陈世铙、萧海波：《故训汇纂》，商务印书馆 2003 年版。

（黄仁瑄，男，苗族，教授，博士，研究方向是汉语史、语料库语言学。通信地址：华中科技大学中国语言研究所。）

《曹刿论战》释疑三则

陈文杰

（南京大学文学院）

摘　要：本文讨论了《曹刿论战》一文中的三个问题。（1）"小信未孚"杜注为"大信"，属于随文释义，并无不妥；而且"孚"也不必讲成动词。（2）庄公被曹刿评价为"忠之属"的原因何在；"小大之狱，虽不能察，必以情"中的"察""情"该怎么训释。（3）"夫战，勇气也"，应该标点为"夫战勇，气也"。

关键词：《曹刿论战》；训诂；标点

《曹刿论战》是一篇脍炙人口的文言文，被选进了中学教材和多种文言读本。这篇文章的标点和注释曾引起学界的广泛讨论，仅笔者所见，相关作品就多达二十余篇。近来籀读之余，我们发现有些问题还值得商榷。今录出其中三则，敬请方家指正。

一　小信未孚，神弗福也

杜预注："孚，大信。"孔颖达正义对其进行了申说："孚亦信耳，以言'小信未孚'，故解孚为大信以形之。"但这个解释后来遭到了反对。清洪亮吉《春秋左传诂》（第241页）："虞翻《易》注：'孚，信也。'按：杜随文生训，故加'大'字。"刘文淇等《春秋左氏传旧注疏证》（第346页）也说："杜注：孚，大信也。随文生训，未安。"他们反对的依据大概是一些传统的训诂材料，除上述虞翻《易》注外，还有《说文·爪部》"孚，一曰信"，《尔雅·释诂上》"孚，信也"，《诗经·大雅·文王》"仪刑文王，万邦作孚"毛传"孚，信也"，《尚书·汤诰》"上天孚佑下民"伪孔传"孚，信也"，《公羊传·僖公十五年》"季氏之孚也"何休注"孚，信也"等：都没说"孚"有"大信"义。

现代学者也多不采信杜注，他们大致有两种做法。一种是彻底抛开旧说，另立新义。王伯祥《春秋左传读本》（第 53 页）释"孚"为"浃洽"，即普遍，形容词；杨伯峻《春秋左传注》（第 182 页）、李维琦等注释本《左传》（第 74 页）认为"孚"借为覆，是遍及义，动词。他们的解释可能受到了记录同一事情的《国语·鲁语上》"祀以独恭，独恭不优"的影响，"优"有充裕、丰饶义，《说文·人部》"优，饶也"，跟遍及、普遍义相通。但"优"有某义，并不能说明"孚"亦有该义，"孚"在其他文献未见有浃洽、普遍义，所以这种说法恐不足取，因为这不符合"语言社会性"原则。

一种是在杜注的基础上稍做变通。徐中舒《左传选》（第 33 页）释为"诚信动人"；李宗侗《左传今注今译》（第 144 页）释为"使……满意"；李梦生《左传今注》（第 72 页）释为"信服"；《汉语大字典》《汉语大词典》均引之以为书证，认为是"为人所信服""使信服"义；日本竹添光鸿《左传会笺》（第 264 页）在否定杜注（孚，"训大信，然此非其义也"）的同时，又提出"孚者，信之达于彼也"：他们都把"孚"字讲成动词。而依杜预注，"孚""信"显然应该都是名词，因为"信"可受形容词"大""小"的修饰。

其实，从现代语言学的角度来看，杜注并没有什么不妥。我们知道，词的词典义具有高度的概括性，它是从大量具体的例子中概括归纳出来的；而词在不同的例子里受所在语境的制约，其意义一般都非常具体，人们对它的解释属于"随文释义"。著名语言学家黄侃把训诂材料分为"说字之训诂"与"解文之训诂"，并在此基础上提出了"小学的训诂贵圆，而经学之训诂贵专"，[①] 其原因恐怕就在于此——虽然对于具体训诂材料的性质和分类我们跟他可能会有不同的认识。具体到"小信未孚，神弗福也"这个句子来说，曹刿认为庄公所说的"牺牲玉帛，弗敢加也，必以诚"，属于"小信"，远没有达到大诚信的地步，或者根本就算不上诚信（"孚"）。显然，把"孚"解释成"大信"，是受了语境的影响。这一点，孔颖达的正义已讲得非常清楚。跟这种情况类似，我们现在还常常说"一毛钱不算钱"。一毛钱怎么不算钱？不过相形之下算不上大钱

① 黄侃：《文字声韵训诂笔记》，上海古籍出版社 1983 年版，第 192 页。

罢了。

现代学者之所以否定杜注而把"孚"解释成动词，可能还受到了句中"未"字的影响。因为"未"字在古代汉语最常见的用法是表示事情目前还没有实现（但不否定未来有实现的可能），相当于现代汉语的"没有"，而如果把"孚"当成名词"诚信"来理解，这样句子就讲不通了："*小的诚信没有诚信"。其实"未"字还可以用在名词、动词或形容词性谓语前，表示事情还没有达到某种状态或地步，可译为"还不到""还没有"，如：

（1）商兑未宁，介疾有喜。（《周易·兑》）
（2）秋，大熟，未获。（《尚书·金縢》）
（3）楚人未既济。（《左传·僖公二十二年》）
（4）今是长乱之道也，祸未歇也。（《左传·襄公二十九年》）
（5）子游曰："吾友张也为难能也，然而未仁。"（《论语·子张》）
（6）曷为未可以吉，未三年也。（《公羊传·闵公二年》）
（7）王弼未弱冠，往见之。（《世说新语·文学》）

"未孚"的"未"就是这种用法："未"后面可以接名词，而不必把它当成动词。

二　公曰："小大之狱，虽不能察，必以情。"对曰："忠之属也，可以一战，战则请从。"

庄公的话反映了他的治狱原则。《国语·鲁语上》的记载文异义同："余听狱，虽不能察，必以情断之。"庄公的话是什么意思，为什么曹刿认为庄公这样做属于"忠（指尽心竭力）之属"呢？笔者所见，这个问题目前还没有得到很好的解决。这其中既涉及文字的训诂问题，又涉及当时的司法制度问题。请详述之。

先说春秋时期鲁国的司法制度问题。非常遗憾，由于文献不足征，鲁国在春秋时期全面的司法制度已不得而知。但又非常幸运，现有的文献表明，它基本沿用了西周时期的司法制度。① 如居于司法结构重要地位的司寇、士师仍然存在，而且职责也没有太大变化。史载，孔子就做过鲁国司寇，《左传·定公二年》："孔子之为司寇也。"《孟子·告子下》："孔子为鲁司寇。"《孔子家语·好生》："孔子为鲁司寇，断狱讼。"据《周礼·秋官·士师》，西周时期士师职责之一在于"掌官中之政令，察狱讼之辞，以诏司寇断狱弊讼，致邦令。"到了春秋时期，据《论语·子张》"孟氏使阳肤为士师，问于曾子。曾子曰：'上失其道，民散久矣。如得其情，则哀矜勿喜'"（何晏引包咸曰："士师，典狱之官"），断案还是士师的职责。

西周的政治制度主要体现在《周礼》一书中。《周礼》虽非周人所作，但西周"金文中已见到的司法组织和司法制度与《周礼》记载基本吻合，有的完全一致"，② 其可信度很高。鲁国虽系诸侯，但《礼记·明堂位》言"鲁，王礼也"，故而鲁国的政治、经济、司法等制度于此亦可见大概。③《周礼·秋官·乡士》："乡士掌国中，各掌其乡之民数而纠戒之，听其狱讼，察其辞。辨其狱讼，异其死刑之罪而要之，旬而职听于朝。司寇听之，断其狱，弊其讼于朝，群士司刑皆在，各丽其法以议狱讼。狱讼成，士师受中；协日刑杀，肆之三日。若欲免之，则王会其期。"根据礼学家钱玄等人的解释，④ 从这里可以看出：（1）乡士掌管都城中的案件，他"受理狱讼，审察讼词。分辨狱讼大小，将死罪和肉刑案件分别写成简要文书上报，十天以后各以本职参加外朝的会审"；（2）在外朝主持会审的是司寇，他召集相关人员推断狱讼，然后执行；（3）只有在赦免罪犯时，天子才会在外朝会审时亲自到场议刑。这是西周王朝等级会审制度的反映，⑤ 是周公"明德慎罚"（《尚书·康诰》）思想的体现。同类的材料还有不少。《周礼·秋官·遂士》："遂士掌四

---

① 张晋藩《中国法制通史》（第一卷　夏商周）："春秋时期，各诸侯国基本上沿用西周的法律"；"其审判制度基本上沿用西周而有所发展"。法律出版社1999年版，第471、473页。

② 胡留元、冯卓慧：《夏商西周法制史》，商务印书馆2006年版，第542页。

③ 如鲁国跟周王朝一样设有太宰、宗伯、大司徒（鲁国又称"冢司徒"）等官职，而这些官职在其他诸侯国中要么名字不同（其他诸侯国只有"宗人"，没有"宗伯"），要么根本没有。参看郭克煜等《鲁国史》，人民出版社1994年版，第65页。

④ 钱玄、钱兴奇、王华宝、谢秉洪注译：《周礼》，岳麓书社2001年版，第333页。

⑤ 张晋藩主编：《中国司法制度史》第一卷，人民法院出版社2004年版，第7页。

郊，各掌其遂之民数，而纠其戒令，听其狱讼，察其辞，辨其狱讼，异其死、刑之罪而要之，二旬而职听于朝。司寇听之，断其狱，弊其讼于朝，群士、司刑皆在，各丽其法以议狱讼。狱讼成，士师受中，协日就效而刑、杀，各于其遂肆之三日。若欲免之，则王令三公会其期。"又《县士》："县士掌野，各掌其县之民数，纠其戒令，而听其狱讼，察其辞，辨其狱讼，异其死、刑之罪而要之，三旬而职听于朝。司寇听之，断其狱，弊其讼于朝，群士、司刑皆在，各丽其法以议狱讼。狱讼成，士师受中，协日刑、杀，各就其县肆之三日。若欲免之，则王命六卿会其期。"旁证材料则有《礼记·王制》："成狱辞，史以狱成告于正，正听之；正以狱成告于大司寇，大司寇听之棘木之下；大司寇以狱之成告于王，王命三公参听之；三公以狱之成告于王，王三又（宥），然后制刑。"文字和《周礼》相比虽有差异，但也可以证明《周礼》所反映的等级会审制度。以此标准来衡量庄公，他无疑是一个勤政的模范。"小大之狱，虽不能察，必以情"，表明这些大大小小的案件庄公全都参与了。尽管这跟《尚书·立政》中周公对成王在司法方面所做的教育有所违背："今文子文孙，孺子王矣，其勿误于庶狱，惟有司之牧夫。"当然，这也可能跟鲁国国土面积较小，从而相应的诉讼不至于太多有关。无论如何，我们认为，文中反映的庄公勤政问题应该是其被认定为"忠"的原因之一。

当然，庄公被誉为"忠"的最重要原因还在于其断案依据问题。这里的核心问题是：庄公"察"的对象是什么；"情"又该如何解释。杜预注："察，审也。"孔颖达释之为"审察"，即仔细考察，详究义。至目前为止，大家几乎都以为其审察对象是前面的"小大之狱"，也就是说，"小大之狱"被当成了"察"字的受事主语。由此又带来了"情"字在解释上的分歧。刘盼遂、郭预衡《中国历代散文选》（上册，第8页）、陈克炯注译《春秋左传》（载《文白对照十三经》下册，第35页）、赵生群《春秋左传新注》（第99页）等把"情"释为实际情况。也有不少的释"情"为情理：徐中舒《左传选》（第33页）把这一句话译为"听狱讼虽不能明察秋毫，也必须准情度理使其心服"；李宗侗《春秋左传今注今译》（第144—145页）则译为"大大小小的狱讼，虽不能都审察详细，必要以情理来推定"；这样解释的还有沈玉成《左传译文》（第46页）、王守谦等《左传全译》（第126页）；等等。李维琦等注释本《左传》（第74页）另立一说，认为"情，通诚，忠诚，公正"，他们这样解释的依据可能是杜预注"必以情"为"必尽己情"。杨伯峻《春秋左传注》则表现出了明显的犹豫不决，一方面他根据《国语·鲁语上》作"必以情断之"和《孟子·离娄下》"声闻过情"，认为"情"即实际情况；另一方面却又说"或曰，情，忠诚也，见《荀子·礼论》注，义较长"。

　　"察"字的动作对象是理解这句话的关键。结合前面所揭西周进行等级会审制度的数条《周礼》材料均有"察其辞"这一事实，我们认为，"察"的对象是狱辞，而非"小大之狱"。《尚书·吕刑》"察辞于差，非从惟从"中的"察辞"也是指考察供辞、讼辞等文字资料。据研究，"西周的起诉制度规定自诉、告诉必须有'剂'，剂即诉状。凡狱讼，有剂官府才受理，无剂则不理。起诉程序中要求原告、被告都必须具备诉状或申诉状"。[①] 庄公虽然勤政，但由于时间和精力的关系，根本无法像乡士、遂士、县士一样亲自去察看的讼词，他看到的只是经过这些下级法官整理过的简报。这恐怕才是当时客观事实的反映。

　　"情"字也只能释为实际情况，而不可能做出别的解释。前述论著不知出于何种原因（可能是限于体例），都没有说明这样解释的理由。而反对释为"实际情况"者脑子里可能存在这样一个逻辑：既然案子不能一一明察，这就说明实际情况不一定清楚；而事实如果弄不清楚，又何以能据实处理呢？

　　众所周知，维护司法公正是人类司法活动中最基本的价值取向，是人类社会数千年来一直探索的目标，即便在法律萌芽、发展的过程中也莫不如此。《尚书·吕刑》"罔非在中"（审理案件没有不要求公正的）说的就是这个道理。虽然在具体的审判过程中，有一些法官枉法，但这丝毫不能影响公正公平作为人类司法活动追求的最终目标。皋陶是中国最早的司法官，舜即要求他"惟明克允"（见《尚书·尧典》，蔡沈《集传》"致其明察，乃能使刑当其罪，而人无不信服也"）。皋陶没有辜负舜的期望，也确实是这样做的，"皋陶为大理，平，民各伏得其实"（《史记·五帝本纪》）。《说文解字·廌部》："灋，刑也。平之如水，从水；廌所以触不直者，去之，从去。法，今文省。"显然也是希望"法"能够像水一样公平，而且能够消除不公，虽然这可能反映的是汉代人的意识。而要想实现司法公正，认定案件事实无疑是必需的前提条件。

---

　　① 张晋藩主编：《中国法制通史》第一卷，法律出版社1999年版，第332页。

　　法学家何家弘认为，围绕着如何找到案件真相，历史上出现过三种断案方法：以神证为主的断案法、以人证为主的断案法和以物证为主的断案法。① 这告诉我们，所有的断案方法都会找一个不受法官控制的"客观标准"来做依据，无论这个证据的取得有时甚至是多么地荒唐（如我国古代用似羊的独角兽断案等）。抛开每种方法的科学性不谈，单就实行者的动机而言，他们恐怕都是想据此找到案件真相。试想，如果法官仅从自己的诚心或者人的常情以及事情的一般道理出发，而不从案件真相出发，他怎么可能实现司法公正，又怎么可能达到公平正义？如果断案跟公平正义的原则相违悖，又怎么能算是"忠之属"呢？

　　《周礼·秋官·小司寇》："以五刑听万民之狱讼，附于刑，用情讯之，至于旬乃弊之，读书则用法。"又说："以五声听狱讼，求民情。"《论语·子张》："孟氏使阳肤为士师，问于曾子。曾子曰：'上失其道，民散久矣。如得其情，则哀矜勿喜。'"跟案件审判有关的这几个"情"字都指实情。而且，《左传》里面"情"就有指实情义的。《左传·哀公八年》："叔孙辄对曰：'鲁有名而无情，伐之必得志焉。'"杜预注："有大国名，无情实。"

　　根据实际情况断案，其实还蕴藏着另外一层意思，那就是必须反对照搬教条，体现出灵活性。现在众所周知，主动杀人与自卫杀人虽然同样致人于死，却有质的区别，判罚也不可能相同。其实古人也早有这种观念。《周礼·秋官·大司寇》："大司寇之职，掌建邦之三典，以佐王刑邦国，诘四方：一曰刑新国用轻典，二曰刑平国用中典，三曰刑乱国用重典。"郑玄注："新国者，新辟地立君之国。用轻法者，为其民未习于教。平国，承平守成之国也。用中典者，常行之法。乱国，篡弑叛逆之国。用重典者，以其化恶伐灭之。"对一些地区到底是采用"重典""中典"抑或是"轻典"，要结合当时的实际情况，不能僵化地完全照搬法典。《尚书·吕刑》也有类似的法律思想："轻重诸罚有权。刑罚世轻世重，惟齐非齐，有伦要。"根据现代法学家张晋藩等的研究，周时以下犯罪都可以酌情减轻处罚：过失而非故意犯罪；老人、妇女犯罪；国家发生饥荒时的犯罪；对没有认清而杀人，无心而过失杀人，因遗忘而杀人这三类杀人犯

────────────

　　① 何家弘：《人类如何断案》，《百家讲坛》（http://www.cctv.com/program/）2004 年 1月 4 日。

罪；以及小孩、老人和白痴的犯罪，等等。① 我们应该注意，这种灵活断案的依据并非法官的私情，而仍然是案情，以及与之相关的各种背景情况。如此依"情"断案，对百姓而言无疑是非常有益的，也可以体现当政者之"忠"。

总而言之，我们以为庄公之所以被曹刿评价为"忠"，可能蕴含如下两个原因：一是勤政；二是断案从案情本身出发，不徇私情，同时又能照顾到案件的特殊性。

三 夫战，勇气也

这个句子的标点值得商榷，正确的标点应该是："夫战勇，气也。"陈剑峰《〈曹刿论战〉句读解惑》（以下简称陈著）已发其端。② 这里我们准备就其理由再做进一步的解释。

首先，"夫战，勇气也"后面接着"一鼓作气，再而衰，三而竭，彼竭我盈，故克之"，"一鼓作气"承上而言，如果作战凭的是"勇气"，那么后面一般应该说成"一鼓作勇气"，而非"一鼓作气"；随后的这几个句子或三言，或四言，并非整齐划一，作者根本无需为了顾及句子是否整饬而在文字上进行删减。

兵书中常常强调"气"在战争中的作用，而不说"勇气"；并且"气"还可以随着时间、场合而发生变化，有不同的称呼。《孙子兵法·军争》中的一段文字表现得最为明显："故三军可夺气，将军可夺心。是故朝气锐，昼气惰，暮气归。故善用兵者，避其锐气，击其惰归，此治气者也。"包括曹操在内的很多注家都把这段文字跟长勺之战联系起来，曹刿的三鼓正对应着"朝气""昼气""暮气"。《司马法·严位》："凡战，以力久，以气胜。"《尉缭子·战威》："民之所以战者，气也，气实则斗，气夺则走。"《尉缭子·十二陵》："战在于治气。"《孙膑兵法·延气》："合军聚众，□□□□；③ 复徙合军，务在治兵利气；临竟（境）近商

---

① 参看张晋藩主编《中国司法制度史》，人民法院出版社 2004 年版，第 8 页。

② 陈剑峰：《〈曹刿论战〉句读解惑》，《语文教学通讯》2009 年第 3 期。兹承张文冠同志见告，谨致谢忱。

③ 张震泽《孙膑兵法校理》以为应补"务在激气"四字，中华书局 1984 年版，第 96 页。

（敌），务在疠（励）气；战日有期，务在断气；今日将战，务在延气。"

其次，正如陈著所述，"勇气"在先秦还没有凝固成为复音词。我们查阅了一些大型语料库，发现先秦除《左传》一例外，"勇气"连文仅在《吴子》中一见，《吴子·国国》"民有胆勇气力者聚为一卒"，"胆勇气力"四者并列，从韵律上来看，"胆勇"构成一个音步，"气力"构成一个音步，"勇气"没有处在一个音步上。"勇气"成词最早出现在汉代的文献中。如《大戴礼记·文王官人》："勇气壮直，听其声，处其气，考其所为，观其所由，察其所安。"《史记·廉颇蔺相如列传》："廉颇为赵将，伐齐，大破之，取阳晋，拜为上卿，以勇气闻于诸侯。"《易林·未济之第六十四·谦》："两金相击，勇气均敌，日月斗战，不破不缺。"王充《论衡·初禀》："勇气奋发，性自然也。"王符《潜夫论·劝将》："赏罚必则士尽力，勇气益则兵势自倍，威令一则惟将所使。"

而且早期的合成词"勇气"是并列结构，而非现在大家所以为的偏正式结构（《现代汉语词典》（第6版）释为"敢作敢为毫不畏惧的气魄"）。《说文解字·力部》："勇，气也。"古代汉语中常有以"气"表示勇气者。《大戴礼记·曾子立事》："君子虑胜气。"王聘珍解诂："气，谓血气。"《文选·阮瑀〈为曹公做书与孙权〉》："仁君年壮气盛。"张铣注："气，勇气也。"意义完全相同的同素异序词"气勇"的存在也可以证明"勇气"属于并列结构，如《后汉书·儒林传下》："（子稺）以节介气勇自行。"

如果"勇气"是偏正结构，或许会有可能出现前边是整个偏正式复合结构，后面仅出现其中心词的现象，像"姜氏何厌之有？不如早为之所，无使滋蔓，蔓，难图也"（《左传·隐公元年》）中的"滋蔓"与"蔓"一样。但既然早期的"勇气"是并列结构，恐怕就绝对不会出现前面用复音形式"勇气"，后面再用单音形式"气"的现象了。

再次，这样标点在语法上也能讲得通。中国社会科学院语言所古代汉语研究室编《古代汉语虚词词典》这样说明"夫"做句首助词的用法："'夫'出现在句首，所标志的对象大多是主语，受谓语的评论或说明"，共有三类，"（一）'夫'后面为名词或名词性结构，'夫'所标志的对象是人或事物"，"（二）'夫'后面是动词或动词性结构，'夫'所标志的对象是动作或行为"，"（三）'夫'后面所标志的对象是小句或分句，谓语是对小句或分句的评述或说明"。根据何乐士《〈左传〉的"夫"》的研究，《左传》这三种类型的句子都有。① 显然，如果依照我们的标点方法，则句子属于类型（三）；而依传统标点方法，则句子属于类型（一）。类型（一）最为常见，这也是大家如此标点的重要原因。这里我们引述几个类型（三）的句子，如：

（1）夫州吁弑其君而虐用其民，于是乎不务令德而欲以乱成，必不免矣。（《左传·隐公四年》）

（2）夫鄢将师矫子之命以灭三族。三族，国之良也，而不愬位。吴新有君，疆场日骇。楚国若有大事，子其危哉！（《左传·昭公二七年》）

（3）夫抚剑疾视曰"彼恶敢当我哉"，此匹夫之勇，敌一人者也。（《孟子·梁惠王下》）

（4）夫国君好仁，天下无敌。（《孟子·离娄上》）

（5）夫贵为天子，富有天下，是人情之所同欲也。（《荀子·荣辱》）

（6）夫少者侍长者饮，长者饮，亦自饮也。（《韩非子·外储说左上》）

《荀子》《韩非子》例告诉我们，类型（三）的谓语后也能以语气词"也"煞句。而这恰跟"夫战勇，气也"一致。

因此，我们觉得这个句子应该标点为："夫战勇，气也。"意思是（战士）作战勇敢，靠的是气势。将帅必须学会在战争中正确调动这一因素：曹刿正确地利用了"气"，所以取得了战争的胜利。"战勇"（作战勇敢）是决定战争胜负的关键，因此军事家必须善于利用各种因素以达到"战勇"的目的。《六韬·奇兵》②"坳泽窈冥者，所以匿其形也；清明无隐者，所以战勇力也"中的"清明无隐"（指没有任何隐蔽，让自己清楚

① 何乐士：《左传虚词研究》（修订本），商务印书馆2004年版，第384—389页。

② 《六韬》旧题周吕望所著，虽渊源有自，然恐不足为据。余嘉锡《四库提要辨证》上册，云南人民出版社2004年版，第499页。谓《六韬》，"特是《六弢》《豹韬》之名，见于《庄子》《淮南》，则是战国秦汉之间本有其书，汉人仅有所附益，而非纯出于伪造"。这是比较客观的。又，1972年山东临沂银雀山西汉古墓出土了五十余枚《六韬》竹简，说明它在西汉时期已广泛流传。长期（南宋至清代）以来对它可能属于伪书的怀疑更是不攻自破。

地暴露在敌人面前），也可以让士兵作战勇敢而有气力。

参考文献

1. 陈克炯注译：《春秋左传》，见许嘉璐主编《文白对照十三经》（下册），广东教育出版社、陕西人民教育出版社、广西教育出版社 1995 年版。

2. （清）洪亮吉：《春秋左传诂》，中华书局 1987 年版。

3. 李梦生：《左传今注》，凤凰出版社 2008 年版。

4. 李维琦、陈建初、李运富、覃遵祥、唐生周、萧谒川注释本：《左传》，岳麓书社 2001 年版。

5. 李宗侗：《春秋左传今注今译》（上册），（台北）商务印书馆 1984 年版。

6. 刘盼遂、郭预衡：《中国历代散文选》，北京出版社 1980 年版。

7. （清）刘文淇、刘毓崧、刘寿曾：《春秋左氏传旧注疏证》，见《续修四库全书·经部·春秋类》第 126 册，上海古籍出版社 2002 年版。

8. 王伯祥：《春秋左传读本》，香港中华书局 1959 年版。

9. 徐中舒：《左传选》，中华书局 1985 年重排版。

10. 杨伯峻：《春秋左传注》（修订本，上册），中华书局 1995 年版。

11. 赵生群：《春秋左传新注》（上册），陕西人民出版社 2008 年版。

12. ［日］竹添光鸿：《左传会笺》，巴蜀书社 2008 年版。

（作者通信地址：南京市栖霞区仙林大道 163 号南京大学文学院。邮编：210023。电子邮箱：chenwj0901@163.com。）

复封壶铭文补释*

魏宜辉

（南京大学文学院）

摘　要：复封壶为春秋早期的重要铜器。壶的照片与铭文拓片收录于吴镇烽先生所编的《商周青铜器铭文暨图像集成·22》。《图像集成》已经对壶铭作了很好的释文，但其中仍有一些问题没有完全厘清，本文对其中的"癸""豸""毖""灋"等字的释读提出一些新的想法。

关键词：复封壶；金文；春秋

复封壶为春秋早期的重要铜器，共有两件，现为民间收藏。壶的照片与铭文拓片收录于吴镇烽所编的《商周青铜器铭文暨图像集成·22》（以下简称《图像集成》），甲、乙两壶的编号为12447、12448。① 壶侈口方唇，长颈内束，腹部下垂呈扁圆形，矮圈足沿下折，形成一道边圈，颈部有一对象鼻兽头衔环耳，兽耳宽大镂空，内插式盖，上有镂空仰叶形冠。盖外围及器颈下部饰窃曲纹，器颈上部和上腹、下腹均饰环带纹，圈足饰鳞纹。为了方便讨论，本文将《图像集成》所作铭文释文按照行款引录如下：②

佳（唯）王三（四）月既生

---

　　* 基金项目：江苏高校优势学科建设工程资助项目（PAPD），南京大学中国文学与东亚文明协同创新中心资助项目，南京大学985工程项目经费资助出版项目，江苏省社会科学基金项目"新见战国秦汉简帛用字综合研究"（13YYB003）。

　　① 本文引用的器形介绍及铭文拓片、释文均出吴镇烽编著《商周青铜器铭文暨图像集成·22》，上海古籍出版社2012年版。

　　② 为方便讨论，本文引用的金文材料都使用繁体字。

霸庚亥，齊大（太）王孫

遉（復）丰（封）豙（遂）嗣（司）右大徒，

戠（識）韗威（畏）諅（忌）不豙（墜），凧（凤）

夜從其政事，趄

乍（作）聖公命，

遉（復）丰（封）𥝫（率）徒

伐者（諸）刾，武

又（有）工（功）。公是

用大畬（畜）之

鹵嗣（司）者（諸）刾。

易（錫）之幺（玄）衣、

攸（鑒）勒、車馬、

衣裘、早邑、

土田，返其

舊人。公命

遉（復）丰（封）琝（聘）于

魯，不敢贅（貸、怠）

公命，爰（援）睪（擇）

吉金。遉（復）丰（封）

及中（仲）子用

乍（作）爲寶壺，

用亯（享）用孝于其

皇且（祖）、皇妣（妣）皇丂（考）皇

母，用庴（祈）黌（眉）壽韭（久）歲

難老。其萬年無彊（疆），

子子孫孫永保用亯（享）。

　　《图像集成》所作释文中仍有一些问题没有完全厘清，本文针对这些问题提出一些新的想法，就教于方家。

一

　　佳（唯）王三（四）月既生霸庚亥，齐大（太）王孙逡（复）
丰（封）豙（遂）嗣（司）右大徒

　　《图像集成》释文中"庚亥"这个干支是有问题的，因为六十干支中
并无"庚亥"。所谓"庚"字，壶铭作"⚹"（壶甲）、"⚹"（壶乙），
此字或局部有残泐，或模糊不清。根据字形轮廓，我们认为这个字应该是
"癸"。金文中的"癸"字一般写作"✕"（戍父癸甗）、"✕"（矢方
彝）、"✕（仲辛父簋）"，另外还有一种比较特殊的写法作"✕（此
簋）"形。"✕"字这种写法与上举的"✕、✕"正相类。释文所谓
"亥"字，铭作"丑丑"，应该是"丑"字。因此，这个记日的干支应
为"癸丑"。

　　释文中的"丰"字，壶铭作"圭"，隶定作"丰"不确，应当隶定
作"圭"。"圭"字可以看作是"封"之省体。

　　释文释作"豙"的字，壶甲铭文作"豙"，局部有所残泐，壶乙铭文
拓片也不清楚，但仔细辨析还是可以确定壶甲"豙"与后一句中的"豙"
为同一字。"豙"当为"象"字。关于金文中"象"字的字形演变，陈剑
（2007：243—250）在《金文"象"字考释》一文中有详细的探讨，可以
参考。复封壶铭文中"象"字的写法与陈文中列举的春秋金文"象"字
写法基本是一致的。

　　"齐太王孙复封象司右大徒"一句，交代了器主人复封的职司，是负
责职掌右大徒。"右大徒"一职未见于文献记载，我们怀疑"大徒"乃是
"大司徒"的省称。结合音、义考虑，我们认为"象司右大徒"中的
"象"可能读作"专"。"象"字古音为透母元部字，"专"字为章母元部
字，二字音近可通。《庄子·达生》："苟生有轩冕之尊，死得于腞楯之
上、聚偻之中，则为之。"王念孙《广雅疏证》（1984：239）："腞，读为
团。楯，读为辒。《丧大记》'君大夫葬用辒，士葬用团车'是也。"
"腞"读作"团"，可以作为"象""专"相通的旁证。"专"亦有"主

持、掌管"之义。《礼记·檀弓下》："我丧也斯沾，尔专之，宾为宾焉，主为主焉。"郑玄注："专，犹司也。"铭文中的"豙（专）"与"司"皆为"职司、掌管"之义，属于同义复语。

二

  戠（識）觐威（畏）諅（忌）不豙（墜），夙（夙）夜從其政事

  《图像集成》释文释作"戠"、读作"識"的字，壶铭作"𢧵"（壶甲）、"𢧵"（壶乙）。此字根据壶乙"𢧵"可以摹写作"𢧵"。春秋战国文字中的"戠"字（旁）所从"戈"旁的横笔往往与"音"（或作"言"）旁上端的的横笔重合，形成共用笔画，如"𢧵"（曾姬无卹壶）、"𢧵"（燕王职剑）、"𢧵"（《古玺汇编》5482）。而從"𢧵"字的写法来看，"戈"旁的横笔与"言"旁上端的横笔并未重合。"𢧵"显然不是"戠"字，而是一个从戈从言的字。为方便讨论，我们将"𢧵"字隶定作"戠"。

  释文释作"觐"的字，壶甲铭作"𩑋"，在"觐"旁右侧还有部分笔画，应为"觐"字。"觐"在铭文中读作"恭"。

  "愍恭畏忌"作为习语，在春秋金文中比较常见。我们将金文中相关的辞例例举如下：

  （1）余陳仲產孫𦥑叔和子，恭夤鬼神，莽（畢—愍）觐（恭）愧（畏）忌。（陳肪簠蓋，《集成》4190）[①]

  （2）余畢（畢—愍）（愍）觐（恭）威（畏）忌，盤（鑄）辝（台）龢（和）鐘二鍺（堵），台（以）樂其身，以宴大夫，以喜諸士。（邾公牼鐘，《集成》149）

  （3）余畢（畢—愍）觐（恭）威（畏）忌，惄（淑）穆，不豙

---

① 《殷周金文集成》本文简称《集成》。

（惰）于㞡（厥）身。（邾公華鐘，《集成》245）

（4）余獻（篤）戕（壯）于戎攻（功）虘（且）武，余（毖）龏（恭）威（畏）諆（忌）。（配兒鉤鑃，《集成》426）

孙诒让（1989：21上）在考释邾公华钟铭文时，指出"'畢'当读为'毖'。《说文》：'毖，慎也。''毖恭畏忌'言其慎愍畏忌也。"张世超等编著的《金文形义通解》（1996：334）亦指出"毖恭畏忌"即谨慎而有所畏惧之意。值得注意的是，"毖恭畏忌"中的"畏忌"，已由"畏惧"之意引申指不敢懈怠。

鉴于春秋金文中的"毖恭畏忌"已经成为一个相对固定的习语，我们认为复封壶铭文中的"戠龏威諆"可能也是"毖恭畏忌"的一种异写形式。"龏"读作"恭"，"威"读作"畏"，"諆"读作"忌"，在读音上都是没有问题的。其中的"戠"，我们认为应是一个读音与"毖"相同或相近的字。

甲骨文中"必"字有多种写法，① 常见的写法如"　"（《合集》175）、②"　"（《合集》19713）、"　"（《合集》14034 正）、"　"（《合集》23602），表现戈柲之形。卜辞中的"巡"字作"　"（《怀》379），③ 象两柲相背之形。值得注意的是，卜辞中"巡"字还有写作"　"形的例子。"　"所从"必"旁作"　"形，于戈柲上标有短横。此短横当为指事符号，以标指戈柲部分。这与甲骨文中"必"字常见的写法不同。这种写法的"必"字基本上与"戈"字在字形是很难区分开来。战国楚简文字中的"閟"字有写作"　"（郭店·老子甲27）、④"　"（上博·陈公16)⑤ 形的例子，其中写作"　（戈）"形的"必"旁正是从甲骨文"　"形写法演变来的。由此，我们推断复封壶铭文中的"戠"字所从的

---

① 关于甲骨文中"必"字的考释，可参考裘锡圭《释"柲"》，载《裘锡圭学术文集（一）·甲骨文卷》，复旦大学出版社 2012 年版，第 51 页。

② 《甲骨文合集》本文简称《合集》。

③ 《怀特氏等收藏甲骨文集》本文简称《怀》。

④ "郭店楚简《老子（甲）》"篇本文简称"郭店·老子甲"。

⑤ "上海博物馆藏战国竹简《陈公治兵》篇"本文简称"上博·陈公"。

所谓"戈"旁很可能也是"必"。这个推断如果成立，那么"䛠"字即可以分析为从言、必声的"詖"字的异体写法。"毖"字当为两声字，"比""必"皆为声符，与"詖"声符相同。因此，铭文中的"詖"读作"毖"在读音上是没有问题的。

释文中所谓"不豖"的"豖"，根据上文的讨论已知应该释为"象"。金文中的"象"常常与否定词语"不""毋""不敢""毋敢"连用，过去被释作"豖"，读为"坠落、失坠"的"坠"。这种说法已经被指出存在很大问题，基本没有成立的可能。陈剑（2007：243—256）认为金文中与否定词语"不""毋""不敢""毋敢"连用的"象"字多应读为"惰"，训为"不敬"。其说可以信从。复封壶铭文中的"不象"亦当读作"不惰"。这段文字的断句也应该有所调整，作"䛠（詖—毖）觐（恭）威（畏）諆（忌），不象（惰），夗（夙）夜从其政事。"

三

　　遉（復）丰（封）帥（率）徒伐者（諸）剌，武又（有）工（功）。公是用大畜（畜）之卤嗣（司）者（諸）剌。易（錫）之幺（玄）衣、攸（鋚）勒、車馬、衣裳、早邑、土田，返其舊人。

从铭文可以知道，复封率领徒众讨伐诸剌，孔武有功。"剌"字，郭永秉、邬可晶（2013：99）认为是"割"的表意初文。其说可信。作为齐国讨伐的对象，"诸剌"应该是某个国族。

"大畜之卤"应该是指大量储备的盐卤。"卤"在金文中或与"积"连言，如：

　　（1）劫遣卤賓（責—積），卑（俾）譖（潛）征繇（繁）湯（陽）。（戎生編鐘，《近出》30）[①]

　　（2）易（錫）卤賓（責—積）千兩（輛），……，征繇（繁）湯（陽）。（晋姜鼎，《集成》2826）

关于金文中的"卤、积"，裘锡圭（2012：113—114）在《戎生编钟铭文考释》一文中有详细的探讨：

> "卤"当指盐池等咸地所出之盐。……"责"读为"积"。"卤"和"积"之间其实可以加顿号，二者应是并列关系。《左传·僖公三十三年》"不腆敝邑，为从者之淹居，则具一日之积"，杜预注："积，刍、米、禾、薪。"晋姜鼎说"锡卤责千两"，千两即"千辆"。《仪礼·聘礼》记有使者就馆后主人所提供的食物等东西的数量（这些东西就是《周礼·秋官·大行人》记招待诸侯等宾客的标准时所说的"积"）。其中的米、禾、薪、刍，都是用车装的，例如提供给正使的是"米、禾皆二十车，薪、刍倍禾"。可见把"责"读为"积"，是合理的。卤盐也可以用车装。钟铭"劼遣卤积"的下一句是"俾潜征繁阳"。米、刍、盐等物正是行军远征所必备的。这些东西就是后来所谓"粮草"。

裘文的分析是非常有道理的。裘文的分析指明金文中的"卤、积"作为战备物资是用于作战行军的。由此，可以理解为什么在"复封率领徒众讨伐诸剌"这一事件中会涉及"大畜之卤"。我们认为这里的"大畜之卤"应该不仅仅指卤盐，还包括"积"，即米、禾、薪、刍等其他战备物资。所谓"公是用大畜之卤司诸剌"，是指公（当为复封的上级）用大量储备的卤盐、粮草等战备物资来供给复封讨伐诸剌之役。

释文释作"攸（鋚）勒"的两字作"⿰⿱⿰"、"⿰⿱⿰"，不识，属于某种赏赐之物。

根据铭文"锡之玄衣、⿰⿱⿰、车马、衣裘、旱邑、土田"可知，复封因战功获得公的封赏，赏赐的内容除了"玄衣、⿰⿱⿰、车马、衣裘"这些物品外，还包括城邑和田地。值得注意的是，金文记录赏赐城邑、田地的内容，有时会包括赏赐土地上的奴仆。我们结合金文中的记载来看这一情况：

（1）王令（命）虞侯矢曰：䢃（遷）侯于宜，易（锡）⿰⿱⿰⿱鬯一卣，商瓒（瓒）一□，彤弓一、彤矢百、旅（旅）弓十、旅（旅）

矢千。易（錫）土：乓（厥）川（甽）三百囗，乓（厥）囗百又
廿，乓（厥）宅邑卅又五，乓（厥）囗百又卌（四十），易（錫）
才（在）宜王人十又七生（姓），易（錫）奠（甸）七白（伯），乓
（厥）盧囗又五十夫，易（錫）宜庶人六百又囗六夫。（宜侯矢簋·
《集成》4320）

　　（2）余易（錫）女（汝）鼇（萊）都𤲃𩰬，其縣三百。……余
易（錫）女（汝）車馬、戎兵、鼇（萊）僕三百又五十家。（叔尸
鎛·《集成》285）

　　据此，我们认为复封壶铭文中的"返其旧人"一句中的"旧人"，应
该与上面谈到的这种情况有所关联。我们推测，所谓"旧人"可能是指
原先居住于早邑之人，本属于公之奴仆。后来因为受到诸剌的袭扰，而
迁徙他地。伐诸剌之役后，公将早邑及田地封赏给复封，并且让那些原
先迁徙他地之人回到故土，随同土地一起被赏赐给复封。

四

　　公命遟（復）丰（封）琱（聘）于鲁，不敢赀（贷、怠）公
命，爰（援）睪（擇）吉金。

　　《图像集成》释文作"不敢赀（贷、怠）公命"，可知释文认为
"赀"字乃是"贷"字异体，在铭文中读作"怠"。此字铭文作"𧴌𧴌"，
左上从大，下部从贝，右上所从为"虒"字的省形，可以隶定作"𧴌"。
"𧴌"字上部所从的"大""虒"，其实就是"瀍"字的右半的变体，因
此"𧴌"字可以分析为一个从"瀍"省声的字。

　　在金文中常见有这样的内容：器主人在接受君主或上级的授命后，往
往会表示"不敢废君主或上级之命"，或是君主或上级对器主人说"勿废
朕命"。其中的"废"是"懈怠、旷废"的意思。例如：

　　（1）尸……，雁（膺）受君公之易（錫）光。余弗敢瀍（廢）
乃命。（叔尸鎛，《集成》285）

（2）勿瀍（废）文侯覜令（命）。（晋姜鼎，《集成》2826）

（3）敬乃〔事〕，夙（凤）夜用厗（屏）朕身，勿瀍（废）朕命，毋豙（惰）乃政。（逆钟，《集成》63）

传世文献中亦有类似的用法，如《左传·襄公二十七年》："木门大夫劝之仕，不可，曰：'仕而废其事，罪也。'从之。"

铭文中表示"懈怠、旷废"的｛废｝这个字都是用"瀍"字来表示的。很明显，复封壶铭文中"不敢瓒公命"的情况与上面讲到的"不敢废君主或上级之命"的情况是相类的，因此"瓒"字也应该读作"废"。

"爰"字，《图像集成》释文读作"援"。"爰"后一字，释文隶定作"罜"，读作"择"。此字铭文作"𢎥"，当为"得"字的初文"㝵"。铭文中的"爰"字应该是一个表承接关系的连词，相当于"于是"。因为复封受公命聘于鲁，不敢废公命，于是获得公赏赐的吉金。

五

用旂（祈）覭（眉）寿韭（久）岁难老。其万年无彊（疆），子子孙孙永保用亯（享）。

"眉寿""难老"都是"长寿"之义，在金文中非常多见。铭文"眉寿""△岁""难老"皆为"祈"之宾语，显然"眉寿""难老"之间的"△岁"无疑也应该是"长寿"的意思。《图像集成》释文将"△"隶定作"韭"，读作"久"。"△"字铭文作"𪓐"，字迹残泐不清，无法确定字形，但从字形轮廓来看，有些像"亟"字。如果判断不误，"亟"在铭文中可读作"极"。极寿，亦指高寿、长寿。《春秋繁露·三代改制质文》："声名魂魄施于虚，极寿无疆。"

最后将整理校订过的复封壶铭释文抄录如下：

佳（唯）王三（四）月既（既）生霸癸丑，齐大（太）王孙逯（复）圭（封）豙（尃）嗣（司）右大徒，戠（試—戠）覭（恭）

威（畏）諆（忌），不彖（惰），飤（夙）夜從其政事，赿乍（作）聖公命。遆（復）圭（封）衛（率）徒伐者（諸）剌，武又（有）工（功）。公是用大畜之鹵嗣（司）者（諸）剌。易（賜）之玄衣、䊼䊼、車馬、衣裘、早邑、土田，返其舊人。公命遆（復）圭（封）琦（聘）于魯，不敢貫（廢）公命。爰旻（得）吉金。遆（復）圭（封）及中（仲）子用乍（作）爲寶壺，用亯（享）用孝于其皇且（祖）皇妣（妣）皇万（考）皇母，用蘄（祈）贆（眉）壽亟（極）歲難老，其萬年無彊（疆），子＝（子子）孫＝（孫孫）永保（寶）用亯（享）。

参考文献

1.（清）孙诒让：《古籀拾遗·古籀余论》，中华书局 1989 年版。

2.（清）王念孙：《广雅疏证》，江苏古籍出版社 1984 年版。

3. 陈剑：《金文"彖"字考释》，载《甲骨金文考释论集》，线装书局 2007 年版。

4. 郭沫若主编、胡厚宣总编辑：《甲骨文合集》，中华书局 1983 年版。

5. 郭永秉、邬可晶：《说"索""剌"》，载清华大学出土文献研究与保护中心编《出土文献》（第三辑），中西书局 2013 年版。

6. 荆门市博物馆：《郭店楚墓竹简》，文物出版社 1998 年版。

7. 罗福颐主编：《古玺汇编》，文物出版社 1981 年版。

8. 马承源主编：《上海博物馆藏战国楚竹书（九）》，上海古籍出版社 2012 年版。

9. 裘锡圭：《释"柲"》，载《裘锡圭学术文集（一）·甲骨文卷》，复旦大学出版社 2012 年版。

10. 裘锡圭：《戎生编钟铭文考释》，载《裘锡圭学术文集（三）·金文及其他古文字卷》，复旦大学出版社 2012 年版。

11. 容庚编著，张振林、马国权摹补：《金文编》，中华书局 1985 年版。

12. 吴镇烽编著：《商周青铜器铭文暨图像集成·22》，上海古籍出版社 2012 年版。

13. 许进雄编：《怀特氏等收藏甲骨文集》，加拿大皇家安大列博物馆 1979 年版。

14. 张世超、孙凌安、金国泰、马如森撰：《金文形义通解》，京都中文出版社 1996 年版。

15. 中国社会科学院考古研究所编：《殷周金文集成》（修订增补本），中华书局 2007 年版。

（蒙屈彤同学指出文中的错误，谨表谢忱。）

上古汉语副词"方"用法辨析[*]
——《副词"方"多种时体用法的关系》献疑

张福通

（南京大学文学院）

摘　要： 确认有效例证和科学的定量统计是汉语史研究的重要步骤，这可以为进一步的分析提供坚实的事实基础。《副词"方"多种时体用法的关系》一文认为表示状态持续的"方"发展出了其他时体用法，其主要依据是《诗经》《左传》中该用法的比例明显高于其他用法。分析该文例证可知，某些例证归类值得商榷。基于此，我们重新统计《诗经》《左传》有关用例，认为表状态持续的"方"在二书中所占比例分别为30%（7例）、29%（10例），比例并不高。从定量分析而言，将表状态持续的"方"作为语法化源头的结论没有说服力。

关键词： 时间副词；"方"；有效例证；状态持续

王继红、陈前瑞（2012）（以下简称"王陈文"）全面研究了"方"多种时体用法的演变脉络，拜读之后，获益良多。该文运用语言类型学的相关原理，对"方"时体用法的关系作了很有创见的解释。但由于文中不少例证可以有不同的解析，即例证缺乏有效性，进而直接影响了立论的可信度。笔者不揣谫陋，对王陈文提出的问题进行思考，同时对文中的某些例证进行了甄别，以期参与"方"多种时体用法关系的研讨。

"方"在上古汉语中有三种时间副词用法：（1）义为"刚刚、才"，表示动作发生在不久之前。（2）义为"正、正在"，表示动作进行。（3）

＊ 文章曾在王云路师、汪维辉师分别组织的沙龙讨论中宣读，得到许多建议。史文磊、陈文杰、魏宜辉诸师也多所是正，谨致谢忱。文中疏漏，概由笔者负责。

义为"将、即将",表示动作将要发生。

王陈文对这三个义项作了时体界定:"刚刚"义的"方"为"近过去完成体"用法,"才"不属于讨论之列。"将、将要"义的"方"为"最近将来时"用法。"正、正在"义的"方"分"状态持续"和"动作进行"两种情况,前者为"广义结果体"用法,译为"正"①;后者为"进行体"用法,译为"正在"。

在充分界定"方"各种时体用法之后,王文对其演变脉络做了探讨,并图示如图:

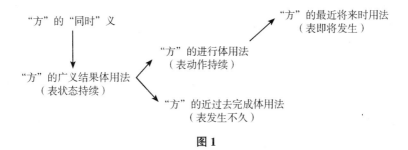

图1

为行文统一,我们仍以"状态持续""动作进行""发生不久""即将发生"指以上四种时体用法。从图中可以看出,该文认为"方"表状态持续的用法发展出了另外三种用法。"如果该意义不是一种跟时体相关的意义,很难想象它能进一步发展出语法化程度很高的进行体、完成体(参看下文对"刚刚、才"义的界定)或最近将来时(参看下文对"即将、将要"义的界定)等时体意义。"(王继红、陈前瑞,2012)

也就是说,该文认为表示状态持续的"方"是语法化的源头。这一观点需要以下语言事实的支持:(1)"方"表状态持续的用法出现时间明显早于其他用法。(2)在早期语料中,"方"表状态持续的用法相对于其他三种用法具有明显优势。第一点更有说服力,但目前尚无法得到证实;

---

① 统而言之,该文认为"方+状态谓词(包括形容词与静态动词)"表示状态持续。王继红、陈前瑞(2012)一文在实际分析时似乎存在概念混淆。表示状态持续的"方"可译为"正",但并不是译为"正"的"方"都表示状态持续。现代汉语中"正"既可以表示状态持续也可以表示动作进行。《现代汉语八百词》(增订本)(第670页)、《现代汉语词典》(第6版)(第1660页)对"正"的这两种用法未作区分,《现代汉语虚词例释》(第543—544页)作了区分。分析用例可知,《例释》认为"正+形容词"表示状态持续。而王文在定量统计时,将可译为"正"的"方"都归入表示状态持续一类,这明显与已有研究成果有悖。

第二点不具有必然性，只是一个相对的判别标准。

王陈文通过统计《诗经》《左传》等先秦文献的用例，证明表状态持续的"方"使用比例明显高于其他用法的"方"。使用比例高的很可能产生时间也较早，据此认为该用法为语法化源头具有一定程度的可信性。

然而，我们对《诗经》等文献进行了重新统计，发现王陈文的定量统计与实际情况有很大的出入。为了更好地论述这些问题，本文将从两个方面探讨：（1）分析王陈文存在的问题例证，检验该文对文献中"方"时体的判定是否准确。（2）重新统计"方"表状态持续用法的数量及其在所有时体用法的总数量中所占的比例。

我们认为，王陈文所举的以下例证，是有问题的：

（1）昔有夏之方衰也，后羿自钮迁于穷石，因夏民以代夏政。（《左传·襄公四年》）

（2）国家方危，诸侯方贰，将以袭敌，不亦难乎？（《左传·定公四年》）

（3）对曰："群盗，郡守尉方逐捕，今尽得，不足忧。"（《史记·秦始皇本纪》）

（4）既而弥月不雨，民方以为忧。（苏轼《喜雨亭记》）

（5）昔我往矣，日月方除。（《诗经·小雅·小明》）

（6）敦彼行苇，牛羊勿践履。方苞方体，维叶泥泥。（《诗经·大雅·行苇》）

（7）天之方难，无然宪宪；天之方蹶，无然泄泄。（《诗经·大雅·板》）

（8）水潦方降，疾疟方起，中山不服，弃盟取怨，无损于楚，而失中山，不如辞蔡侯。（《左传·定公四年》）

这类问题例证可分两种情况，（1）—（4）错误较明显，王陈文的时体界定有误；（5）—（8）可有多种解释，王文的时体界定未必成立。试逐例分析。

例（1），"昔有夏之方衰也"，沈玉成（1981：260）将其翻译为"从前夏朝刚刚衰落的时候"，王陈文则倾向于认为"衰"表示一种状态，

"方衰"表示状态持续。其证据是："衰"与"壮""盛"等相对，后者一般理解为状态持续；夏衰是一个很长的时间段，"后羿并非在夏刚开始衰弱时取而代之的"。

其论证有所失察，《左传》的"衰"并不与"壮""盛"相对，而是与"兴"相对。如："周之兴也，其《诗》曰：'仪刑文王，万邦作孚'，言刑善也。及其衰也，其《诗》曰：'大夫不均，我从事独贤'，言不让也。"(《左传·襄公十三年》)"兴"义为"兴起"，"衰"义为"衰落、衰败"。在涉及国家兴衰时，"衰"多用作动态动词。

就本句而言，"昔有夏之方衰也"只统摄"后羿自鉏迁于穷石，因夏民以代夏政"，正是刚开始衰弱的时候。原文后还有："恃其射也，不修民事，而淫于原兽，弃武罗、伯因、熊髡、龙圉，而用寒浞。寒浞，伯明氏之谗子弟也，伯明后寒弃之，夷羿收之，信而使之，以为己相。浞行媚于内，而施赂于外，愚弄其民，而虞羿于田。树之诈慝，以取其国家，外内咸服。羿犹不悛，将归自田，家众杀而亨之，以食其子，其子不忍食诸，死于穷门。靡奔有鬲氏。浞因羿室，生浇及豷，恃其谗慝诈伪，而不德于民，使浇用师，灭斟灌及斟寻氏。处浇于过，处豷于戈。"这些也是夏朝衰败时的表现，但已经是"方衰"后更进一步的情形。语篇前后照应明显，故沈玉成的翻译可从。

汪维辉、胡波(2013)指出语料分析包含四个方面，其中第一个方面就是"确认有效例证"。例(1)可视为无效例证。

例(2)、例(8)是前后文关系，放在一起讨论。例(2)，王陈文界定为表状态持续，并加小注否定前人解释："沈玉成(1981：521)将这两句译为：国家正在危急，诸侯正在三心二意。笔者以为不妥，这里的状态谓词用'正在'修饰显得有点别扭。"孤立地看，"方危"可表示一种状态。但《左传》处于谓语位置的"危"只表示一种变化，即用于由"不危"到"危"转变的语境中，如：

(9) 国危矣，若使烛之武见秦君，师必退。(《左传·僖公三十年》)

(10) 失二德者，危，将焉保？(《左传·哀公七年》)

例(9)是郑国的佚之狐所说的话，其说话的背景是秦、晋围郑。郑国由安全变成被围，所以"国危"，显示出情势的变化。如果说例（9）的"矣"对时体也在起作用的话，那么例（10）的"危"对时体的作用就更明确。例（10），"危"并未与副词或助词搭配，但仍表示一种变化。王陈文认为例（2）中的"危"用于表示状态持续的语境，这不合全书的词例。①

自"国家方危"至"不如辞蔡侯"都是晋国荀寅所说的话，除"危"外，其余与"方"搭配的词中，"贰"义为"怀有二心""降"为"降下、降落""起"为"产生、兴起"。

例（8），王陈文界定为表动作进行。"中山不服"叙述的是已然事件（定公三年中山曾击败晋军），"水潦方降，疾疟方起"与"中山不服"同现，句中的"方"既可以理解为表动作进行，又可以理解为表发生不久。② 就《左传》所提供的背景信息，很难确定何种解释更准确。水潦降、疾疟起、"中山不服"都是"国家方危"的表现。"方危""方贰"可以分析为表动作进行，也可以分析为表发生不久。比较而言，前一种分析稍优。

综言之，沈玉成对例（2）的翻译并无窒碍，王陈文的否定不能成立。例（8）存在两种理解的可能，王文径直界定为表动作进行并不合适。

例（3），王陈文界定为表发生不久。该例所在段落是："七月，戍卒陈胜等反故荆地，为'张楚'。胜自立为楚王，居陈，遣诸将徇地。山东郡县少年苦秦吏，皆杀其守尉令丞反，以应陈涉，相立为侯王，合从西乡，名为伐秦，不可胜数也。谒者使东方来，以反者闻二世。二世怒，下吏。后使者至，上问，对曰：'群盗，郡守尉方逐捕，今尽得，不足忧。'上悦。武臣自立为赵王，魏咎为魏王，田儋为齐王。沛公起沛。项梁举兵会稽郡。"从原文看，群盗并未捕得。划线句子可以理解为："郡守尉正

---

① 洪诚（2000：210—218）总结了"训诂学几个重要的原则"，其第三条是"通古书的词例"。即"语言词义有变化，用词的法则也有变化"；各个时代、同时代不同书之间的词例均有不同；《诗》《书》与《论》《孟》不同，《论》《孟》与《庄》《荀》也有不同。洪先生所论极是。《左传》也有其词例，解释其词语时应统盘考虑全书的通例。

② 此外，承审稿专家提示，"水潦方降，疾疟方起"中的"方"字，还有可能读作"旁"，训作"大"。"水潦方降，疾疟方起"即"水潦大降，疾疟大起"的意思。如西周《多友鼎》铭文："唯十月，用玁狁旁兴，广伐京师。"

在抓捕群盗，快要全抓住了，不用为之忧虑。"此处"今"义为"将"，与"方"相呼应，"方"表示动作进行。王陈文理解为表发生不久，应是泥于"今"的"现在"义，而未从前后文语境加以考虑。

例（4），王陈文理解为表示持续（动作/状态）。该例前后文为："是岁之春，雨麦于岐山之阳，其占为有年。既而弥月不雨，民方以为忧。越三月乙卯，乃雨，甲子又雨，民以为未足，丁卯，大雨，三日乃止。"从文中可知，"方"义为"才"。理由是："其占为有年"，表明起初民众从占卜的结果认为当年应该是丰年，尚无忧虑可言；民众本以为会风调雨顺，却"弥月不雨"，其情感才因之转变；"民方以为忧"正是"弥月不雨"的结果，将之理解为"才"较为合适。王陈文是转引韩峥嵘（1984）的观点，可惜未能核对原文以确认"方"的意义，是其失察。

例（5），王陈文界定为表状态持续。分析《诗经》用例时，应参照前人注释成果。注释《诗经》的著作，可观者多有。① "日月方除"之"方"，胡承珙认为是"始"，黄典诚、陈子展释为"正"，马瑞辰释作"将"。

王陈文认为"除"是"做谓语的名词性成分，语义上也包含一个判断性的静态动词"。说"除"语义上包含判断性的静态谓词，或许是受现代汉语影响。王力（1980：345）说："在现代汉语里，判断句以用系词为常。在上古汉语里，情况正相反，名词不需要系词的帮助就可以构成判断。"名词可以直接作判断性谓词。说"语义上也包含"，是受现代汉语语感影响所致。此外，注家对"除"的解释有争议。《毛传》："除，除陈生新也。"其后的注家或说通"余"、或说通"涂"。依《毛传》解释，文无窒碍，本字可通时不必强言通假，则"除"应视为动词而非名词。但无论何种解释，均不能将"方"理解为表状态持续，而应是表示动态变化。

《诗经》中同一个"方"有多种解释，是因为多数诗句无确切时间背景，而且汉语缺乏形态标记，与"方"搭配的动词无形态变化。从本文

---

① 我们参考的相关注释成果有：《毛传》，《郑笺》，孔疏（《正义》），朱熹《诗集传》，胡承珙《毛诗后笺》，马瑞辰《毛诗传笺通释》，陈奂《诗毛氏传疏》，黄典诚《诗经通译新诠》，陈子展《诗经直解》，程俊英、蒋见元《诗经注析》等。毛传、郑笺、孔疏均引自阮刻《十三经注疏》。为行文简明，诸家引文均不注明页码。分析时，先引诸家观点，后出己见；诸说皆可通时，不强作解人。

所讨论的几条用例均可看出，"方"的歧解现象很难避免。某些"方"的意义借助于上下文可以基本确定，但数量较少。

例（6），王陈文将"方苞"之"方"界定为表状态持续，将"方体"之方界定为表发生不久。我们所参考的已有解释并未将两个"方"界定为不同时体。这两个"方"，程俊英等释为"方才，开始"，黄典诚、陈子展释为"正在"，《正义》、陈奂等理解为"将，将要"。王陈文认为"方苞"表示状态持续，"方体"表示发生不久，与以上三种解释均有龃龉，其观点缺乏训诂依据。

《诗经》有"将+VP_1，将+VP_2"（VP_1、VP_2表示不同的动词性成分）、"既+VP_1，既+VP_2"的格式，如：

（11）将翱将翔，弋凫与雁。（《诗经·郑风·女曰鸡鸣》）
（12）大田多稼，既种既戒，既备乃事。（《诗经·小雅·大田》）

其中，同一句的两个"将"、两个"既"都表达相同的时体意义。作为语言使用者在同一句中用两个"方"表示不同的时体意义，似乎无此必要。同时，"将"表示"即将发生"，"既"表示"已经发生"，而"正在发生"缺位，"方+VP_1，方+VP_2"正可弥补缺位。从这一角度而言，我们认为"方苞方体"表示动作进行更为合理。

例（7），王陈文界定为表动作进行。黄典诚、陈子展、程俊英等将"方"释为"正在"；《郑笺》《正义》将"方"释为"方欲"，为"未至之辞"。

此诗出现了"上帝""天"二词，胡承珙认为"上帝"指周王，"天"指上天，说解明通，可信从。该诗首章言："上帝板板，下民卒瘅。出话不然，为犹不远。靡圣管管，不实于亶。犹之未远，是用大谏。"指出周王无道，但尚未酿成灾祸，故诗人发言规劝。于是此下有"天之方难，无然宪宪；天之方蹶，无然泄泄。天之方虐，无然谑谑。……天之方懠，无为夸毗"，这都属于规劝的内容。若天罚正在发生，则首章应重点描述国家四伏之危机，以与之照应。故玩味诗义，本文倾向于将"方"界定为表即将发生。

由于王陈文没有提出鉴别"方"几种时体用法的可靠标准，确认其功能的方法基本依赖于对文献中 "方" 意义的理解。通过本文分析的八条例证可以看出，王文在判断 "方" 的意义并据以确定 "方" 的时体用法时，对传统训诂学成果借鉴不足，带有较强的主观性。这是其立论基础薄弱的关键所在。同时，也应看到，某些例子很难得到确诂，不同研究者往往有不同理解。此类例子不能作为立论基础，在定量统计时应给予特殊处理。

王陈文使用了较多的有争议的例子，有效例证比例偏低，那么定量统计就难以保证准确性。以下从数量比例看 "方" 表状态持续的用法。王文统计了《诗经》《左传》等著作 "方" 所有时体用法的总数量、每种时体用法的实际数量、状态持续在表示持续用法（状态持续、动作持续）的总数量中所占的比例。

为了更深入的探讨这一问题，我们重新统计了《诗经》《左传》 "方" 所有时体用法的总数量、状态持续用法的数量、状态持续用法的数量在总数量中所占的比例，并与王陈文的相关统计做了对比见表1：

表1

	《诗经》	《左传》
状态持续（王文统计）	14（61%）	27（79%）
状态持续（笔者统计）	7（30%）	10（29%）
时体用法总数量	23（100%）	34（100%）

我们统计的《诗经》《左传》 "方" 所有时体用法的总数量与王陈文的统计结果相同，但统计的表状态持续的 "方" 的数量则远远低于王文的统计结果。表中括号内的百分数表示在总用法中所占的比例。可以明显看出，依据本文的统计结果， "方" 表状态持续在《诗经》《左传》中并不占主导地位。

为了直观，将本文统计的表状态持续的 "方" 的用例列表2，某些例子的 "方" 有多种解释，为避免主观判断，一并列出：

表2

《诗经》 （7例）	溱与洧，方涣涣兮。士与女，方秉蕳兮。（郑风·溱洧）	昔我往矣，黍稷方华。（小雅·出车）
	民今方殆，视天梦梦。（小雅·正月）	燎之方扬，宁或灭之。（小雅·正月）
	嘉我未老，鲜我方将。旅力方刚，经营四方。（小雅·北山）	—

续表

《左传》 （10例）	今邢方无道，诸侯无伯，天其或者欲使卫讨邢乎？（僖公十九年）	昔夏之方有德也，远方图物，贡金九牧，铸鼎象物，百物而为之备，使民知神、奸。（宣公三年）
	楚师方壮，若萃于我，吾师必尽，不如收而去之。（宣公十二年）	晋君方明，四军无阙，八卿和睦，必不弃郑。（襄公八年）
	楚王方侈，天或者欲逞其心，以厚其毒而降之罚，未可知也。（昭公四年）	许不专于楚，郑方有令政。（昭公十八年）
	郑方有罪，不可救也。（哀公九年）	宋方吉，不可与也。（哀公九年）
	吴方无道，无乃辱吾君，不如止也。（哀公十二年）	吴方无道，国无道，必弃疾于人。（哀公十二年）

可见，王陈文所举实例和数据统计都不够准确，说服力不强。据此立论，难免有削足适履之嫌。

就已发现的商代甲金文而言，时间副词"方"似尚未出现，其多种时体用法的演变很可能是在西周的几百年中完成的。[①] 在研究中古、近代汉语时，学者们对于后时语料抱持非常谨慎的态度。在研究上古汉语时，也应持这种态度。除《诗经》《左传》外，王陈文还重点考察了《史记》。这三部书写定时间相差数百年，不能放在同一平面进行分析。对王文结论的否定并不代表"方"的多种时体用法之间的关系完全无迹可寻。综合考察上古汉语各种时间副词的发展演变脉络，或许会对"方"时间副词用法关系的研究有所助益。

参考文献

1. （汉）司马迁：《史记》，中华书局 1959 年版。
2. （宋）苏轼：《苏轼文集》，中华书局 1986 年版。
3. （宋）朱熹：《诗集传》，上海古籍出版社 1987 年版。
4. （清）陈奂：《诗毛氏传疏》，商务印书馆 1933 年版。
5. （清）胡承珙：《毛诗后笺》，上海古籍出版社 1996 年版。

---

① 张玉金（2003，2004：19）界定了西周时期的传世文献：《周易》的卦辞、爻辞，《诗经》的《周颂》《大雅》《小雅》，《尚书·周书》的《大诰》至《吕刑》诸篇，《逸周书》的《世俘》《商誓》《皇门》《尝麦》《祭公》《芮良夫》《度邑》《克殷》《作雒》诸篇。大、小《雅》中的"方"已有三种时间副词用法，说明西周时期"方"的语法化已经完成。

6.（清）马瑞辰：《毛诗传笺通释》，中华书局 1989 年版。

7.（清）阮元：《十三经注疏》，中华书局 1980 年版。

8. 北京大学中文系 1955、1957 级语言班：《现代汉语虚词例释》，商务印书馆 1982 年版。

9. 陈子展：《诗经直解》，复旦大学出版社 1983 年版。

10. 程俊英、蒋见元：《诗经注析》，中华书局 1991 年版。

11. 戴耀晶：《现代汉语时体系统研究》，浙江教育出版社 1997 年版。

12. 韩峥嵘：《古汉语虚词手册，》吉林人民出版社 1984 年版。

13. 洪诚：《训诂学》，载《洪诚文集》，江苏古籍出版社 2000 年版。

14. 黄典诚：《诗经通译新诠》，华东师范大学出版社 1992 年版。

15. 吕叔湘等：《现代汉语八百词》（增订本），商务印书馆 1999 年版。

16. 沈玉成：《左传译文》，中华书局 1981 年版。

17. 汪维辉、胡波：《汉语史研究中的语料使用问题——兼论系词"是"发展成熟的时代》，《中国语文》2013 年第 4 期。

18. 王继红、陈前瑞：《副词"方"多种时体用法的关系》，《中国语文》2012 年第 6 期。

19. 王堪法、黄国文：《略谈英语的静态动词和动态动词》，《现代外语》1981 年第 4 期。

20. 王力：《汉语史稿》，中华书局 1980 年版。

21. 杨伯峻：《春秋左传注》，中华书局 2009 年版。

22. 杨荣祥：《近代汉语副词研究》，商务印书馆 2005 年版。

23. 张玉金：《西周汉语语法研究的回顾暨展望》，《语言研究》2003 年第 3 期。

24. 张玉金：《西周汉语语法研究》，商务印书馆 2004 年版。

25. 中国社会科学院语言研究所词典编辑室：《现代汉语词典》（第 6 版），商务印书馆 2012 年版。

（张福通，男，助理研究员，博士，从事汉语史研究。通信地址：南京市栖霞区仙林大道 163 号南京大学文学院。邮编：210023。电子邮箱：zhangfutongqf@ 163. com。）

《战国策》"贾不归四国"之"归"义证*
——兼谈"归"与"馈"的关系

郭浩瑜

（华南师范大学文学院）

摘　要： 关于《战国策》中"贾不归四国"一句中的"归"的注释历来有分歧，或释为"回归"，或释为"馈赠"，或释作"归附""前往"。根据我们对上古汉语中"归"的调查，"贾不归四国"中"归"是"归附""前往"之意，而非"馈赠"之意。我们还从文献调查中得到启发，认为："归""馈"的"馈赠"意义本就是殊途同归，而上古汉语"馈"因其使用有一定限制，反而不如"归"使用广泛，进而从"馈"的语法特点再次确定此句中的"归"无"馈"义。

关键词： 战国策；贾不归四国；归；馈

一　前人的有关注解和译文

《战国策·秦策五·四国为一》① 中有这样一段话：

王召姚贾而问曰："吾闻子以寡人财交于诸侯，有诸？"对曰："有之。"王曰："有何面目复见寡人？"对曰："曾参孝其亲，天下愿以为子；子胥忠于君，天下愿以为臣；贞女工巧，天下愿以为妃。今贾忠王而王不知也，<u>贾不归四国，尚焉为之？</u>使贾不忠于君，四国之王尚焉用贾之身？桀听谗而诛其良将，纣闻谗而杀其忠臣，至身死国

---

* 2015 年度广东省普通高校特色创新类项目基金 "国学经典误读释例"。

① 本文所用的篇目编次按缪文远、缪伟、罗永连译注的《战国策》，中华书局 2012 年版。

亡。今王听谗，则无忠臣也。"

对于这段话的注解，各家的分歧主要在划线部分。有以下几种解释：

（一）第一种将"归"解释为"馈"，如何建章（1990：291）把"贾不归四国，尚焉之"翻译为："我如果不馈赠四国，又把钱用到那（按：哪）儿去呢？"他认为"归"通"馈"，意同"赠"。张彦修（2010：215）亦注释"归"为"财物送给"；他把"尚焉之"解释为"会到哪里去"，但并没说明这个"到哪里去"是指财物还是姚贾自己。杨子彦（2014：127）也是持这种说法："如今我忠实于大王而大王不知道。我不把财物用来馈赠四国，又把钱用到哪里去呢？假如我不忠实大王，四国国君怎么还会信用我？"

（二）第二种将"归"解释为"使……归属/归附"。孟庆祥（1986：218）译为："假使我不让四国归服秦王，还能让他们归服谁？"王守谦等（1992：220）、夏侯忠良（1994：143）、刘建生（2012：165）的译文与此相同。

（三）第三种将"归"译为"前往""归附""去到"。比如，缪文远（2012：231）译为"我不到四国，又到哪里去呢？"熊宪光（1988：170）："（现在我姚贾对大王忠心耿耿，大王却不了解。）这样，我姚贾不回到四国去，还能去哪里？假使我姚贾对国君不是忠心耿耿，四国的君主还为什么用我呢？"梁方健、孙蕴（2012：93）的译文与此类似："（如今我忠于您而您却不知道。）我不到四国，还到哪里去呢？（假如我不忠于您，四国的国君还凭什么信任我？）"

范祥雍（2006：482）的注释引吴师道之说："曾参止之身云云，即陈轸之说。"范云："陈轸语见策一《田莘之为陈轸说秦惠王章》及《陈轸去楚之秦章》，略同。但彼策以张仪谮陈轸贰楚，以之楚为验，故秦王问之。轸答以'不之楚，何适乎'，文义自合。此策秦王责以财交四国之事，而贾乃谓'臣不归四国，尚焉之'，答非所问，窃疑此段文字亦策士剿袭之说耳。"范说以"不之楚，何适乎"释"贾不归四国，尚焉之"，显然把"归""之"也释为"去往"的意思。

（四）第四种情况是把"归"解释为"回"。比如朱本军（2015：282）的解释："（如今我姚贾忠于大王，而大王竟毫不知情。）我不从这四国回秦国，我还能去哪里？（如果我姚贾不忠于大王，这四国怎么可能任用我？）"把"归"解释为"回"。

（五）第五种属于杂糅派，比如王延栋（2009：132）把"归"解释为"通'馈'"，而"焉之"解释为"何往"，译文作："我不赠送东西给四国，我还能到哪里去呢？（假使我对大王不忠心，四国的君王还怎么能用我呢？）"

还有一些书未对此处作注，大概认为无甚特别之处，如西汉刘向的辑录、诸祖耿的《战国策集注汇考》、郭人民的《战国策校注系年》等。

二　《战国策》中"归"的用法

这些解释之间最大的分歧在于对"归"的理解。

"归"，《说文解字》释其本义为"女嫁也"。除此之外，先秦"归"也有"合并""归依""归属""归到一处"等义。除了"贾不归四国"之外，《战国策》中的"归"有如下几种用法：

（一）归$_1$：意思为"归家""回国"，动词，这类例子最多，有79例。其主语往往是"归"的施事，一般是指人名词，如例（1）、（2）；这种情况的"归"的动作终点往往不必出现，因这个终点非指其国即指其家。

　　（1）说秦王书十上而说不行。黑貂之裘弊，黄金百斤尽，资用乏绝，去秦而归。（《秦策一·苏秦始将连横说秦惠王曰》）
　　（2）向寿归，以告王，王迎甘茂于息壤。（《秦策二·秦武王谓甘茂曰》）

这个意义带宾语时，一般活用为使动用法；回国或回家这个动作的施事在"归"之后，意谓"送/使……回家/回国"；句子的主语则往往是促使某人"归"这个事件发生的致使者，如例（3）、（4）。

　　（3）入说王后，王后乃请赵而归之。（《秦策五·濮阳人吕不韦贾于邯郸》）
　　（4）赵王立割五城以广河间，归燕太子。（《秦策五·文信侯欲攻赵以广河间》）

归₁偶尔也可充当宾语，如例（5），指称"回国""回家"之事。动词表指称的现象在先秦是很普遍的。

（5）言要道已备矣，愿得赐归，安行而反臣之邑屋。（《齐策四·齐宣王见颜斶》）

（二）归₂：意谓"归还"，动词，这类用法约有 19 例。主语多为表施事的指人名词，宾语一般是指物的名词，表受事。归₂当为"使……归"的受事宾语由指人名词扩展至指物的无生命名词而产生的引申义。和第一种意义相类之处在于，"归"都有从他处回归其原本所在之处的意思。《战国策》中"归还"的对象多为土地、城邑等。例如：

（6）函冶氏为齐太公买良剑，公不知善，归其剑而责之金。（《西周策·司寇布为周最谓周君曰》）

（7）王能听臣，莫如归燕之十城，卑辞以谢秦。（《燕策一·燕王哙时》）

（三）归₃："归属"之义，共 24 例，仅次于第一种情况，如例（8）、（9）。与归₁和归₂的不同点在于：

其一，动作方向有别。归₃并非回归其本来所在之处，而是从其原本所在之处转至他处。

其二，与归₁不同，归₃之后多半带有宾语，表示施事或当事的所至之处。

其三，主语既可指人也可指物，为"归"的施事或当事。

（8）战胜攻取，则利归于陶；国弊，御于诸侯；战败，则怨结于百姓，而祸归社稷。（《秦策三·范雎曰》）

（9）无可往矣，宗庙亡矣，魂魄悃矣！归于何党矣！（《齐策六·田单将攻狄》）

与归₁相同之处在于，也可以活用为"使……归"，表"使……归属""将……交给"之义，则当事位于"归"之后，如例（10）：

（10）周之君臣，内自画计，与秦，不若归之大国。（《东周策·秦兴师临周求九鼎》）

《战国策》中"归"的其他意义和用法还有：（1）"三归"，组成专有名词，如"管仲故为三归之家，以掩桓公，非自伤于民也"（《东周策·周相吕仓见客于周君》），缪文远（2012：16）释为"储存财富的地方"；（2）通"愧"，如"羸滕履屩，负书担橐，形容枯槁，面目犁黑，状有归色"（《秦策一·苏秦始将连横说秦惠王曰》）。因与本文所讨论的"归"的基本意义和用法关系不大，此从略。

三　"贾不归四国"之"归"义辨

我们认为"贾不归四国"之"归"应属于《战国策》中归₃的意义和用法，应与前人注释中的第三种说法相同。理由如下：

（一）"归"的施事乃句子的主语"贾"，"四国"则是其归属的终点。与这种结构相同的则只有归₃。

当然，"四国"作为一个主体也有可能是"归"的当事而"归"有使动的活用现象。然从上下文来看四国并没有归附秦国。文中只提到"姚贾辞行，绝其谋，止其兵，与之为交以报秦"，并未提及归附之事。何况，在"贾不归四国，尚焉之"这个句子里，"归"如可理解为"使……归附"，后文的"之"却没有这种意义和用法与之对应，两句话放在一起显然不合逻辑。倒是把"归"和"之"都解释为"贾"的"前往、前去"，则显然是一个辞顺意达的表达。

《战国策》中还有不少"归"也是表"归附""投身""前往"之义，同于"贾不归四国"。如：

（11）燕立昭王，而苏代、厉遂不敢入燕，皆终归齐，齐善待之。（《燕策一·初苏秦弟厉因燕质子而求见齐王》）——缪文远（2012：938）释此"归"为"归附"。

（12）将军过听，以与寡人有隙，遂捐燕而归赵。（《燕策二·昌国君乐毅为燕昭王合五国之兵而攻齐》）——缪文远（2012：981）

释"捐燕而归赵"为"抛弃燕国去了赵国"。

（13）夫樊将军困穷于天下，归身于丹，丹终不迫于强秦而弃所哀怜之交，置之匈奴，是丹命固卒之时也。（《燕策三·燕太子丹质于秦》）——缪文远（2012：1007）释"归身于丹"为"投身到我（丹）这里来"。

（14）樊将军以穷困来归丹，丹不忍以己之私而伤长者之意。（《燕策三·燕太子丹质于秦》）——缪文远（2012：1012）释"归"为"投奔"。

此"归"也不是"赠予"之意。假若其表"赠与"之意，则是一个三价动词，我们用归$_4$表示。归$_4$一般与三个名词性词语有关：指人名词，"归$_4$"的施事，充当主语；"归$_4$"的受事，指物名词，直接宾语；"归$_4$"的与事，指人名词，间接宾语。例（15）、（16）即属此类情况。也可承上或蒙下省略间接宾语，如例（17）、（18）。

（15）（齐侯）归公乘马，祭服五称，牛、羊、豕、鸡、狗皆三百与门材。归夫人鱼轩，重锦三十两。（《左传·闵公二年》）

（16）阳货欲见孔子，孔子不见，归孔子豚。（《论语·阳货》）

（17）齐人归女乐，季桓子受之，三日不朝，孔子行。（《论语·微子》）

（18）秋七月，天王使宰咺来归惠公、仲子之赗。（《春秋·隐公元年》）

不过《春秋》与《左传》中的"归"省略间接宾语都是在"归"的与事是鲁国的情况下，且"归"前常常有"来"，则与事众所周知是鲁国，故省。

《战国策》的"贾不归四国"中的"归"不符合归$_4$的情况。

（二）从上下文的语境来看，"贾不归四国"中的"归"译为"前往""归附""去到"也更加允当。正如范祥雍（2006：482）所注，姚贾此说，与陈轸说秦惠王相类。

在《秦策·陈轸去楚之秦》中，张仪在秦王面前说陈轸的坏话，"轸驰楚、秦之间，今楚不加善秦而善轸，然则是轸自为而不为国也。"这与

《四国为一》中韩非对姚贾的诋毁相似："贾以珍珠重宝南使荆、吴，北使燕、代之间三年，四国之交未必合也，而珍珠重宝尽于内，是贾以王之权、国之宝，外自交于诸侯，愿王察之。"

对于秦王的质问，陈轸回答说："曰孝己爱其亲，天下欲以为子；子胥忠乎其君，天下欲以为臣。卖仆妾售乎闾巷者，良仆妾也；出妇嫁乡曲者，良妇也。"这与姚贾应对秦王的话语也是异曲同工的："曾参孝其亲，天下愿以为子；子胥忠于君，天下愿以为臣；贞女工巧，天下愿以为妃。"

譬喻之后的结论也是几乎相同的，陈轸说的是"君不忠于君，楚亦何以轸为忠乎？忠且见弃，吾不之楚，何适乎？"姚贾的言词为"今贾忠王而王不知也，贾不归四国，尚焉之？""之""适""归"都有"前往""去往"之意，在上下文里构成互训。若把"归"解释为"馈赠""回来"，显然扞格难通。

只是此段文字似有脱漏，读来不似《陈轸去楚之秦》之顺畅自然。因王问姚贾"有何面目复见寡人"，而姚贾答之"贾不归四国，尚焉之"，显然正是范祥雍（2006：482）之所谓"答非所问"，故而他疑心"此段文字亦策士剿袭之说耳。"然若此处解释"归"为"馈"，亦同样前言不搭后语。因为秦王质问的并非姚贾为什么将秦王所给的珍珠重宝交给四国——秦王给他珍珠重宝本来就是交予他结交四国的，而是质问他利用珍珠重宝结交四国是为己还是为秦罢了。既然并非秦王质询珍珠宝物的下落问题，姚贾为什么要回答"我不把东西送给四国还能送给谁？"

故而无论从语法结构还是语义语境的角度看，此处的"归"都不应该是"馈赠"或"使……归服"的意思；至于翻译为"从四国回秦国"的说法，恐怕不符合原文的结构，若译为此说，则应说"归自四国"，不当说"归四国"。

四 "归"与"馈"的意义关联

（一）"馈"，《说文解字》释为："饷也。从食，贵声。"以食物送人的意思。

《战国策》中仅有2例"馈"，皆与食物有关：

（19）孝成王方馈，不堕食。（《赵策三·齐人李伯见孝成王》）——缪文远（2012：619）释"馈"为"吃饭"。

（20）秦民之死者厚葬，伤者厚养，劳者相飨，饮食铺馈，以靡其财。（《中山策·昭王既息民缮兵》）——此"馈"或作"馈"，缪文远（2012：1058）注为"馈，通馈"。

从先秦文献的调查情况来看，"馈"多与食物有关。比如《诗经》中仅有1例"馈"，也与食物有关，如：

（21）于粲洒扫，陈馈八簋。（《诗经·小雅·伐木》）

而"归"则有92例，表"馈赠"义的有1例，与食物无关：

（22）自牧归荑，洵美且异。匪女之为美，美人之贻。（《诗经·邶风·静女》）

《庄子》中有30多例"归"，无"馈赠"义；有两例"馈"，其中一例通"愧"（陈鼓应，1983：665），另一例表送食物的意思：

（23）曰："吾尝食于十浆，而五浆先馈。"（《庄子·杂篇·列御寇》）

《国语》中的"馈"有6例，也都是馈赠太牢或食物的意思。

（24）上卿逆于境，晋侯郊劳，馆诸宗庙，馈九牢，设庭燎。（《国语·周语上》）

（25）乃改馆晋君，馈七牢焉。（《国语·晋语三》）

（26）僖负羁馈飧，置璧焉。（《国语·晋语四》）

（27）其祭典有之曰：国君有牛享，大夫有羊馈，士有豚犬之奠，庶人有鱼炙之荐，笾豆、脯醢则上下共之。（《国语·楚语上》）

《左传》中有"馈"18例，其中14例明显是与食物有关。

或为动词，表示"送食物"或太牢，例如：

　　（28）于是诸侯之大夫戍齐，齐人馈之饩，使鲁为其班。后郑。（《左传·桓公六年》）——杨伯峻（1990：113）注曰："凡馈人以食物，其熟者曰饔，其生者曰饩。饩有牛、羊、豕、黍、粱、稷、禾等。"

　　（29）改馆晋侯，馈七牢焉。（《左传·僖公十五年》）

　　（30）乃馈盘飧、寘璧焉。（《左传·僖公二十三年》）

　　（31）公在会，馈之刍、米，礼也。（《左传·僖公二十九年》）

　　（32）年自七十以上，无不馈诒也，时加羞珍异。（《左传·文公十六年》）

　　（33）及宣伯奔齐，馈之。（《左传·昭公四年》）——杨伯峻（1993：326）译此"馈之"为"送给他食物"。

或组成相关的结构，如"馈者"指送食物之人，例：

　　（34）僖子使子士之母养之，与馈者皆入。（《左传·哀公六年》）

或可以表示所送的食物，名词。例如：

　　（35）（穆子）疾急，命召仲，牛许而不召。杜洩见，告之饥渴，授之戈。对曰："求之而至，又何去焉？"竖牛曰："夫子疾病，不欲见人。"使置馈于个而退。（《左传·昭公四年》）

　　（36）馈入，召之。比置，三叹。既食，使坐。（《左传·昭公二十八年》）

《左传》中还有一个名词"馈人"，指的是"为诸侯主持饮食之官"（杨伯峻，1990：850），如：

　　（37）六月丙午，晋侯欲麦，使甸人献麦，馈人为之。（《左传·成公十年》）

可见，从字形和意义上看，"馈"多与饮食之物有关，后来才由馈送食物扩展至馈赠其他物品。《左传》中即便"馈"可延伸至其他食物之外的其他赠品，也多与食物并提，同时充当"馈"的宾语。例如（38）、（39）、（43）：

(38) 夫人使馈之锦与马，先之以玉。（《左传·襄公二十六年》）

(39) 卫人使屠伯馈叔向羹与一箧锦。（《左传·昭公十三年》）

(40) 鸜鹆之羽，公在外野，往馈之马。（《左传·昭公二十五年》）

(41) 吴将伐齐，越子率其众以朝焉，王及列士皆有馈赂。（《左传·哀公十一年》）

(42) 康子馈药，拜而受之。（《论语·乡党》）

(43) 朋友之馈，虽车马，非祭肉，不拜。（《论语·乡党》）

《史记》中的"馈"有18例，也多与食物有关；其中与"遗"并列、可指赠送包括食物在内的其他物品的有5例。如：

(44) 人闻其能使物及不死，更馈遗之，常余金钱帛衣食。（《史记·孝武本纪》）

(45) 当是时，汉通西南夷道，作者数万人，千里负担馈粮，率十余锺致一石，散币于邛僰以集之。（《史记·平准书》）

(46) 齐襄王闻雎辩口，乃使人赐雎金十斤及牛酒，雎辞谢不敢受。须贾知之，大怒，以为雎持魏国阴事告齐，故得此馈，令雎受其牛酒，还其金。（《史记·范雎蔡泽列传》）

可见，"馈"的词义引申过程大致如下：
①致送食物【动词】：[动作：致送]+[对象：食物]，如例（23）；
②赠送食物【动词】：[动作：赠送]+[对象：食物]，如例（26）；
③赠送祭品【动词】：[动作：赠送]+[对象：祭品]，如例（25）；
④赠送物品【动词】：[动作：赠送]+[对象：其他事物]，如例（42）。

"馈"本表"致送（食物）"之义，其宾语多是馈赠食物的对象或馈赠之食物，后来宾语扩展至包括食物在内的其他物品，进而可以单独带非食物类宾语。这是词义引申的结果。从语法结构上看，也可能在一定程度上受到了"归"的影响和"遗"的沾染。具体情况，有待于我们对"馈赠"类词语进行系统的调查和研究。

从我们对先秦"馈"的语义和语法情况的调查来看，它多数指馈赠、致送食物，即便有涉及其他礼物，也多与礼仪、祭祀有关。如果单独用动词"馈"而不带直接宾语，"馈"都是默认表示致送食物。故而《战国策》这则里"贾不归四国"的"归"并非与"馈"通假，应该显而易见的事情。

（二）本文还认为，"归"表馈赠之义亦可说与本义有关。因为"归"的用法本来就有两类：其一，由某人或某处回归其原本之所，类似归还、回归之意；其二，由原本之所在前往某处或某人所在，类似归附、赠与。

这大概与"归"的"女嫁也"的本义有关，因"嫁"是女子从母家嫁到夫家：对母家而言，女子是从其原本所在前往某所；对夫家而言，女子即是找到自己终身的"家"。"送回""回家""回国"等属于第二种角度的引申，"归附""前往""交给""馈赠"则属于第一种意义的延展。这些意义之间显然有千丝万缕的联系。"馈赠"不过多附加上了一层施恩、施惠或礼仪上的感情意义。

比如下面的例（47）、（48），就是"致送"之意，不适合解释为"馈赠"，显然与致送食物之"馈"有暗合之处。例（49）"归"的对象是人，但并非"嫁"的意思，因为季隗早就嫁给重耳，并育有二子了，此"送给""送来"之意，此例中的句法结构与例（47）无别，意义上的联系也很明显。例（50）的对象也是人，是"带回"的意思，然对京师这个处所而言，则是从他处前来，因卫侯已被控，毫无行动自主能力，此"归"亦有"送……到"的意义。例（51）中先轸在与狄人的战斗中"免胄"以"自讨"，死得很英勇，狄人可能是出于敬佩，将他的头送回晋国。这里的"归"既有"送回"之义，也有"馈赠"之义。因为狄人此刻是晋的敌对方，晋人没有提出交换，狄人也没有交回先轸的整个尸身，送回他的头部不过是狄人的额外示好的行为罢了，故而亦可说有"馈赠"之义。

（47）太子祭于曲沃，归胙于公。（《左传·僖公四年》）

（48）黄人不归楚贡。冬，楚人伐黄。（《左传·僖公十一年》）

（49）狄人归季隗于晋，而请其二子。（《左传·僖公二十四年》）

（50）执卫侯，归之于京师，置诸深室。（《左传·僖公二十八年》）

（51）狄人归其元，面如生。（《左传·僖公三十三年》）

可见，"嫁给""回家（国）""送回""交给""赠与"各意义之间本就有明显的引申关系，"归"不一定要看作通"馈"。只不过它的引申义和"馈"的引申义恰好雷同了。更何况，先秦乃至西汉时期"馈"的使用场合还存在一定限制，多数仍是表馈赠粮食、祭品。

只是就后人看来，各意义已经有了特定的词语去表达，不再笼统谓之"归"了，使动与普通用法之间的区分也就慢慢消失了。比如某物之"回归"多用"还"，某人之"回归"用"回"，将某物归之于某人谓之"馈""赠""送""给""予""赐"等，将某人给他人做妻子谓之"嫁"，某人归附他人谓之"投""附"。这是词义纷繁而义有专属、便于沟通的必要性的体现。但若因此而认为上古汉语里"归"不能表"赠与"之意而"馈"专擅"馈赠"之意，恐有以今律古之嫌。

参考文献

1.（汉）刘向集录，范祥雍笺证，范邦瑾协校：《战国策笺证》，上海古籍出版社 2006 年版。

2. 陈鼓应注译：《庄子今注今译》，中华书局 1983 年版。

3. 何建章注释：《战国策注释》，中华书局 1990 年版。

4. 梁方健、孙蕴译注：《战国策》，山东画报出版社 2012 年版。

5. 刘建生主编：《战国策精解》，海潮出版社 2012 年版。

6. 孟庆祥：《战国策译注》，黑龙江人民出版社 1986 年版。

7. 缪文远、缪伟、罗永莲译注：《战国策》，中华书局 2012 年版。

8. 王守谦、喻芳葵、王凤春、李烨译注：《战国策全译》，贵州人民出版社 1992 年版。

9. 王延栋：《名家讲解战国策》，长春出版社 2009 年版。

10. 夏侯忠良编译：《战国策》，贵州人民出版社 1994 年版。

11. 熊宪光译著：《战国策研究与选译》，重庆出版社 1988 年版。

12. 杨伯峻编著：《春秋左传注》，中华书局 1990 年版。

13. 杨伯峻、徐提译：《白话左传》，岳麓书社 1993 年版。

14. 杨子彦：《战国策正宗》，华夏出版社 2014 年版。

15. 张彦修注说：《战国策》，河南大学出版社 2010 年版。

16. 朱本军：《政治游说——〈战国策〉译读》，首都师范大学出版社 2015 年版。

（郭浩瑜，女，华南师范大学文学院讲师。通信地址：华南师范大学文学院。邮编：510006。电子邮箱：guohaoyu@163.com。）

汉语是抑扬还是扬抑格词模式语言?[*]

——昆虫名的词形韵律结构变化的启示

江　荻[1,2]　郭承禹[2]

（1. 中国社会科学院人类学所；2. 上海师范大学语言研究所）

摘　要：本文以昆虫名材料论证甲金文之前的早期汉语曾是轻重型多音节词语言，并在后世 3000 余年产生和发展出现代方言多样性的轻重韵律模式合成词体系和古老双音节词的创新继承体系。学界现有的观念认为古代汉语乃至甲金文时期语言是单音节词型语言，先秦伊始逐步发展至今为双音节为主的多音节词型语言。这种观点无法解释西周先秦文献中的诸如联绵词、名物词、词头词、重言词、多音节人名、地名、国名、氏族名等现象，也无法合理阐释现代汉语为何前缀缺乏、后缀不昌、词类不定、语序单一，以及双音节词轻重不明、缘何变调、轻声性质，等等。文章提出，商周春秋时期华夏语言的"准词法"是我们推断词汇单音节化的透镜，并由昆虫名的变化过程揭示双音节词词形和轻重韵律的演化模式。文章还从跨语言角度提出：词的语音形式在外显和演变过程回路中受到语音心理抽象结构模式规约，借此建立起语音层面的词形韵律结构，并与文献和现代方言词法（和准词法）关联对应，观察从古至今两个层面所产生的词形韵律类型变化。

关键词：词形韵律结构；轻重模式；准词法；词法类型；华夏语言；现代方言

---

　　[*] 基金项目：国家社科基金重大项目"基于大型词汇语音数据库的汉藏历史比较语言学研究"（12&ZD174）、"中国民族语言语法标注文本及平台"（10&ZD124）；国家自然科学基金项目"从世界语言透视东亚人群和语言的起源与演化"（31271337）。

一　理论备述

按照索绪尔语言符号的音义关系，词可做"所指"（意义）和"能指"（语音形式）两方面分析。不过索氏的"所指"对应事物的概念，并非事物本身（如"树"）；"能指"对应声音的心理印迹，而非物理声音本身（索绪尔，1980）。[①] 我们从跨语言研究角度发现，词的语音形式受到具体语言抽象结构模式的规约。例如英语 cricket[ˈkrɪkɪt]"蟋蟀"，其中 kr-这种辅音组合，乃至更多的类似组合 br-、tr-、bl-、kl-等物理声音会形成英语母语人心理允准结构模式（辅音 C+辅音 C，即 CC，或辅音 C+近音 G，即 CG）。但是，这样的模式不出现于汉语或者某些其他语言词形，[②] 说明词的语音形式跟特定语言的抽象词形结构规则有关（D Jiang, etc. 2014），前者是外显的声音形式，后者是特定语言的语音心理结构模式。为此，我们可以在"能指"（语音形式）析出一个词形结构层，考虑到语音形式还包括韵律要素，也反映在词形结构层，可以称为"词形韵律结构层"。词形韵律结构有两重功能，既实现为外显语音形式，又规约外显语音形式的实现。它与"所指"的关系仍是索绪尔描述的"一种两面的心理实体"，[③] 也就是说，词形韵律结构即声音的"心理印迹"，对应于同是心理层面的"概念"。同样，索绪尔的"所指"也是动态的，因文化和族群差异以及历史变化而不同，可表示为"概念"和"所指义"。我们用图 1 来表示动态的能指与所指的关系及其分层。

由于外显语音形式在语言交流、传播和传承运行中可能发生演

---

① 参见索绪尔《普通语言学教程》（英文版，2013）：A linguistic sign is not a link between a thing and a name, but between a concept and a sound pattern. The sound pattern is not actually a sound; for a sound is something physical. A sound pattern is the hearer's psychological impression of a sound, as given to him by the evidence of his senses. (p. 66). 中译文：语言符号连接的不是事物和名称，而是概念和音响形象。后者不是物质的声音，纯粹物理的东西，而是这声音的心理印迹，我们的感觉给我们证明的声音表象。[高名凯（译本），1980：101]。

② 汉语音节没有辅音丛或者复辅音结构，为此汉语音译英语人名、地名等一般采用两个汉字拆分英语的辅音组合。例如，Dr-汉语拆开为 d-和 r-，drim 译作"德利姆"，Bradley 音译"布莱德利"，Green 音译"格林"，即应用层面只能以音节模式对应辅音丛/复辅音结构。

③ 英文版：The linguistic sign is, then, a two-sided psychological entity. (p. 67)；中文版："语言符号是一种两面的心理实体"[高名凯（译本），1980：p. 101]。

化，促使语音心理结构模式持续发生调整，形成动态的词形韵律结构以及它所规约的外显形式。重要的是，外显语音形式变化与词形韵律结构的调整处于循环状态，二者总能跟概念/词义保持着动态联系和一致。根据索绪尔符号理论，上文采用词形韵律结构指称心理印迹，提供了对心理印迹的描述方法。我们用抽象音类符号（大写字母）及其组合结构表示词形韵律结构，例如英语 cricket［ˈkrikɪt］表示为（P）CCV·CVC，其中"（P）"表示音节重音，"·"表示韵律停延或者音节分界。如图 2 所示。

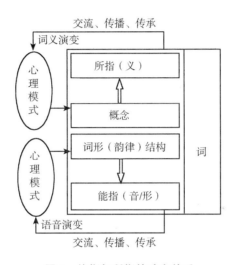

图 1　能指与所指的动态关系

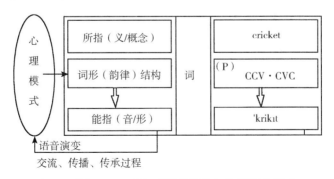

图 2　英语 criket 的词形韵律结构与外显语音形式

　　词形韵律结构层包含两种抽象类别单位：音节（S）和韵律（S、T、…），音节按照常规方法表示为辅音（C）、近音（G）和元音（V）。

近音在不同理论或语言描写中或归入辅音或归入元音，也可以独立成类，韵律主要包括重音（重读）、声调等区别意义的超音段单位。能指层即外显语音形式层，包含可能的人类语言声音形式，但各语言仅选用有限的声音形式。词形韵律结构层跟外显语音形式关系复杂，既有心理印迹与声音形式一一对应关系，例如：

C=b、=d、=g、=p、=t、=k、…（即任何辅音）

G=l、=j、=w、…（即任何近音）

V=a、=i、=u、=e、=o、…（即任何元音）

又呈类与例的实现关系（集合关系），例如：

C={b, d, g, p, t, k, …, z}

G={l, j, w, …}

V={a, e, i, u, o, …}

跨语言看，词形韵律结构层的单位在组合上可能产生不同排列形式，这些形式可以称为词形结构形态，[①] 不同的语言可能具有不同的词形结构形态类型。词形结构形态类型是分辨语言和语言音韵结构的重要参数（D Jiang，etc. 2014）。

讨论以上问题是为本文主旨服务的。设想一种非表音文字的古代文献，后世很难获得语言的实际口语语音形式。不过，上文讨论的词形韵律结构从理论上提供了本文分析的基础，即词形呈现了文字的音节形式和可能的韵律规则，同时也跟实际口语语音形成关联，甚至可以跟历史比较法的构拟相互参证。下文以此为基础，展开昆虫名的分析，观察昆虫名的词形结构类型和演化过程。

二　华夏语言多音节词的词形和词法

西周春秋时期，中原的华夏语言昆虫名呈现单音节和双音节共存形

---

① 词形结构形态是语音层面的概念，词形指音节或音素及其组合的抽象形式，例如：CV，V；有时候也指外显的语音形式；结构指音节或音素抽象形式的组织类型，例如：CV=C+V，CCV=C+Ø+C+V（Ø表示空缺元音）；形态指词形结构的多样性形式和类型，例如：CV，CVC，CVCV。

式，并以不同字形记录存世（张玉来 2014），[①] 例如：蛉蛚/螿蛚、蛚。假如两个形式（语音上）有相同词形部分，且所指相同，我们可以相信二者属于同一来源，即单音节形式是从多音节形式演变而来，例如蛚 < 蛉蛚/螿蛚。再假如这样的案例是普遍现象，我们可以推测华夏语言曾发生双音节词到单音节词的变化过程。周及徐（2000）、江荻（2013，2014）、江荻和张辉（2015）、刘洋等（2014）曾用不同案例讨论华夏语言的单音节化命题，本文昆虫名研究是对该命题的进一步论证。

华夏语言久远，难以知其口语读音，需要从文献挖掘分析线索。已知的情况是商周甲金文反映了语言的单音节性，即一个字一个音节。但是也有不少双音节甚至多音节词遗存，主要是联绵词、名物词、重言词、词头词和大量人名地名氏族名等。昆虫名即名物词之一种。具体分析之前，我们还要作语音和词法两个层面的铺垫。

语音层面重要的单位有音节和韵律，音节可以是辅音和元音形式，其组织方式和结构就是第 1 节论述的词形韵律结构。从双音节角度看，组成词的语音单位可以分类为首音节和末音节，必要时还可以以元辅音音素再细分。进一步的分析是韵律要素，词形上的韵律具有特殊性质，是音段必备又非独立的单位。韵律单位至少包括重音（音高为主）、音长、声调、语调等，其组织方式有凸显、节奏、停延、速率等。[②] Patel（2006）认为，语言是口语的、表达的，甫一肇始就伴随着声音的轻重韵律规则。例如，两段声音（音节）必然呈现一重一轻的节律，这就是 Liberman（1975）说的"节律交替原则"，冯胜利（2000）所说的语段（音节、词、短语）"相对轻重原则"。[③]

---

① 学界一般将秦汉及之前语言称为上古汉语，已然涵盖了商末西周的甲金文。这个时期的语言是否完全等同上古汉语似可商榷，但其包含了汉语前身或早期汉语特征的看法却是可以肯定的。本文探讨时代更早的语言，称为远古华夏语言（简作华夏语言或远古语言），由于语言传承性，华夏语言部分特征下限至少可延伸至商周春秋战国时期（先秦），这是本文之所以能够采用该时期文献材料追溯远古语言的原因。关于汉语的起始时代及早期华夏共同语的相关论述参见张玉来（2014）。

② 东亚语言中长音、声调等韵律现象的产生时代各语言不同，这里泛指一般现象，不特指具体语言。

③ 冯胜利（2000：40）提出汉语双音词唯一合法的轻重形式只有"轻重"和"重轻"两类。"不管前轻后重还是后重前轻（应为后轻前重），只要一个轻，另一个就得重，这是逻辑的必然。"

词的轻重韵律是语音层面的描述，也是词形的基础要素。在词形韵律结构概念中，词形代表词的声音形式，结构指音素的抽象形式构成的包括韵律在内的结构形态。例如，英语 spider，读音是[ˈspaɪdəɹ]"蜘蛛"，有三个音节，外显语音形式有辅音音素[s]、[p]、[d]、[ɹ]、元音音素[aɪ]、[ə]和韵律音素[ˈ]。鉴于音节由各种辅音和元音构成，为此可以隐去元辅音的外显形式，直接用底层元辅音的（抽象）符号及其组合的完整词的音节结构表示（图3，w 表词，σ 表音节或音节组合，C 表辅音，V 表元音，(s)表示韵律重音，(T)表示韵律声调），即可获得该词的词形韵律结构：(s)CCV-CV-C。

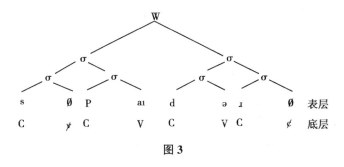

图 3

同样，书面藏语 vba（v）-kog"蜗牛"词形结构可以表示为：CCV-CVC；闽方言厦门话 bi⁵³ku⁵⁵"米蚼"（蛀米虫）表示为：CV(T)-CV(T)。①

关于轻重韵律现象，20 世纪 80 年代，Hayes（1985）提出语言的抑扬格—扬抑格定律（可转称为轻重韵律），人们意识到这个概念对于认识语言类型具有重要价值，因此按此划分语言。例如英语、荷兰语、希腊语、西班牙语、希伯来语（Galit Adam el. 2007）、芬兰语、斯瓦西里语（Kamil Ud Deen. 2005）等是扬抑格词型语言，法语、巴西葡萄牙语（Galit Adam el. 2009）是抑扬格词型语言。这个特征比之所有语言都具有的线性要素（音节和元辅音）更能揭示语言的差异和类型，适宜作为分类标准之一。

Hayes 的抑扬格–扬抑格定律放在词形上看就是词（或者短语）的轻

---

① 词形结构的韵律要素（重音、声调、音长）在一般讨论中可以省略，例如英语重音是常态现象，不引起元辅音变化（暂且不论非重读元音变化现象）。汉语声调是音节音高普遍现象，即使变调也不一定影响元辅音音质。只有导致元辅音和音节发生普遍性或者类型性变化的韵律要素必须标明，或者把韵律要素转移为元辅音或音节的特定方式表示。

重韵律。现代汉语普通话词形的韵律呈轻重型还是重轻型一直有争论，目前的语音或感知实验无法提供答案（邓丹 2010），甚至有完全相反的观点。赵元任（2002）曾提出北京话的"疙瘩""蚂螂"是重轻型双音词，这里的"蚂螂"代表了一大批名物词，按照游汝杰（1995）对书面语鸟虫类双音词的分析，"蚂"为词头（见下文），"词头常常脱落，或者读音不稳定，在不同的方言里多变化"。根据 Shorto（1963）南亚语次要音节（minor syllable）特征的描述，所谓词头与次要音节基本一致，这似乎意味着"蚂螂"等名物词是轻重型双音节词。结合两种论述来看，汉语史上可能蕴含了一个特别的轻重韵律演化命题：以北京话为代表的官话（北方方言）双音节词似乎从轻重型转变为重轻型韵律。① 汉语真的发生过这样的变化吗？果真如此，就可能帮助我们理解为什么现代汉语难以确定双音节词重音位置，例如为什么汉语北方方言有轻声词，南方方言一般没有轻声词，而轻声词是典型的重轻类型。②

　　词法层面，由于本文研究对象已经上溯至商周语言时代，很难说已出现后世学界所熟悉的词法或形态（例如多音节词语言常见的屈折、派生、重叠和复合）。③ 不过，前贤的某些描述仍然可资借鉴，包括词根、词头、词尾。④

　　词头是一个含糊概念。例如，先秦汉语词汇"有周、有居"中的"有"字，清代学者或许对比了"有周"和"周""有居"和"居"，发现"有"字无义，称之为"语助"，并认为"经典之文，字各有义，而字之为语词者，则无义之可言，但以足句耳"（王引之，1985），即所谓衬

---

① 当代汉语轻重韵律感知实验未区分复合词和单纯双音节词，二者之间是否有差别尚需进一步勘察。商周之后逐渐出现的复合词早期呈轻重还是重轻目前不能骤断，但现代南方方言和北方方言复合词在韵律上有明显对立差别，所以此处说"转变"还是可以的。

② 我们检查了北京大学中文系编撰的《汉语方音词汇》，南方方言缺乏轻声词。仅吴、赣、湘、闽等方言区的历史首府城市，例如杭州、南昌、长沙、厦门等存在小量特定类词（子、儿、头等类）的轻声现象，据初步判断是官话历史影响产生的。

③ 罗端（2013）认为："在殷商时期和西周早期的出土文献中，没有充分的证据能证明当时语言里有派生形态的现象。"

④ 从周法高（1962）所述来看，先秦词尾论述不详。名词后的"父/甫、斯"之类目前难以断定性质，"子、儿、头"之类出现于两汉之后，"然、尔、焉、乎、也、兮"之类多为语气词或句法词，可以通过跨层过程转变为词的附加成分（董秀芳，2011）。下文模声昆虫名可能涉及重轻型双音词和词尾，待另论。

音。还有学者认为"上古名词的前面往往有类似词头的前附成分，例如'有'字"（王力，1982），名之为"词头"。早期学者以字为语义载体观察多音节词，由此析出词头、词根等单位，也算是一种高明的办法。不过，进一步深究，可以发现王力等学者之所以创造术语"词头"而不用"词缀"有他们的苦衷，因为不能论证并断定这类成分所具有的所谓现代词法形态价值，但又确实可以从两字词剥离，权宜之际采用了这么一个模糊的名称。

实际情况是，本文讨论的词头的确性质上跟经典形态学界定的派生词缀不同。第一，历时上，词缀往往是词的语法化过程产生的，原有形式的意义虚化或消失，呈现自由转为黏着特征变化。而词头曾经是不是自由词形式，具有何种词义无法确定。由是，本文转向共时界定；第二，如果某个形式能产生（或构成）成系列的词汇，例如现代汉语：日头、热头、念头、饶头、准头、甜头等，包含这类特征的词也可归入带词缀的派生词，其中的词缀都是非独立的粘着形式，词义模糊。但是，意义虽然模糊，却并非无义，这在汉藏语言中相当普遍。例如，彝语：$ɸɔ^{21}mɯ^{33}$苍蝇，$ɸɔ^{21}ȵ^{33}$蚊子，$ɸɔ^{21}ɬɔ^{21}pho^{55}$蟑螂，$ɸɔ^{21}$表示带翅昆虫；$ɣo^{21}mɔ^{55}$鹭鸶，$ŋa^{21}ɸɯ^{33}$$dɯ^{21}$斑鸠，$ŋa^{21}de^{21}vɔ^{33}$燕子，$ŋa^{21}$（$ɣo^{21}$）表示鸟类，这是所谓类义词缀。再如布依语：$lɯk^{8}ɓu^{3}$葫芦，$lɯk^{8}tɕuːi^{3}$香蕉，$lɯk^{8}maːn^{6}$辣椒，$lɯk^{8}ham^{2}$苦瓜，其中前缀表示的类义是细长外观和弧形特征的植物果实。由此观察，先秦词头甚至连这个求其次的词缀标准都不甚符合，词头的性质仍然是谜。

词根原本是语言学中伴随词缀产生而衍生的概念，是去掉所有词缀剩余的部分，并且不能进一步分割。在前贤的先秦语言分析中，词根是相对词头的单位，是词的主要词汇信息承载部分。但是，词根的性质并不能自证。例如，假设"周"是"有周"的词根，由于不能证明词头"有"是添加于词根的形态成分，[①] 按照现代词法分析，词根"周"是否具有语素或者词的性质或地位不能确证。尽管如此，词根和词头这种经验性论述毕竟反映了双音节词音节结构和承载信息的客观差异。

上文假定华夏语言是双（多）音节词语言，因此，词根和词头无非是词法层面对应语音层面的音节而已。换句话说，词头可能是双音节词的

---

① 白平（1988）列举了关于"有"字头性质的十余种争议，包括衬音说、实词说、定指词说等观点，但没有一种指出它的词法或形态价值。

首音节，词根是末音节。进一步，双音节可能呈现为轻重韵律格式，词头对应读音较轻的首音节，词根对应读音较重的末音节，为此，双音节词的词法和语音层面呈两种基本对应模式：①

　　弱首音节词：词头+词根（轻重型）

　　单纯双音节：音节+音节（均重型）②

　　相对现代词法来说，以上词法分析只能称为准词法。准词法帮助我们勘考出词根和词头的来源和性质，可视作早期语言分析的重要方法。本文把词头定义为轻重韵律双音节词的首音节或弱首音节，不承担词义信息，词根定义为承载词义的末音节。

　　当历史走到商周时期，华夏语言乃至早期汉语初步完成单音节化过程（D. Jiang etc. 2014；江荻，2013b），复合词开始萌芽发生（唐钰明，1986；马真，1998），并与残存的双音词相互影响，语音形式和韵律规则交互变化，③ 奠定了汉语今天的面貌。

三　昆虫名的词法类型和词形韵律结构

　　昆虫名属于训诂学界定的传统名物词，词形上有单字词（单语素）、双字词（复合或双音），双字词是否跟底层词形韵律结构一一对应呢？是否可以作准词法分析呢？早期昆虫名名物词呈何种面貌呢？这是下文要讨论的焦点。

　　《尔雅·释虫》56 条，除去部分泛称性和不确定描述（例如：有足谓之虫，无足谓之豸），以及被释词和训释词不成对者（例如：不过，蟷蠰，其子蜱蛸，"蜱蛸"无对应被释词），计有 65 词项。其中被释词复合词 3 项，单音词 33 项，多音词 29 项，训释词复合词 21 项，单音词 8 项，多音词 36 项。更具体看，多音词训释单音词 18 对，占 27.7%，说明部分

---

① 远古语言是否存在"重首音节词：词根+词尾"模式？目前还不能排除。

② 根据现代汉语方言看，完全均重是不合理的，前后音节总是存在轻重差别，只是尚未达到轻重型和重轻型那种程度，参见钟奇（2010），即可能有所谓中重型或重中型。此处"音节+音节"不等于"词根+词根"或"语素+语素"，就像英语 gecko[ˈɡekəu]"壁虎"，每个音节只是成词的音节，仅此而已。

③ 冯胜利（2009）认为汉语复合词成因之一源于双音节韵律词规则，并以语音层面的变化阐述了韵律影响词法的演化过程。

单音词新产生，需要用人们更熟悉的早期多音节词注解；多音词训释多音词17对，占26.2%，或许表明用雅言训释方言；复合词训释单音词12对，占18.5%，证实复合词已较普遍，单音词反而需要说明；而复合词训释多音词（8对，占12.3%），可能一方面说明部分多音词抗单音节化能力较强，另一方面说明复合词强势并行发展，甚或还有区域方言的因素影响。至于复合词训释复合词、单音词训释单音词或者多音词，数量都很少。总起来说，至战国末年，《尔雅·释虫》训释词反映当时尚有半数以上（53.9%）的昆虫名物词是多音节词，反之，用单音节词训释多音节词或复合词都是罕见的。以上统计数据让我们窥见早期昆虫名面貌之一斑以及可能存在从多到单的发展趋向。兹举例列表1（参见徐朝华，1994）：

表1 　　　　　　　　　　　　《尔雅·释虫》案例

被释词	被释词类别	训释词	训释词类别	被释词	被释词类别	训释词	训释词类别
蜕	单音节	寒蜩	复合词	蟗蟗	多音节	蝥	单音节
螱	单音节	天鸡	复合词	蟋蟀	多音节	蛬	单音节
蛹	单音节	马蜩	多音节	荧火	复合词	即照	复合词
蠖	单音节	蚁蠖	多音节	草螽	复合词	负蠜	复合词
强	单音节	蚚	单音节	土螽	复合词	蠰溪	多音节
螫	单音节	蟆	单音节	蛒	单音节	毛蠹	复合词
螓蛉	多音节	桑虫	复合词	蟗	单音节	天蝼	复合词
蟫蚭	多音节	蛪蚕	复合词	蜩	单音节	蜋蜩	多音节
不过	多音节	蟷蠰	多音节	蜇	单音节	蟷蠩	多音节
蜉蝣	多音节	渠略	多音节				

《尔雅·释虫》单音节词和多音节词并存，以及多音节训释词数量优势都指向更早时期华夏语言的多音节词现象。下文我们将从词形结构和韵律两方面展开其中演化关系的讨论。

双音昆虫名有一种有意思的现象，同一昆虫有多个名称，包括历代训诂者的考释和增益，我们用华学诚（2006）《扬雄方言校释汇证》"蝉"名加以讨论（此处借其他文献略有补充）。为什么同一昆虫会有多种名称呢？扬雄《方言》说得很清楚，"蝉，楚谓之蜩，宋卫之间谓之螗蜩，陈郑之间谓之蜋蜩，秦晋之间谓之蝉，海岱之间谓之蛴。其大者谓之蟧，或谓之蝒马；其小者谓之麦蚻，有文者谓之蜻蜻，其鸣蜻谓之尐，大而黑者谓之蟣，黑而赤者谓之蜺。蜩蟧谓之蓋蜩。蠽谓之寒蜩，寒蜩，瘖蜩也。”也就是说有方言差别，有依据体型大小、颜色纹理的类别差别。我们对此无需过多考证和纠缠，主要关注昆虫名自身的词形和词法特征。

根据昆虫名词形特征可以分出单音节和双音节两类：①

1a. 蜩、蝉、蝒、蜺（以上：词及后世词根）；

1b. 蛰、蠽、蝘、螓、蚼、蟧、尐、蠽、蟣（螿）（以上：模声词根）；

2a. 蜋蜩、螗蜩、马蜩、马蝉、马蝒（蝒马）、茅蜩、胡蝉、蚱蝉、痖蝉、寒蝉、寒蜩、瘖蜩、闇蜩、瘖蝉（以上：词头+词根）；

2b. 蝍蟟、蠽蟟、蟭蟟、蛁蟟、蛚蟟、都蟟、貂蟟、支蟟、遮留、支留、蛣罗、即蟧、蠽蟧、蛰蟧、知蟧、蛚蟧、蝭蟧、蹄蟧、螑蟧、蝭蠑、时螿、蛣螓、蝅蛁、諮諮（与“蠽蟟”对举，证其为拟声）、鷟蜻、蜻尐、蜻蜻（以上：模声+模声，无论模声形式是否词化，在这个模式里都只是模声双音节词）；

2c. 螗蜅、螗蛦、麦蠽、麦蛰、茅蠘、茅蠽（蝨蠽）、胡蛦、胡螓、寒蠽子/寒瘖子、寒螿、桑蠽蟟、马蠽蟟（以上：词头+模声词根）；

3a. 蜩蟧、青蝉、秋蝉（以上：词根+词根，包括词化的模声形式）。

资料整理结果是（不计3a类）：独用不组合5字：蜺、蠽、蝘、蚼、尐；仅充作首音节28字：蜋、螗、马、茅、寒、闇、胡、痖、蚱、瘖、麦、蝍、蟭、遮、支、即、知、时、蝅、鷟、蝭、蛁、蛚、都、貂、螑、蹄、蛣；仅充作末音节19字：蜩、蝉、蝒、瘖（子）、蠽（子）、螓、蟧、螿、蟟、蛦、蠘、螿、蜅、留、罗、蠑、蛁、蜻、尐；兼出现于首音节和末音节2字：蛰、蠽。

单音节的1a包括常见古词或后世语素形式，“蜩”“蝉”为总称，“蝒”“蜺”表体型较小的类别。不管这些词来源如何，1a可视作最典型昆虫名词或词根语素。1b很少独立出现，与2双字形式相比，可知基本

① 还有几个名物词“蜓蚞，蟋蠽，蛥蚗，螗蛄，蛉蛄”，或出自《尔雅》和《方言》，或出自后世文献，因与本文总体描述有一定差异，故不加讨论。除此外，后世还不断出现新的词语，例如“鸣蝉，鸣蛰”，分别来自《艺文类聚》（(唐)624年）《卷三十九》：“三春润榆荚，七月待鸣蝉。”《太平御览·蝉》（[北宋]977—984年）：“《夏小正》曰：鸣蛰虎悬。”本文亦不穷尽式讨论。

是模声符号，主要来自 2b 和 2c 的末音节，取得词的地位。其中 1b 的"蟓、蟒、蝥、蟺（子）"不出现于首音节而独用意味着已丢失首音节，"蝘，崎，尐"不与其他字组合可能用的较少或未曾记录，推测也可能来自双字词的末音节（3a 中亦有"蜻尐"）。"蚳、蠹"既出现于首音节又出现于末音节，从出现时间顺序看，《楚辞·九思·怨上》有"蟪蛄兮鸣东，蝤蠹兮号西。"当时还有双音节形式，之后，《尔雅·释虫》：蠹，茅蜩，似已脱落首音节。第 2 节我们已初步探讨首音节的词头性质，并且具有古老性，所以我们相信"蚳、蠹"来自早期双音节形式，脱落首音节而成词。或许自身的模声性质促使后世以此作为构词的理据，造成复合词"蚳蟒，蠹蟒"之类。为此，可以规定，凡是两个模声形式相连者，均可处理为双音节模声词。

　　双音节或多音节的 2a，末音节均为 1a 的单音节形式，即"蜩，蝉，蝒"，而首音节是不充当独立词形或双音节词末音节的"蜋，蟟，马，茅，胡，寒，蚱，痵，瘩，闇"。据前贤观察，这些音节字大多是词源语义不明的音节，或传统认为的词头（游汝杰，1995），在其他昆虫名之外的名物词中也普遍存在："马舄、马蓟、茅搜、唐棣、仓庚、茅鸱"。据江荻（2015），这些词无非是多音节词的首音节而已，并无特定意义，称为词头是因为在轻重韵律作用下，它们音变严重，甚至脱落，所以王念孙（1985）指出词头仅具语音"发声"性质。而且它们在方言中读音差别较大，以"蜋"和"蟟"为例，《方言》说"宋卫之间谓之蟷蜩，陈郑之间谓之蜋蜩"，说明二字上古已有方言读音差别。沙加尔（1999）和白一平、沙加尔（2014）分别构拟为：蜋 *[r]ˤaŋ 或 *C.rˤaŋ；蟟 *m(ə).rˤaŋ 或 *[N-]ˤraŋ，同样，"马"和"茅"两次构拟分别是：马 *mˤraʔ，茅 *C.mˤru，读音十分相近。在这个意义上，可以认为 1a 实际是来自多音节 2a 脱落首音节的形式，所以，我们可以把这些首音节看成与 1a 一样古老的形式，或者说是老牌的表音形式。

　　除开"蚳、蠹"，1 跟 2 的首字和末字用字界限分明，绝无互混，而且相同的首字用于同一末字，以及 2 首字的非独立性，只能证明首末二者的词法地位和语音性质差别，例如 2a：{蜋/蟟/马/寒/瘩/闇/茅} +蜩，{马/寒/瘩/胡/蚱/痵} +蝉，由是证明 1a 和 2a 同源，亦证明双音节的 2a 的确产生了词头与词根关系，表现为轻重型韵律特征，词头往往读音变化较大，甚或脱落，可能记为不同字形，词义由词根负载。这些现象在前贤的记述中普遍呈现：

　　钱绎（1991）《方言笺疏》："'茅''麦'同声，'蟊''蛪'同字，故下文又谓之'茅蛪'。"

　　郝懿行（1982）《义疏》："麦蟊"即"茅蟊"，"麦""茅"声亦相转。

　　华学诚（2006）"'蟧''蜋'叠韵，'蟧蛈''蜋蛈'盖为方音转语。"

　　华学诚（2006）汇证："《本草》陶注：'寒螿九月十月中鸣，甚凄急。'然则'寒螿'能鸣，《方言》以为'瘖蛈'，《广雅》以为'闇蛈'。'闇'与'瘖'同。"……高诱淮南子注云："寒蝉，青蝉也。虫阴类，感气鸣也"。盖此蝉不鸣于夏，因有"瘖蛈"之名，至立秋阴气鼓动，乃应候而鸣，故复号为"寒蛈"。今池歙间人呼秋蝉为寒蠷子。"蠷"之为言犹"瘖"也，迫秋深寒气过甚，则又无声。

　　华学诚（2006）汇证：今按：蝉有大小二种，并有雌雄。雄者于胁下左右生两甲，能作声，俗谓之响版，《考工记》梓人疏云：'蝉鸣在胁。'是也。雌者无之，不能鸣，即谓之痖蝉，古谓之蚱蝉，陶宏景《本草》注云'蚱蝉'即是'痖蝉，雌蝉，不能鸣者'，是也。"

　　从以上引证来看，各种不同汉字记录的词头应该是地域读音差异的记录，还包含了历史语音演变的结果。以白一平·沙加尔（2014）构拟来看，"寒"为 $^*Cə.[g]^ʕa[n]$、"胡"为 $^*[g]^ʕa$）、"瘖"为 $^*[q](r)əm)$，"闇"为 $^*q^ʕum\text{-}s$，"痖"为 $^*ʔ^ʕraʔ$，即使作为单音节词独用，"寒"和"胡"二字词根声母咽音化，"寒"和"瘖/闇"韵尾脱落，作为双音节弱读首音节词头，则其变化必然更甚。所以，我们相信这些汉字实际只作为记音用的符号，至于所谓"瘖/闇/痖蛈"喻不鸣，"寒蛈/蝉"喻天寒（不鸣），华学诚（2006）《校释汇证》的文献记录了前人对词义的解读、附义和相互的辩驳，都难以据信。

　　2b 都是模声双音节词，数量较多，后世多写作"知了"。考究起来，《尔雅》和《方言》仅出现少量形式，多数是后世出现的。既然是模声，不同地方和不同方言当然可能模声方式不同，模拟声音不同，记录用字也不同。我们从华学诚（2006）《校释汇证》摘读如下：

> 《广雅·释虫》："蝭蟧，蛪蟧也。"王念孙《疏证》："《方言》'蝭'作'蟴'，'蛪蟧'作'蚗蟧'，四者皆'蛥蚗'别名也"……《夏小正》："七月寒蝉鸣。"《传》云："寒蝉也者，蟴蝶也。"蟴蝶"与"蝭蟧"同，"蛪蟧"之转声矣。今扬州人谓此蝉为都蟧，亦蛪蟧之转声也。郭注云："江东人呼嗅蟧。"又叫蟧之变转矣。……．钱绎《方言笺疏》："嚗嗺'与'叫蟧'声并相近，是'叫蟧'即以声名之也。今东吴人谓为支辽，即"蟴蟧"之转也。……．黄侃《蕲春语》："蛥、蚗、蝭、蟴皆双声，蟧、蟧、蝶，亦皆双声，蛪蟧、蚗蟧、蜩蟧皆叠韵随音作字，要一名耳。
>
> 郝懿行（1982）《义疏》："……'乌友'与胡蜣之声相转，蜣、蜋又声相转也。"
>
> 华学诚汇证（2006）：《尔雅释虫》："蝑，蜻蜻。"郝懿行《义疏》："《诗·硕人·传》：蝽首，额广而方。"《笺》云："蝽，谓蜻蜻也。"《正义》引孙炎曰："《方言》云有文者谓之蝽。"今《方言》作'蜻'者，蝽、蜻声相转也。

上文已经指出，凡是两个模声形式相连者，均为双音节模声词，每个音节并没有什么意义。不过，历代释经者往往对可释汉字都加以硬解，加之模声词可能分解为单音节并词化，结果把问题搅得十分复杂。例如钱绎《方言笺疏》："小蝉谓之蟴蟧，犹小榻谓之蹏，小盆谓之题，小瓯亦谓之题也。"似乎硬要给"蟴"一个意思才能讲通。

从 2b 发展为 1b 也是弱首音节的脱落造成的。从沙加尔（1999）构拟来看，这些模声首音节形式语音极为相近：蝑（*s-qˤrət），蠿（*[ts][e]t），蛣（*[kʰ]i[t]），蟿（*kʰˤet），卿（*[ts]ik），即（*[ts]ik），蝭（*tˤek-s），蛥（*tˤiw），蚗（*tˤiw），貂（*tˤiw），都（*tˤa），蟴（*[d]e?），知（*tre），咨（*[ts]ij），时（*[d]ə(~*[d]ə?），嵟（*dzaj），支（*ke），蜩（*[k]ˤew）。同样，末音节也相当接近：蟧（*[r]ˤiw），蟧（*[r]ˤiw），罗（*rˤaj），蟴蝶（*[r]ˤawk），諮（*[ts]ij），蝽（*[dz]i[n]），蜻（*s.r̥ˤeŋ），蟹（*N-ts[a][n]）。数量之多，不

太可能是偶然的，疑为不同汉字或不同区域的记音。此外，首字跟末字的配比关系与2a相似：｛蜙/蠿/蟭/蟧/蛥/蚏/都/貂/支｝+蟟，｛即/蠿/蚗/知/蚏/蜈/蠐/蝎｝+螃，｛遮/支｝+留，等。①

2c由1a词头与模声词组合构成（唯"麦"只出现于2c），其中仅"麦蚻"出现于先秦文献（《方言》：其小者谓之麦蚻）。《尔雅》"蚻"已独用，是否来自"麦蚻"尚不可考，如此，"蚻"可与"蝉、蜩"比肩，算作老牌词，但从2b看又属模声形式。再如"蜋"，晋时出现在郭璞的《尔雅注》："今胡蝉也。似蝉而小，鸣声清亮，江南呼蟪蜋。"我们猜想当时"蟪蜋"或曾出现于某文献或仍出现于口语，不然郭璞何以知晓。（清）郝懿行（1982）《尔雅义疏》对"蜋"的模声描述非常准确："今蟪蜩小于马蜩，背青绿色，头有花冠，喜鸣，其声清圆，若言'乌友'，'乌友'与胡蜋之声相转，蜋、螇又声相转也"。不过，这个"胡蜋"是不是后世套用了"胡蝉"亦备一考。

以现有文献资料来看，无论某些形式是否组合，看作多音节来源也不妨碍下文的分析，因此这一类可归为词头+模声词。当然，少数很明显是后世产生的，例如带派生词缀的"寒蟬子/寒瘴子"，带修饰形式的"桑蠡蟟，马蠡蟟"。②

3a为词根+词根复合类，数量不多，"蜩螃"出现在杨雄《方言》，"秋蝉"出自《列子·仲尼》，"青蝉"出于唐《艺文类聚》。"蜩螃"应该是大类名加种属名构成，这样的构词方式当时可能已经出现，跟"秋蝉，青蝉"一样均可视作复合形式。

跨语言平行的例证可根据Thurgood（1999：185—186）对占语支的描述观察，占语支分布在越南占城等地，属南岛语言。占语支不同语言显示出双音节词首音节脱落案例。例如，与其他亲属语言相比，Tsat语明显已经脱落首音节，甚至产生声调，试比较（见表2）：

---

① 此类中"蜻蜻，蜻尐"稍微特别，暂时归入此类，未作细论。

② 马蜩首现《尔雅》，尚无"大"之义，后世多为引、注。杨雄《方言》（蝉，其大者谓之螃，或谓之蜩马）、（唐）《艺文类聚》（蜩，马蜩。蝉中最大者）、（宋）《太平御览》（蜩，马蜩。蜩中最大者为马蝉）似均未特指"大"义，除非误解。至清，段玉裁《说文》注："凡言马者谓大，马蜩者，蜩之大者也。"此或为"大"义始作俑者。钱绎《方言笺疏》则独撰一大段阐释"'马'亦大之名也"。此处马蠡蟟，马虵蜉之类似为某些方言词，究竟何时产生，取得"大"义，尚需考证。暂且取其类义"大"归入修饰型。

表 2

Tsat	Haroi	W (West). Cham	PR (Phan Rang) Cham	
ma⁵⁵	məmăh	mamɨh	mɨmɨh	chew
ŋiʔ²⁴	ləŋiʔ	laŋiʔ	laŋiʔ	sky
naːŋ³³	pənaŋ	paniŋ	panɨŋ	betel
pia³³	pəla	pla	pala	to plant
mai³³	kəmŏi	kamay	kamɛ̆y	female
tuʔ⁴²	pətoʔ	patŭʔ	patŭʔ	cough

江荻等（2013）描述了达让语双音节词词头的多种变化，（1）首音节辅音声母脱落，（2）首音节元音脱落并且双音节缩减为复辅音声母单音节词，（3）首音节脱落，词根变为单音节词。见表3。

表 3

1	ha³¹ rʷɑi⁵⁵	ɑ³¹ ruɑi⁵⁵	雪	ha³¹ tʲo⁵³	ɑ³¹ tʲo⁵³	手
	ha³¹ dʑiŋ³⁵	ɑ³¹ dʑiŋ³⁵	生姜	ha³¹ di⁵⁵	ɑ³¹ di⁵⁵	故事
2	bɯ³¹ ru⁵⁵	bru⁵⁵	腮帮子	thɑ³¹ lo⁵³	thro⁵³	蜡烛
	bɯ³¹ lɯm⁵⁵	blem⁵⁵	眼睛	bɯ³¹ rẽ⁵⁵	brẽ⁵⁵	朋友
3	ta³¹ hrɯ⁵⁵	hrɯ⁵⁵	酸	tɯ³¹ kʲaŋ⁵⁵	kʲaŋ⁵⁵	上
	ɑ³¹ ha⁵³	ha⁵³	大腿	pi³¹ ja⁵⁵	pʲɑ⁵⁵	鸟

这两种语言现象符合 Brunelle 和 Pittayaporn（2012）对南亚语言特征的描述：抑扬格语言是后重型多音节词语言，扬抑格语言则是前重型多音节词语言。抑扬格语言具有一个独特的进化特征：常规的双音节语言经常演进为带弱读首音节的抑扬格，也称为"次要音节"（minor syllable）或"一个半音节"（sesquisyllable），次要音节又会进一步缩减变成单音节。本文昆虫名也具有这样的特征吗？

据上文分析，我们判断 2a 的首音节无疑呈现了弱读音节特征，这部分双音词有可能属于弱首音节（部分呈现为一个半音节）结构，也就是抑扬格或轻重型韵律结构。为了呈现这类韵律结构，我们用小写字母代表弱首音节。以下案例的构拟取自沙加尔（简作沙，Sargat 1999）和白一平—沙加尔（白—沙，Baxter & Sargat 2014），① 并将构拟的单字组合起来观察：

蛃蜩：白—沙：*C. r^{ˤ}aŋ-[d]$^ˤ_?$iw，沙：*[r]^{ˤ}aŋ-l^{ˤ}iw

蟧蜩：白—沙：*[N-]r^{ˤ}aŋ-*[d]$^ˤ_?$iw，沙：*m(ə). r^{ˤ}aŋ-l^{ˤ}iw

马蜩：白—沙：*m^{ˤ}ra?-*[d]$^ˤ_?$iw，沙：*m^{ˤ}ra?-l^{ˤ}iw

茅蜩：白—沙：*C. m^{ˤ}ru-*[d]$^ˤ_?$iw，沙：*C. m^{ˤ}ru-l^{ˤ}iw

这几个案例的词形韵律结构分别是：cvc-CV，c-cvc-CV，c-ccv-CV（后两例），均可根据弱首音节理解为 c-CV 结构，这个格式一方面可能掩盖词头弱首音节（格式：c$_ə$·CV），另一方面却也揭示了弱首音节不稳定状态。根据跨语言经验，2a 的这种词首弱音节性质让我们有理由相信 1a 是 2a 脱落首音节产生的，即单音节化，这是早期语言的一个重要演变特点。

由此，我们可以构建一种准词法与词形韵律结构的关联关系。以词形韵律结构的声音形式为起点观察，从语音声形看到的两个汉字（音节）可能对应准词法形态上的多种不同单位：

（1）无法切分的单纯词

（2）可切分为词头和词根的单纯词

（3）两个有意义的语素构成的复合词

表 4 表示准词法、语音和词形韵律结构的呈现关系，用 C 和 V 表征重音音节具体音素，用小写的 c 和 v 表示非重音形式的音素，整个词形韵律结构用 ⎰…⎱ 括起来表示，P 表示音节数和词形韵律状态。

表 4　　　　　　　　　词法与词形韵律结构关系

词法结构：	单纯词	双音单纯词	词头+词根（单纯词）	词根+词根（复合词）
语音呈现：	单音节词	双音节词	弱首音节+音节	单音节+单音节（语素）
语音个例：	*[d]a[r]蝉	*[ts]ik·[r]^{ˤ}aw即螂	*[r]^{ˤ}aŋ·l^{ˤ}iw蛃蜩	*ts^{h}iw·[d]a[r]秋蝉
词形结构：	⎰CV⎱$_{p=1}$	⎰CV·CV⎱$_{p=2}$	⎰cv·CV⎱$_{p=1.5}$	⎰CV·CV⎱$_{p=1+1}$

上文从词法和词形韵律结构两个层面讨论了昆虫名案例，观察到了从

---

① 白一平和沙加尔的新书 *Old Chinese：A New reconstruction* 已经出版，这本书目前我们还未读到，但白—沙新的构拟词表 1.1 版已于 2014 年 9 月 20 日上网公布，故论述时先用沙加尔（1999）的观点。

多音节词形结构转向单音节词形结构的演化，并回答了词法或准词法与词形韵律结构的关系。

四　方言昆虫名的词法类型

汉语方言昆虫名从来源和演化上看，主要有历史替代和继承两大类。[①] 替代一般是按照后世复合词方式重新命名，不过，是否发生替代是方言内部的事，一个方言替换，另一个方言未必替换。由于某个词古代可能有不同方言词形，因此各方言有不同的传承。例如：

替代，吴-上海：螽斯（之一种）$\phi\tilde{a}^{55-33}$ $tsə?^{505}$ $ɳi\tilde{a}^{13-53}$ 纺织娘；闽-福州：萤火虫 $laŋ^{53-21}$ $muoi^{33-21}$ $liŋ^{55}$（$siŋ^{55}$）蓝尾星；晋-忻州：金龟子 $iəŋ^{31}$ $p^hɛ^{31}$ 银婆，蜗牛 $xæ^{313-42}lɛ^{31}$. tə 海螺子。

继承（包括部分继承和音变），以"蝉"为例，有些来自上文 1a 或 2a，有些来自 1b 或 2b：吴-上海：$tsʅ^{53-55}liɔ^{13-53}$ 知了，或 $za^{13-11}ze^{13-33}$ 柴likely了；吴-苏州：$tsʅ^{55}liæ^{31}$ 知了；湘-长沙：$çyẽ^{13}lian^{13}tsʅ$ 蝉良子；湘-衡阳：$tɕ^hiu^{45}tan^{11}tsʅ$ 秋蟶子；客-梅县：$sam^{11}me$ 蝉儿；客-于都：$sĩ^{44}tsʅ$ 蝉子；赣-萍乡：$sẽ^{44}tsi^{355}$ 蝉仔；粤-广州：$ts^hɐu^{53}sim^{21}$ 秋蝉，$sa^{53}sim^{21}$ 沙蝉；晋-忻州：$tʂ^hẽr^{31}$ 蝉儿，$tɕ^hiəu^{313-33}tʂ^hẽr^{31}$ 秋蝉儿；晋-神木：$tɕ^hiəu^{24}ʂɯ^{53}$ 秋蝉儿。绩溪：$tsʅ^{31-33}ɳie^{44}$ 知了；武汉：$tsʅ^{55}$·ia 知丫，$tsʅ^{55}$·i 知衣，$tɕie^{55}$·ni 嗟哩；海口：$haŋ^{21}niaŋ^{35}$ 虫娘。

也有来源不明的，或者古代没有记录，或者用字不同，但多数与模声有关（蝉、蚉、蠽），例如：粤-东莞：$ŋɔŋ^{21}nɵŋ^{21-35}$ 蜈蜈，闽-厦门：$am^{55-11}pɔ^{53-55}tse^{35}$ 蚍蜅蛴，闽-福州：$a^{55}i^{53}$ 阿姨，或：$tsieŋ^{53-21}ɳa?^{24}$ 蟟甲，赣-南昌：$tɕia^{35}lɔ?tsʅ$ 借落子，客-于都：壁虎：$çyɐ?^{225}tsʅ$ 血子，粤-东莞：$p^hau^{32}koŋ^{213}zy^{21}$ 炮公鱼，闽-厦门：$sian^{11-21}t^haŋ^{35}$（$laŋ^{35}$）蟫虫。

从古代汉语继承来的昆虫名有程度不等的混合形式，从词法和准词法结构上分类，方言中主要有以下几类：4a. 词根双音节型，4b. 词头+词根型，5. 词根单音节型，6. 冠名+词根型，7. 词根+属名型，8. 冠名+属名型，9. 词根+词缀型，10. 混合型。

[①]　本文方言材料主要采自李荣主编《汉语方言词典》各分册，不一一具名。陕西方言神木话、吴堡话等引自邢向东及他主编的"陕西方言重点调查研究丛书"。这里还收入了部分生物学分类中非昆虫类动物名，例如蜗牛、蚯蚓、蜘蛛、蜈蚣等。

4a. 词根双音节型，指具有联绵性质的双音节名物词。例如：

吴－上海：βu$^{13-11}$ dieʔ$^{13-53}$蝴蝶，ɦie$^{13-11}$ ɦiɤ$^{13-33}$蚰蜒，tɕ^{h}yoʔ^{505} zø$^{13-55}$蛐蟮，lɤ$^{13-11}$ku$^{53-33}$蝼蛄，tɕ^{h}iɤ$^{53-55}$ ɦiŋ$^{13-53}$蚯蚓，dɑ̃$^{13-11}$ lɑ̃$^{13-33}$螳螂，βu$^{13-11}$ koŋ$^{53-33}$蜈蚣，ʦɑ̃$^{53-55}$lɑẽ$^{13-53}$蟑螂，siŋ$^{53-55}$ diŋ$^{13-53}$蜻蜓；

闽－福州：ʦieŋ$^{53-21}$ŋaʔ^{24}鳖甲（蝉），kaʔ$^{24-55}$laʔ^{5}蟑螂，siʔ$^{24-55}$（ɛiʔ）sɔuʔ^{24}蟋蟀，t^{h}i^{55}ly^{55}（t^{h}y^{55}）蜘蛛；闽－厦门：lio$^{11-21}$pui^{11}尿蜚，gɔ$^{35-11}$k^{h}i^{35}蜈蜞，ʦ^{h}an$^{35-11}$nĩ^{55}塍蛉；

湘－长沙：xoŋ^{55}xoŋ^{55}凤凤，u^{13}koŋ^{33}蜈蚣，tɕ^{h}i^{33}tɕ^{h}i^{33}蛐蛐；湘－衡阳：ɕi^{45}fu^{33}西虎；

客－梅县：kon^{44}p^{h}i^{44}干蜱，t^{h}oŋ^{11}loŋ^{11}螳螂；客－于都：fu^{44}t^{h}iɛ^{42}蝴蝶；

赣－南昌：iu^{35} iɛn^{35}蚰蜒，tin^{42} tin丁丁，t^{h}ɔŋ^{24} lɔŋ螳螂，u^{35} kuŋ^{42}蜈蚣，tɕ^{h}y^{42} tɕ^{h}y蛐蛐；

粤－广州：u^{21} tip$^{22-35}$蝴蝶，k^{h}ei^{21} na^{35}蜞蝻，kat^{22} ʦat$^{22-35}$甴甲，k^{h}ɐm^{21} lou$^{21-35}$蟛蜞；粤－东莞：fu^{21} tit^{22}蝴蝶，ŋɔŋ^{21} nɐi$^{21-35}$蝾螈，t^{h}ɔŋ^{21} ŋɔŋ^{21}螳螂，køŋ^{213} ŋoŋ^{21}蜣螂，k^{h}ɐm^{21} ŋɔu$^{21-35}$蟛蜞；

晋－忻州：piɛʔ^{2}ʦəŋ^{313}别争，ʦəʔ^{2} sɑ^{313}怎沙，lɑʔ^{2} ku^{313}蜡蛄，miɛ^{31} ʦɑ̃^{53}口站（牛虻），iəu^{31}xɑẽ^{53}油汉（蚜虫）；晋－神木：piəʔ^{2}ʦuɤẽ^{24}百踪，tɕ^{h}iəu^{24}iɤẽ^{21}蚯蚓。

陕北－吴堡：tɕhiɤ^{21} tshɑ^{33}蹻茬，这个词可能与《尔雅·释虫》记载的“蟿螽”［tɕ^{h}i^{51} ʧɔŋ^{55}］或“螇蚸”［tɕ^{h}i^{55} li^{51}］有关。

另据不列颠百科全书，短角蚱蜢即蝗虫（261 页），但有些方言并不区分，例如福州：ʦ^{h}aŋ$^{33-35}$ maŋ^{33}草蜢，上海话用βɑ̃$^{13-11}$ mɑ̃$^{13-53}$蝗蜢（或者βɑ̃$^{13-11}$ zoŋ$^{13-53}$），似乎两种形式结合起来。

4b. 词头+词根型。方言上看，4b 跟 4a 未必有多大分别，无非是早期典型“词头+词根”结构的沿袭分类，因为现代方言的词头未必是轻音。来源上看，则二者的不同之处是多方面的。首先是词头易于发生音变，辅音交替或辅音脱落，元音弱化甚或脱落，有些方言会用不同汉字加以记录，例如：吴－上海：kəʔ^{505} mɑ̃$^{13-55}$蚱蜢，βu$^{13-11}$ ɸoŋ$^{53-55}$胡蜂，mo$^{13-11}$ βɑ̃$^{13-33}$蚂蟥；吴－苏州：ɦəu^{13} foŋ$^{55-33}$胡蜂；赣－萍乡：kɛ^{13} pi^{134}蚱蜱；赣－南昌：ma^{213} ȵi蚂蚁，ma^{213}uɔ̃^{35}蚂蟥；客－于都：ma^{31}ȵie蚂蚁，ma$^{35-42}$hɔ̃^{44}蚂蟥；闽－厦门：kau$^{53-55}$hia^{11}狗蚁，tɔ$^{35-21}$ un^{53}涂蚓；闽－福州：ka$^{53-33}$ uŋ^{33}口蚓，ma$^{53-33}$ u^{53}蚂蚨，ma$^{33-21}$ βuŋ^{55}（p^{h}uŋ^{55}）马蜂；粤－东莞：ʦɐi^{35}ʦok^{44}子蟀，ŋɐi^{21} ʦɐt^{44}簕蟀；湘－长沙：ma^{31} xoŋ^{33}

马蜂，ma³¹uan¹³蚂蟥；晋-忻州：mɑʔ²tsɑʔ²蚂蚱，mɑʔ²tsɑʔ²蚂蚱。

　　其次是词头可能整体脱落，结果会造成类型 5；再次是词头可能被实义词替换或脱落后重新构词，结果造成类型 6。例如，上海：tʰio³⁵⁻³³sə?⁵⁵³跳虱，用实义词"跳"替换词头，转换为复合方式。cɔ⁵⁵⁻³³sə?⁵⁵³蚤虱则是更典型复合形式，但也产生带词缀的形式：tsø³⁵⁻⁵⁵lɔ¹³⁻³¹鑹佬。且举两例：

　　"苍蝇"见表 5：

表 5

吴-苏州	吴-上海	客-梅县	客-于都	赣-南昌
苍蝇 tsʰã⁴⁴in⁴⁰	苍蝇 tsʰã⁵³⁻⁵⁵fiiŋ¹³⁻⁵³	乌蝇 vu⁴⁴⁻³⁵in¹¹	乌蝇 vu³¹iẽ³¹	苍蝇 tsʰɔŋ⁴²in
粤-东莞	粤-广州	闽-厦门	闽-福州	晋-神木
姑蝇 ku²¹³zəŋ²¹⁻⁵⁵	乌蝇 u⁵³ieŋ²¹⁻⁵⁵	胡蝇 hɔ³⁵⁻¹¹sin³⁵	蒲蝇 pu⁵³⁻³³liŋ⁵³（siŋ⁵³）	苍蝇 tsʰã²⁴iʁ̃⁴⁴

　　"跳蚤"见表 6：

表 6

官话-武汉	湘-衡阳	客-梅县	客-于都	赣-萍乡
虼蚤 kɤ²¹³⁻²¹tsau⁰	狗蚤 kəu³³tsau³³	狗虱 keu³¹set¹	狗蚤 kieu³⁵⁻³¹tsɔ³⁵	狗蚤 kæ³⁵tsau³⁵⁵
粤-广州	闽-厦门	闽-福州	晋-忻州	晋-神木
狗虱 keu³⁵sɐt⁵⁵	家蚤 ka⁵⁵⁻¹¹tsau⁵³	虼蚤 ka³³⁻³⁵ʒau³³（tsau³³）	圪蚤 kəʔ²tsɔ³¹³	圪蚤 kəʔ⁴tsʁ̃⁵³

　　有趣的是，"狗蚤""家蚤"等借用了与词头读音的相近性，用汉字偷梁换柱式地创造了类似实义词的冠名形式。我们把这类称为半词头，仍归入此类。

　　5. 词根单音节型。共时平面上看到的单音节型昆虫名不算多，有两种因素可注意：单音节型跟双音节型同现，单音节名往往对应于添加冠名或者词缀和属名的双音节形式（参见下文）。此外，古代单音节型现代继承下来，例如"蝉、蚊、蚁、蚤、蚕、蛆"等。

　　晋-太原：tsʰæ̃¹¹蝉，或 tsʰæ̃¹¹ʐ̩¹¹蝉儿；粤-阳江：ʃim⁴³蝉；粤-广州：sim²¹蝉，或：sa⁵³sim²¹沙蝉；

粤–广州：tsøt⁵⁵蜂，或者：tsek⁵⁵tsøt⁵⁵织卒/织蜂；

粤–广州：ŋɐi²³蚊；粤–东莞：ŋic¹³蚊；闽–潮州：hia³⁵蚊；

粤–广州：mɐn²¹⁻⁵⁵蚊；闽–潮州：maŋ⁵³虻（蚊）；闽–建瓯：mɔŋ²¹蚊；

粤–广州：maŋ²³⁻³⁵蜢，或者：tsʰou³⁵maŋ²³⁻³⁵草蜢；

吴–温州：tsʒ³⁵蚤，或者：tʰiɛ³²⁻⁴³tsʒ³⁵跳蚤；

客–于都：çĩ³⁵蟮，hɤ⁴⁴·çĩ河蟮。比较：客–梅县：hian⁵³kuŋ⁴⁴蟮公，赣–南昌：hon²⁴tɕin·tsʅ寒蟮子；赣–萍乡：fi⁴⁴çiẽ³⁵⁵回蟮；粤–广州：uɔŋ²¹hyn³⁵黄蟮；粤–东莞：vɔ²¹høŋ³⁵禾蚓。

吴–上海：ze¹³蚕；赣–南昌：tsʰon²⁴蚕，粤–广州：tsʰam²¹⁻³⁵蚕；

吴–上海：tsʰi⁵³蛆；赣–南昌：tɕʰy⁴²蛆；粤–广州：tsøy⁵³蛆；

其他还有：闽–建瓯：saiŋ²²蝇；闽–厦门：baŋ⁵³⁻⁵⁵蠓；闽–福州：tsieŋ³³蟶；pʰuŋ⁵⁵蜂；tai⁵³蟹；赣–南昌：sɛt⁵虱；粤–广州：tsi⁵⁵蛳。

6. 冠名+词根型。所谓冠名指在昆虫名前添加修饰语加以分类，有语义原因也有韵律原因。例如"马蜂"在有些方言继承了原有的词头形式，即"胡、马"等文献形式，更多的方言则用冠名替换了原有词头，或以颜色命名，或以某种特征命名。例如冠名+"蜂"："黄–""乌肚–、鬼头–、虎头–，地–"，并且两种形式并存，并存形式可能有官话的影响，也可能是方言自身形成的。

黄蜂湘–衡阳：uan¹¹pʰəŋ⁴⁵黄蜂；客–梅县：vu⁴⁴⁻³⁵tu³¹fuŋ⁴⁴乌肚蜂；客–于都：ṽɔ⁴⁴fəŋ³¹黄蜂；赣–南昌：uɔŋ³⁵fuŋ⁴²黄蜂；赣–萍乡：uõ⁴⁴fəŋ¹³⁴黄蜂；粤–东莞：kuɔi³⁵tʰau²¹fɔŋ²¹³鬼头蜂，vɔŋ²¹fɔŋ²¹³黄蜂；闽–厦门：hɔ⁵³⁻⁵⁵tʰau³⁵⁻¹¹pʰaŋ⁵⁵虎头蜂；闽–福州：uoŋ⁵³⁻⁵⁵muŋ⁵⁵（pʰuŋ⁵⁵）黄蜂；晋–忻州：xuɛ³¹pɛ⁵³黄蜂。

蚱蜢客–于都：tsʰɔ³⁵⁻³¹mã³⁵草蜢；粤–东莞：tsʰou³⁵ŋɔŋ²¹⁻³⁵草龙；闽–福州：tsʰaŋ³³⁻³⁵maŋ³³草蜢，tsʰaŋ³³带鼻音韵尾可能受后音节影响；晋–忻州：tɕɕiɔ⁵³ma²¹tsəʔ⁴叫蚂蚱。

蚂蚁吴–上海：bɑʔ¹³¹mo¹³⁻¹¹ŋi¹³⁻¹³白蚂蚁；湘–长沙：fei³³ma³¹ŋi¹¹飞蚂蚁；客–于都：pʰa⁴²ŋie³⁵白蚁；赣–南昌：pʰaʔ⁵ŋi白蚁；闽–厦门：peʔ⁵²¹hia¹¹白蚁；闽–福州：øyŋ⁵⁵⁻⁵³ŋie¹³¹红蚁；晋–忻州：mɑ³¹³pʰiɛʔ²fu³¹蚂蚍蜉。

蚤吴–上海：tʰiɔ³⁵⁻³³çiʔ⁵⁵³跳虱；闽–厦门：ka⁵⁵⁻¹¹tsau⁵³家蚤；湘–衡阳：kəu³³tsau³³狗蚤。

虱吴–上海：tsʰɤ³⁵⁻³³səʔ⁵⁵³臭虱；tsɔ⁵⁵⁻³³səʔ⁵⁵³蚤虱；粤–广州：mok²²sɐt⁵⁵木

虱；粤-东莞：mok^{22}sɐt^{44}木虱；闽-厦门：bat^{521}（bak^{521}）sat^{1}木虱；闽-福州：møyʔ^{521}saiʔ^{24}木虱；晋-忻州：piəʔ^{2}sɔʔ^{2}壁虱。

蝉粤-广州：tsʰɐu^{53}sim^{21}秋蝉，sa^{53}sim^{21}沙蝉；吴-上海：zɑ$^{13-11}$ze$^{13-33}$柴蝉。

蛾吴-上海：təŋ$^{53-55}$ŋu$^{13-54}$灯蛾；赣-萍乡：fi^{13}ŋɔ^{44}飞蛾；客-于都：fi^{31}ŋɤ^{44}飞蛾。

壁虎湘-长沙：pa^{33}pi^{24}fu^{31}巴壁虎；吴-上海：pieʔ^{505}ɸu$^{55-55}$壁虎。

蜘蛛吴-上海：ɕi$^{55-33}$tsɥ$^{53-53}$喜蛛；赣-萍乡：tʂʅ^{13}tʂɥ^{134}织蛛；南昌：pat^{5}tɕiɔʔ^{5}ɕi^{213}ɕi八脚嬉嬉。

其他湘-衡阳：tan^{45}lan^{11}刀螂；赣-南昌：tsau^{35}tɕʰy^{42}tɕʰy灶蛐蛐；客-于都：hɤ^{44}ɕĩ河蟪；粤-广州：iɐu^{21}kat^{22}tsat$^{22-35}$油由甲，ŋɐi^{21}tsɐt^{44}篱蟀；闽-厦门：be$^{53-54}$iaʔ^{5}美蝶；ka$^{55-11}$tsuaʔ^{55}家囗；he$^{53-55}$iam$^{11-21}$kɔ^{55}火焰蛄；闽-福州：pu$^{53-33}$liŋ^{53}（siŋ^{53}）蒲蝇，huŋ^{55}muoŋ^{53}风蚊；陕北-神木：mɔ^{44}iəu^{44}iɛ^{53}毛蚰蜒。

7. 词根+属名型。属名指把昆虫的种属名添加在词根后构成的名物词，经常用的属名是“虫”。属名是否会发展为词缀目前还不明显。例如：

吴-上海：məŋ$^{13-11}$zoŋ$^{13-33}$蚊虫，ɦiɑ$^{13-11}$zoŋ$^{13-33}$蚜虫，di$^{13-11}$pieʔ^{505}zoŋ$^{13-53}$地鳖虫，βɑ̃$^{13-11}$zoŋ$^{13-53}$蝗虫。闽-福州：ŋa$^{53-33}$løyŋ^{53}（tʰøyŋ^{53}）蚜虫，iaŋ$^{53-33}$iaŋ$^{53-33}$tʰøyŋ^{53}蝇蝇虫。再如，赣-南昌：un^{35}tsʰuŋ蚊虫；客-梅县：foŋ^{11}tsʰuŋ^{11}蝗虫，n̩^{11}kuŋ$^{44-35}$tsʰuŋ^{11}蜈蚣虫；客-于都：ŋɤ^{44}kəŋ^{31}tʂʰəŋ^{44}蜈蚣虫；湘-长沙：fan^{13}tʂoŋ^{13}蝗虫；粤-东莞：vɔŋ^{21}tsʰoŋ^{21}蝗虫；赣-萍乡：tsʰã^{44}tʂʰəŋ^{444}蚕虫。

长沙话等地的“婆”也是一种属名，泛指屋舍内的昆虫。sə^{24}po^{13}（tsɿ）虱婆（子），可比较，赣-萍乡：sɛ^{13}pʰɔ^{444}虱婆，客-梅县：set^{1}ma^{11}虱嫲，客-于都：siɛʔ^{225}pʰɤ^{44}虱婆；tsʰi^{33}po^{13}tsɿ蛆婆子。

其他一些方言用方言汉字“公、母、仔、乸、狂、佬”等似乎也具有属名作用，例如，客-梅县：ni^{44}kuŋ^{44}蚁公，或者mat^{1}ni^{44}kuŋ^{44}㸌蚁公，hian^{53}kuŋ^{44}蟪公；赣-萍乡：ʂẽ^{44}tsi^{355}蝉仔，si^{13}sɔ^{134}（tsi^{135}）蟋蟀仔；客-梅县：se^{11}lo^{11}ko^{44}囗螺哥；粤-广州：ma^{23}lɔŋ^{21}kʰɔŋ^{21}蚂螂狂；粤-东莞：sɐk^{44}na^{35}虱乸；闽-厦门：sat^{105}bu^{53}虱母；baŋ$^{53-55}$a^{53}（ŋã^{53}）蠓仔；闽-福州：sɛiʔ$^{24-35}$（aiʔ）mo^{33}虱母。

8. 冠名+属名型

用冠名加属名“虫”描述昆虫形成一类新型昆虫名，现代方言常见形式多为三音节词，冠名多表示昆虫的特征。例如：

吴－上海：mɔ¹³⁻¹¹ mɔ¹³⁻⁵⁵ zoŋ¹³⁻⁵³ 毛毛虫，tsʰɑʔ⁵⁰³ pʰi³⁵⁻⁵⁵ zoŋ³⁵⁻⁵³ 拆屁虫，ɦiɣ¹³⁻¹¹ ɸu⁵⁵⁻⁵⁵ zoŋ¹³⁻⁵³ 游火虫，tsʰɣ³⁵⁻³³ zoŋ¹³⁻⁵³ 臭虫，tɕiŋ⁵³⁻⁵⁵ βu¹³⁻⁵⁵ zoŋ¹³⁻⁵³ 金胡虫，bieʔ¹³¹ tʰi³⁵⁻¹¹ zoŋ¹³⁻⁵³ 鼻涕虫，mi¹³⁻¹¹ tsʯ³⁵⁻⁵⁵ zoŋ¹³⁻⁵³ 米蛀虫；吴－苏州：ɦiɣ¹³ həu⁵¹⁻³³ zoŋ¹³⁻²¹ 游火虫。

闽－福州：puŋ¹¹⁻⁵⁵ tʰøyŋ⁵³ 粪虫，mi³³⁻²¹ tʰøyŋ⁵³ 米虫；闽－厦门：sian¹¹⁻²¹ tʰaŋ³⁵ (laŋ³⁵) 鳝虫，kau⁵³⁻⁵⁵ bu⁵³⁻⁵⁵ tʰaŋ³⁵ 狗母虫。

赣－南昌：ia¹¹ fo²¹³ tsʰuŋ²⁴ 夜火虫；tsʰiu²¹³ tsʰuŋ²⁴ 臭虫，tɕin⁴² tsʰuŋ²⁴ 金虫，mau³⁵ tsʰuŋ²⁴ 毛虫；赣－萍乡：ta³⁵ pʰi¹¹¹ tʂʰən⁴⁴ 打屁虫，pʰi¹¹ ȵiŋ¹¹¹ (ȵiẽ¹¹¹) tʂʰən⁴⁴ 鼻韧虫，kæ³⁵ mau⁴⁴⁴ tʂʰən⁴⁴ 狗毛虫，tʂʯ³⁵ mi³⁵⁵ tʂʰən⁴⁴ 蛀米虫，kuən¹¹ ʂʅ³⁵⁵ tʂʰən⁴⁴ 滚屎虫。

客－梅县：fo³¹ iam¹¹ tsʰuŋ¹¹ 火炎虫；tsʰu⁵³⁻⁵⁵ pʰi⁵³⁻⁵⁵ tsʰuŋ¹¹ 臭屁虫，ȵiok¹ mau⁴⁴⁻³⁵ tsʰuŋ¹¹ 蠚毛虫，tsu⁵³⁻⁵⁵ mi³¹ tsʰuŋ¹¹ 蛀米虫；客－于都：ŋɣ⁴⁴ kən³¹ tʂʰən⁴⁴ 蜈蚣虫，ia⁴² hɣtʂʰən⁴⁴ 夜火虫；ta³⁵⁻³¹ pʰi²² tʂʰən⁴⁴ 打屁虫，ȵiu⁴⁴ ʂʅ³⁵⁻³¹ tʂʰən⁴⁴ 牛屎虫，ia⁴² hɣtʂʰən⁴⁴ 夜火虫。

粤－广州：kɐi⁵³ tsʰoŋ²¹ 鸡虫，ŋaŋ²² hɔk³³ tsʰoŋ²¹ 硬壳虫，pei²² tʰɐi³³ tsʰoŋ²¹ 鼻涕虫，kɐu³⁵ mou²¹ tsʰoŋ²¹ 狗毛虫，pɐn²² si³⁵ tsʰoŋ²¹ 笨屎虫；粤－东莞：zɐŋ²¹ fɔ³⁵ tsʰoŋ²¹ 萤火虫，vɔŋ²¹ tsʰoŋ²¹ 蝗虫；mɔu²¹ tsʰoŋ²¹ 毛虫。

湘－长沙：ian¹³ xo³¹ tʂoŋ¹³ 洋火虫，fan¹³ tʂoŋ¹³ 蝗虫；mi³¹ tʂoŋ¹³ 米虫，o¹³ lau³¹ tʂoŋ¹³ 禾老虫，u²⁴ mao¹³ tʂoŋ¹³ 屋毛虫，ta³¹ pʰi⁵⁵ tʂoŋ¹³ 打屁虫，pi²⁴ tʰi⁵⁵ tʂoŋ¹³ 鼻涕虫，lian¹¹ xo³¹ tʂoŋ¹³ 亮光虫。

跟"词根＋属名"一样，属名也可以用其他方言语素表示，例如：湘－长沙：fan³¹ sa³³ po¹³ 纺纱婆；ȵia¹³ ȵi¹³ po¹³ 黐泥婆，pən¹¹ ʂʅ³¹ ka²⁴ 笨屎甲；客－于都：tʰəu³³ iəu¹³ po¹³ 偷油婆，tuɐ²² tɕie³¹ kəŋ²² 碓鸡公；赣－萍乡：iu⁴⁴ tsʰɛ¹¹ pʰɔ⁴⁴⁴ 油贼婆，fo³⁵ tɕi¹³⁴ pʰɔ⁴⁴ (tsi³⁵⁵) 纺机(婆)仔，tʰiẽ¹³ lɔ⁴⁴ tʰæ⁴⁴⁴ 天螺头；客－梅县：tsu⁴⁴⁻³⁵ sʅ³¹ pun⁵³ kuŋ⁴⁴ 猪屎粪公；吴－上海：tsɔ³⁵⁻³³ pieʔ⁵⁰⁵ tɕi⁵³⁻⁵³ 灶壁蚬，lɔ¹³⁻¹¹ bɑʔ¹³⁵ səʔ⁵⁵³ 老白虱，tsɐʔ⁵⁰³ pu³⁵⁻⁵⁵ ȵiã¹³⁻⁵³ 织布娘；湘－衡阳：tɕi²² y¹¹ tiau³¹ 织娱鸟，tʰie²⁴ ku³¹ ȵiɐu¹³ 铁牯牛；闽－厦门：niũ³⁵⁻¹¹ a⁵³ (ã⁵³) 娘仔，gu³⁵⁻¹¹ sai⁵³⁻⁵⁵ ku⁵⁵ 牛屎蜣；晋－忻州：iəŋ³¹ pʰɛ³¹ 银婆。

9. 词根＋词缀型。部分方言词根后可添加词缀，包括双音节词根。常见词缀是"子"和"儿"，但是各方言带不带词缀或者带何种词缀并不一致。例如，官话－北京：uən³⁵ tsʅ⁰ 蚊子，湘－长沙 ma³¹ ȵi¹¹¹¹⁽⁵⁵⁾ tsʅ 蚂蚁子；吴－上海：məŋ¹³⁻¹¹ tsʅ⁵⁵⁻³³ 蚊子，客－梅县：mun⁴⁴⁻³⁵ ne 蚊儿；粤－广州：mɐn²¹⁻⁵⁵ 蚊。

有些方言只有一种词缀，有些方言有多种词缀。

吴－上海：ziã¹³⁻¹¹（ɦiã¹³⁻¹¹）tsʅ⁵⁵⁻⁵³蟑螂子，səʔ⁵⁰⁵tsʅ⁵⁵⁻⁵⁵虱子。

湘－长沙：tsan¹³tsʅ蚕子；mən³³tsʅ蚊子；fu¹³tʰie²⁴tsʅ蝴蝶子；kə²⁴tsau³¹tsʅ屹蚤子；tsa²⁴moŋ⁵⁵tsʅ蚱蜢子；tsʅ²⁴tɕy³³tsʅ蜘蛛子；tʂʰəu²⁴ʂən⁵⁵tsʅ蛐蟮子。湘－衡阳：ma³³mi（ni）³³tsʅ³³蚂蚁子，fən¹¹tsʅ³³蚊子。

客－梅县：tʰam¹¹me蚕儿，sam¹¹me蝉儿，fuŋ⁴⁴⁻³⁵ŋe蜂儿，mun⁴⁴⁻³⁵ne蚊儿，sit¹sut¹te蟋蟀儿；ioŋ¹¹iap⁵pe蝉叶儿。客－于都：tsʰã⁴⁴tsʅ蚕子，sĩ⁴⁴tsʅ蝉子，fəŋ³¹tsʅ蜂子，mẽ³¹tsʅ蚊子。

赣－南昌：tɕia³⁵lɔʔtsʅ借落子，ŋo³⁵tsʅ蛾子，hon²⁴tɕintsʅ寒蜑子；赣－萍乡：ma³⁵n̩i⁴⁴（ŋn̩iŋ⁴⁴）tsʅ³⁵⁵蚂蚁子，mẽ¹³tsʅ³⁵⁵蚊子，tsʰʅ⁴⁴tsʅ³⁵⁵蚯子。

赣－南昌带不带词缀有两可形式：ma¹¹tsa（tsʰa）（tsʅ）蚂蚱（子），tsɛt⁵maʔ（tsʅ）虼蛂（子）。

晋－神木：ma²⁴iʌɯ²¹蚂蚁儿，ŋuʌɯ⁵³蛾儿，fʌɯ²¹³蜂儿，tsʰẽr³¹蝉儿，ɕieʔ²xuər³¹³蝎虎儿，tsʰẽr³¹蚕儿，mɤ̃²¹tsəʔ²蜢子，səʔ²⁴tsəʔ²¹虱子，i³¹.tə蝇子，ɕieʔ²⁴tsəʔ²¹蝎子。

晋－忻州：tsʰẽr³¹蚕儿，i³¹.tə蝇儿，tʂẽr³¹蝉儿，xu³¹tiər³¹蝴蝶儿，sər⁵³（niəu³¹.tə）色儿（牛子），fẽr³¹蜂儿，sɔʔ².tə虱子，（i³¹）vəŋ³¹.tə（蝇）蚊子，ŋər³¹蛾儿，tɕʰyəʔ²tʂẽr⁵³蛐蟮儿。

官话－北京：ɕie⁵⁵［lə⁰］xu²¹⁴⁻²¹tsʅ⁰蝎虎子，tɕʰy⁵⁵tɕʰyr⁰蛐蛐儿，ʂʅ⁵⁵tsʅ⁰虱子，xu³¹tʰier²¹⁴蝴蝶儿。

带词缀的多音节词（词头+词根+词缀，双音节词+词缀）往往是重轻轻格式，例如长沙话，无论原双音节是否重轻型，首音节一律重读拖长，呈双音节音步，导致三音节词被重新分析为两个双音步："蚂——蚁子ma³¹n̩i¹¹⁽⁵⁵⁾·tsʅ"，"蜘——蛛子tsʅ²⁴tɕy³³·tsʅ"。

10．混合型。混合型可在词根前后添加冠名和词缀，词根后添加属名和词缀，或者重叠词根，或者产生全新的转喻替代名。

10a．冠名+词根+词缀型。

湘－长沙：uan¹³xoŋ³³tsʅ黄蜂子；mi²⁴xoŋ³³tsʅ蜜蜂子；n̩iəu¹³mən³³tsʅ牛蚊子；tsʰəu²⁴ʂən⁵⁵tsʅ曲蟮子；tʰəu³¹kəu³¹tsʅ土狗子；fei³³o¹³tsʅ飞蛾子；湘－衡阳：tɕʰiu⁴⁵tan¹¹tsʅ³³秋蝗子，tʰu³³kəu³³tsʅ³³土狗子，tsau³⁴⁻³¹tɕi⁴⁵tsʅ³³灶鸡子，lo³³tɕy⁴⁵tsʅ³³螺蛛子。

晋－神木：ti⁵³fʌɯ²¹地蜂儿；tɕʰiəu²⁴ʂʌɯ⁵³秋蝉儿，lao⁵³xur²¹路虎儿，tʰiɛ²⁴

niʌɯ⁵³ 天牛儿；晋-忻州：xu³¹ tiər³¹ 蝴蝶儿，tsɔ³¹³⁻⁴² mər³¹ 枣猫儿，luəʔ² tʂʰẽr³¹ 绿蝉儿，tɕiəŋ³¹³⁻³³ niəu³¹. tə 金牛子，lyəŋ³¹ sɔʔ². tə 龙虱子，tɕʰyəʔ² tʂʰẽr⁵³ 蛐蟮儿，xæ³¹³⁻⁴² lɛ³¹. tə 海螺子，xəʔ² sər³¹ 黑色儿。

客-梅县：voŋ¹¹ fuŋ⁴⁴⁻³⁵ ŋe 黄蜂儿，tsʰau³¹ maŋ³¹ ŋe 草蜢儿，tʰoŋ¹¹ fuŋ⁴⁴⁻³⁵ ŋe 糖蜂儿，noŋ¹¹ ni⁴⁴⁻³⁵ ie 囊蚁儿，tʰu³¹ keu³¹ ve 土狗儿，tsau⁵³ ke⁴⁴⁻³⁵ e 灶鸡儿，fa⁴⁴ mun⁴⁴⁻³⁵ ne 花蚊儿；客-于都：tʰu³⁵⁻³¹ kieu³⁵⁻³¹ tsʅ 土狗子，tsɔ²² tɕie³¹ tsʅ 灶鸡子。

赣-南昌：tʰu²¹³ kiɛu tsʅ 土狗子，tsau³⁵ tɕi⁴² tsʅ 灶鸡子，tsʰaʔ⁵ pɔʔ tsʅ 赤膊子，tsʰat² pot tsʅ 煤拨子；赣-萍乡：fã¹¹ mẽ¹³ tsʅ³⁵⁵ 饭蚊子，ȵiu⁴⁴ mẽ¹³ tsʅ³⁵⁵ 牛蚊子，tʰu³⁵ kæ³⁵⁵ tsʅ³⁵⁴ 土狗子，tsau¹¹ tɕi¹³ tsʅ³⁵⁵ 灶鸡子。

吴-苏州：piəʔhəutsʅ⁵⁵⁻²³ 壁虎子。

带词缀的形式是后起的，有些还在发展中，例如湘-长沙有两读：tsa²⁴ moŋ⁵⁵（·tsʅ）蚱蜢（子）。

10b. 词根+属名+词缀型。

这种类型数量很少。例如：

长沙：tsʰi·³³ po¹³ tsʅ 蛆婆子；sə²⁴ po¹³ tsʅ 虱婆子；ɕyẽ¹³ lian¹³ tsʅ 蝉良子。

此外，还可能有其他零散形式，例如词根重叠。晋-忻州：ɕi³¹³⁻⁴² tsu³¹³⁻²⁴ tsu³¹³⁻³¹ 蟢蛛蛛。吴-上海：ze¹³⁻¹¹ pɔ⁵⁵⁻⁵⁵ pɔ⁵⁵⁻³¹ 蚕宝宝；赣-南昌：tsau³⁵ tɕʰy⁴² tɕʰy 灶蛐蛐；晋-神木：tʂu²⁴ tʂu²¹ 蛛蛛，mɔ⁴⁴ tsa⁵³ tsa²¹ 毛爹爹；闽-福州：iaŋ⁵³⁻³³ iaŋ⁵³⁻³³ tʰøyŋ⁵³ 蝇蝇虫，puo²¹ puo⁵³ tɕʰi²¹ 簸簸箕。

部分方言甚至产生了完全不带早期形式的转喻型替代形式，例如：客-梅县：pʰak⁵ itˀ⁵ te 白翼儿（蛾）；粤-广州：im²¹ sɛ²¹⁻³⁵ 檐蛇（壁虎）；粤-东莞：pʰau³² koŋ²¹³ zy²¹ 炮公鱼（壁虎），吴-上海：ɦiɤ¹³⁻¹¹ βu¹³⁻³³ lu¹³⁻³³ 油葫芦（蟋蟀）；liã¹³⁻¹¹ mi¹³⁻⁵⁵ tsʅ⁵⁵⁻³¹ 两尾子（蟋蟀），sɛ⁵³⁻⁵⁵ mi¹³⁻⁵⁵（me¹³⁻⁵⁵）tsʅ⁵⁵⁻³¹ 三尾子（蟋蟀）。湘-长沙：tʰiẽ³³ lo¹³ to¹³ 天螺陀（蜗牛）；吴-上海：tsø³⁵⁻⁵⁵ lɔ¹³⁻³¹ 鏇佬（跳蚤）；客-于都：tʰɔ⁴⁴ mi³¹ 塘尾（蜻蜓）；客-梅县：iam¹¹ sa¹¹ e 檐蛇儿（壁虎）。

以上除了带词缀的类型属于重轻型，其他各类双音节词的词形韵律结构（包括词头+词根型）在各地方言不能推衍。仅以词头+词根型而言，大致来说，北方方言主要呈重轻型，南方方言主要呈轻重型，而具体落实到哪个词读轻重，哪个词读重轻，则需要逐个调查（见表7）。①

---

① 令人遗憾的是，目前所有汉语方言词典或专著描写都缺乏这项资料。

表 7　　　　　　　　　　**方言词法与词形韵律结构关系**

词法结构：	单纯词	双音单纯词	词头+词根	词根+词根（冠名+词根）（词根+属名）	词根+词缀
语音呈现：	单音节	双音节	1 弱首音节 2 重首音节 3 双音节	1 弱首音节 2 重首音节 3 双音节	1 弱首音节 2 重首音节 3 双音节
语音个例：	广州 tsøt⁵⁵蝉	忻州 maʔ²tsɑʔ²蚂蚱	东莞 tsɐi³⁵ tsok⁴⁴子蝉	神木 tɕiɔ⁵³ ma²¹ tsə²ʔ⁴叫蚂蚱	梅县 sit¹ sut¹ te蟋蟀儿
词形结构：	${CV}_{p=1}$	${CV·CV}_{p=2}$	不定	不定	不定

五　结语

从华夏语言到现代汉语方言，昆虫名的词法和语音呈现出两大演化特征。一是商周春秋时期昆虫名发生单音节化过程，反映这个现象的证据是单音节和双音节昆虫名共存（蝉/胡蝉，螽/蟿螽），且呈现词头可脱落的"词头+词根"准词法格式和少量词根初始复合（秋蝉、桑茧，天蝼），以及模声词可独用现象（蜇，蟒），这些都只能解释为单音节名来源于双音节名。二是现代方言昆虫名产生各种词法类型，有"冠名+词根""词根+属名"和"冠名+属名"复合词，有"词根+词缀"派生词，以及从古代继承的单音节词、"词头+词根"词或双音单纯词。其中，从古代继承的双音节词说明昆虫名的单音节化很可能在春秋时期突然终止，使得部分词沿袭下来（蟋蟀、蚂蚁、蚍蜉、蜣螂），这个现象与当时复合词法的出现密切相关。据刘洋、江荻（2015），当时双音节韵律结构逐步出现，这既是复合词产生的起点，也是双音单纯词终止单音节化的契机。

昆虫名的单音节化肇始于双音节词的轻重韵律，当首音节轻读演化为弱首音节或次要音节，发生语义偏移，弱首音节会呈现为语音性质不同于词根音节的词头，这是本文建立早期语言准词法分析的基础，即词形韵律结构意义上的词头与词根分析法。

昆虫名词形韵律结构的类型分析和演化分析给我们带来诸多启迪。根据上文早期语言抑扬格词模式的认识，或许我们可以提问：为什么复合法出现后汉语北方方言普遍出现抑扬格向扬抑格词模式转变的趋势？是词法结构引起的还是词形韵律结构发生变异？若是前者，为什么南方吴闽粤湘赣等方言的复合词主要还是轻重型模式。[①] 此处，我们追加北京话和广州话的实际案例供读者参考，从中或可感知词法与词形韵律结构之间存在相关关系（音节前"·"表示轻声）。[②]

词项	北京	词形韵律类型	广州	词形韵律类型
蝉	ma^{214} tɕi^{51}马季	轻重cv-CV	[ʃa^{53}] ʃim^{21}[沙]蝉	轻重cv-CVC
蜜蜂	mi^{31} fəŋ^{55}	轻重cv-CVC	mɐt^{2} fʊŋ$^{53-55}$	轻重cvc-CVC
蝴蝶	xu^{31} tʰier^{214}蝴蝶儿	轻重cv-CV（-c）	wu^{21} tip$^{22-35}$	轻重cv-CVC
萤火虫	iŋ^{35} xuo$^{21-21}$ tʂʰuŋ^{35}	轻重vc-cv-CVC	jiŋ^{21} fɔ^{45} tʃʰʊŋ^{21}	轻重cvc-cv-CVC
蚂蚁	ma$^{214-35}$ i^{214}	重轻CV-v	ŋɐi^{23}蚁	重CV
臭虫	tʂʰou^{31} tʂʰuŋ^{35}	重轻CV-cvc	mʊk^{2} ʃɐt^{5}木虱	轻重cvc-CVC
螳螂	tau^{55} laŋ^{0}刀螂	重-轻声CV-·cvc	ma^{23} kʰɔŋ^{21} lɔŋ^{21}马狂螂	均重CV-CVC-CVC
蟋蟀儿	tɕʰy^{55} tɕʰyr^{0}蛐蛐儿	重-轻声CV-·cv（-c）	[tʃik^{5}] tʃøt^{5}[织]蟀	轻重[cvc]-CVC
苍蝇	tsʰaŋ^{55} iŋ^{0}	重-轻声CVC-·vc	wu$^{53-55}$ jiŋ$^{21-55}$乌蝇	均重CV-CVC
虱子	ʂɿ^{55} tsɿ^{0}	重-轻声CV-·cv	ʃɐt^{5} na^{35}虱嫲	重轻CVC-cv
跳蚤	kɤ^{31} tsɿ^{0}虼子	重-轻声CV-·cv	kɐu^{35} ʃɐt^{5}狗虱	轻重cv-CVC
蜘蛛	tʂu^{55} tʂu^{0}蛛蛛	重-轻声CV-·cv	kʰɐm^{21} lou$^{21-35}$蟧蟧	重轻CVC-cv

近年有不少研究明确提出重音与语法语义的关系（端木三，2014；张洪明，2014），但深入挖掘似乎尚待时日。当然，仅用昆虫名还不足以更细致地确定早期语言的词形韵律结构类型，还不能充分证明华夏语言和早期汉语是从多音节词语言演化而来，但昆虫名的词形韵律结构的演化观察对推进这样的认识有着一定的启示作用。我们的设想是，汉语史的研究需要倡导汉语大历史观，构建一种跨越甲金文追溯远古华夏汉语乃至汉藏语面貌的语言史。

---

① 据我们的数据，吴闽粤湘赣方言中，仅杭州、厦门、南昌、长沙等大城市方言出现少量轻声词，轻声词即重轻型模式。轻声的本质是去声调化，很容易凸显出重轻型模式，北方方言的轻声即重轻型的证明。

② 本表方音引自《汉语方言词汇》，北京话轻重类型由笔者调查记录；广州话轻重类型承蒙暨南大学钟奇教授协助调查，谨此致谢。

参考文献

1. （清）郝懿行：《尔雅义疏》，中国书店 1982 年版。

2. （清）钱绎（撰）：《方言笺疏》，李发舜、黄建中（点校），中华书局 1991 年版。

3. （清）王念孙：《读书杂志》，江苏古籍出版社 1985 年版。

4. （清）王引之：《经传释词》，江苏古籍出版社 1985 年版。

5. 白平、荀兰：《也释上古"有"字》，《教学与管理》1988 年第 1 期。

6. 邓丹：《汉语韵律词研究》，北京大学出版社 2010 年版。

7. 端木三：《重音理论及汉语重音现象》，《当代语言学》2014 年第 3 期。

8. 费尔迪南·德·索绪尔（Ferdinand de Saussure）著：《普通语言学教程》，高名凯译，商务印书馆 1980 年版。

9. 冯胜利：《汉语韵律句法学》，上海教育出版社 2000 年版。

10. 冯胜利：《汉语的韵律、词法与句法》（修订版），北京大学出版社 2009 年版。

11. 高永奇：《布兴语研究》，民族出版社 2004 年版。

12. 华学诚（汇证）：《扬雄方言校释汇证》，王智群、谢荣娥、王彩琴（协编），中华书局 2006 年版。

13. 江荻、张辉：《汉语词头残迹印证早期汉语是多音节型语言》，载《古汉语语法研究新论·出土文献与古汉语语法研讨会暨第九届海峡两岸汉语语法史研讨会论文集》，西南师范大学出版社 2015 年版。

14. 江荻 a：《王念孙的联绵词"天籁"说证》，《语言科学》2013 年第 5 期。

15. 江荻 b：《音节型语言演化的语音后果》，载《大江东去——王士元教授 80 岁贺寿文集》，香港城市大学出版社 2013 年版。

16. 江荻：《〈尔雅〉词汇形式证明汉语曾是多音节词语言》，《古汉语研究》2014 年第 3 期。

17. 江荻、李大勤、孙宏开：《达让语研究》，民族出版社 2013 年版。

18. 刘洋、江荻：《〈庄子·内篇〉联绵词的单音节化》，第 47 届国际汉藏语会议论文集 2014 年 10 月，《语文研究》2016 年第 3 期。

19. 罗端（Redouane Djamouri）：《从上古汉语构词形态的角度再谈商、周两代语言区别》，载《历史语言学研究》第六辑，商务印书馆 2013 年版。

20. 马真：《先秦复音词初探》，载《北京大学百年国学文萃——语言文献卷》，北京大学出版社 1998 年版，第 284—302 页。

21. 美国不列颠百科全书公司（编著）：《不列颠百科全书》（中文版），中国大百科全书出版社 1999 年版，第 261 页。

22. 唐钰明：《金文复音词简论——兼论汉语复音化的起源》，载《人类学论文选集》，中山大学出版社 1986 年版。

23. 王力：《汉语史稿》（中），中华书局 1980 年版。

24. 王福堂（主编）：《汉语方言词汇》，语文出版社 1995 年版。

25. 邢向东：《神木方言研究》，中华书局 2002 年版。

26. 邢向东、王兆富：《吴堡方言调查研究》，中华书局 2014 年版。

27. 徐朝华：《尔雅今注》，南开大学出版社 1994 年版。

28. 游汝杰：《中国南方语言里的鸟虫类名词词头及相关问题》，载《汉语语源问题学术讨论会论文集》，《中国语言学报》（JCL）1995 年第 8 期。

29. 张洪明：《韵律音系学与汉语韵律研究中的若干问题》，《当代语言学》2014 年第 3 期。

30. 张玉来：《近代学术转型与中国现代语言学的建立》，《山东师范大学学报》2014 年第 3 期。

31. 赵元任（著）：《赵元任语言学论文集》，吴宗济、赵新那（编），商务印书馆 2002 年版。

32. 钟奇：《汉语方言的重音模式》，暨南大学出版社 2010 年版。

33. 周法高：《中国古代语法·构词编》，中央研究院历史语言研究所出版 1962 年版。

34. 周及徐：《汉语的双音节词单音节化现象初探》，《四川大学学报》2000 年第 4 期。

35. Adam, G. & Bat-El, O. 2007 The trochaic bias is universal：Evidence from Hebrew//*Language acquisition and development*：*Proceedings of GALA*（pp. 12-24）.

36. Adam, G. & Bat-El, O. 2009 When do universal preferences emerge

in language development? The acquisition of Hebrew stress. *Brill´s Journal of Afroasiatic Languages and Linguistics*. 1（1），255–282.

37. Baxter，W. H. and Sagart，L. 2014 *Old Chinese：a new reconstruction*. New York：Oxford University Press.

38. Brunelle，M. and Pittayaporn，P. 2012 Phonologically-constrained change：The role of the foot in monosyllabization and rhythmic shifts in Mainland Southeast Asia. *Diachronica*. 29：411–433.

39. Hayes，B. 1985 Iambic and Trochaic Rhythm in Stress Rules. *Proceedings of the XIth Annual Meeting of the Berkeley Linguistics Society*. M. Niepokuj，M. VanClay，V. Nikiforidou and D. Feder：429–446.

40. Jiang，D. and Kang，CJ and Yan，HX 2014 Evolution of word-syllable structures and the diversity of world languages. *Chinese Science Bulletin*. September 2014，Volume 59，Issue 26，pp. 3362–3368. （中文版：江荻、康才畯、燕海雄《词形结构进化与世界语言的多样性》,《科学通报》2014 第 21 期。

41. Kamil Ud Deen 2005 *The acquisition of Swahili*（Vol. 40）. John Benjamins Publishing.

42. Liberman，M. Prince，A. 1977 On stress and linguistic rhythm. *Linguistic Inquiry*，Vol. 8，No. 2，pp. 249–336. （Reprinted in Goldsmith 1996）.

43. Patel，A. 2006 Musical Rhythm，Linguistic Rhythm，and Human Evolution. *Music Perception*，24：99–104.

44. Sargat，L. 1999 *The Roots of Old Chinese*. John Benjamins Publishing Co.

45. Saussure，F. De. 2013 *Course in General Linguistics*. Foreign Language Teaching and Research Press.

46. Shorto，H. L. 1963 The Structural pattern of northern Mon-Khmer languages. In H. L. Shorto（ed. ），*Linguistic Comparison in South-East Asia and the Pacific*，pp. 45–61.

47. Thurgood，G. 1999 *From Ancient Cham to Modern Dialects：Two Thousand Years of Language Contact and Change：With an Appendix of Chamic Reconstructions and Loanwords*. University of Hawaii Press. 185–186.

"雨"音义研究

黄树先

（首都师范大学文学院）

摘　要：本文依据斯瓦迪士的百词表，就汉语核心词"雨"这个概念进行专题研究。工作流程是：先整理汉语材料，包括文献材料和现代方言；然后跟亲属语言比较，以期探讨汉语核心词的早期面貌，梳理其演变轨迹。在语义方面，我们引用类型学方法，进行跨语言语义比较，旨在总结语义演变的模式。本文照此模式整理汉语"雨"。

关键词：语义场；核心词；雨；比较词义；跨语言比较

"雨"这个概念跟"水"有密切的关系。汉语的"雨"当雨水讲，在早期文献里，主要当动词用，当降雨讲，如"雨雪霏霏"。降雨类的词，汉语有"落雨""降雨"这样的说法。名词"雨"一直沿用下来，很少发生变化。

一　"雨"大类

1. "雨"系列

【雨】$^*G^wa\mathfrak{I}$，$^*G^was$，《说文》："雨，水从云下也。"有名、动两种形式，"雨"字已见甲骨文，参见于省吾《释雨》（于省吾《甲骨文字释林》）。

文献中还有一个跟"雨"密切相关的"雩"（"䨮"）字：

【雩】$^*G^wla$，求雨，《左传》桓公五年："秋，大雩。"羽俱切。又指虹，《尔雅·释天》："螮蝀谓之雩。"《集韵·遇》："吴人谓虹曰雩。"《集韵》王遇切。注意雨跟彩虹的关系。

"雩"字见于文献很早。王国维《毛公鼎铭考释》："雩，古粤字。"于省吾先生说，诸如《尚书·武成》"粤来若三月"之"粤"系"雩"之形讹；《夏小正》"越有小旱"之"越"，系"雩"之通借。《夏小正》"越有小旱"，"越"应读"雩"，指雩祭言之（于省吾《夏小正五事质疑》）。

【𦏵】"雩"指求雨的仪式，《说文》："雩，夏祭乐于赤帝以乞甘雨也。𦏵，或从羽。雩舞羽也。"段注："说从羽之意。《周礼·乐师》有羽舞，有皇舞。"云俱切。"𦏵"，《集韵·遇》王遇切："缉羽也，雩祭所执。""雩"羽俱切，古音 * G^wla。

"雩"这个词很有意思：跟求雨有关，好像来自"雨"；又跟羽毛有关，似乎来自"羽"。这种情况，我们很难作出判断。其名词形式跟"羽"读音相同。古人常把两者联系在一起，《释名·释天》："雨，羽也，如鸟羽动则散也，雨水从云下也。"俞樾说，"霼"，盖本是"雩"重文。杨树达先生也说，"雨"与"禹"古音同在模部，二字音同。"霼"与"雨"音义并同，实一字也，许误分之（杨树达《文字形义学》）。

"霼"可能是一个方言词：

【霼】 * G^waʔ，《说文》："霼，雨皃。方语也。从雨，禹声。读若禹。"《集韵·姥韵》："霼，北方谓雨曰霼。吕静说。"王矩切。"霼"跟"雨"字的读音有什么不同？陆志韦先生说：

> 霼，读若禹。《系传》读若瑀。霼禹瑀并 ɣɪɑg＞ɣɪɑg。《说文》："霼，雨貌，方语也。"《集韵》火五切下："霼，北方谓雨曰霼，吕静说。"段注："按吕氏《韵集》所据《说文》为完善。"然 xɑg 之音未必许君之旧（陆志韦《说文解字读若音订》）。

汉语的"雨"常用的是动词形式。我们怀疑"雨"极有可能跟"下"一类的词有关系。"下" * graaʔ，* graa。周祖谟先生说，"雨"，天泽也，王矩也（上声），谓雨自上下曰雨，王遇切（去声）（周祖谟《四声别义释例》）。王力先生（1980：214）则读上声的是内动词，读去声的是外动词。这跟传统的分析有些差异。

章太炎先生（《文始》第五）说，"雨"，孳乳为"霼"，又为"𦏵"，为"雩"。王力先生（1982：143）把"雨""雩""𦏵"当作有联系的同源词。

现代汉语普遍说"下雨"，也说"降雨"，湖北一带方言则说"落雨"。试比较"落"字：

【零】＊g·raag，《说文》："零，雨零也。"段注："此下雨本字，今则落行而零废矣。"

【濩】＊Gʷraags，《说文》："濩，雨流霤下。"胡郭切。

【露】＊g·raags，《诗》："零露漙兮。"《说文》："露，润泽也。"

汉语"雨""落"跟藏缅语"雨"比较：

缅语 rwa "下雨"，卢舍依语 ruaʔ "雨"，巴兴语 rya-wa "雨"（参见坎布语 kəwa，瓦林语 tsʰəwa，罗东语 wa "水"），迪加罗语 kəra "雨"，加罗语 mikka wa，迪马萨语 ha "下雨"（前缀丢失）。藏缅语＊r-wa。也许还有列普查语 so，来自＊wa（白保罗，1984：444）。

怒苏语 mɯ⁵⁵ ɣɹua³³ ＜＊m-gra。原始藏缅语＊m-qhra-g（吴安其，2002：183）。

"雨"＊Gʷăʔ，迪加罗语 kə ra "雨"，坎布语 kə wa "水"，迪马萨语 ha "下雨"。从以上的同源词材料比较，原始藏缅语中的"雨"的起始辅音是一个浊塞音 G-或 g-，带有合口成分 w，还有一个流音 r，主元音是 a，卢舍依语、独龙语还残留有韵尾-ʔ。所以，我们可以根据此把原始藏缅语的"雨"拟作＊Gwraʔ 或 gwraʔ 之类。这个词可能很早就借入蒙古语族，如"雨"在保安语、东乡语中为 Gura，东部裕固族为 Xura，土语为 xura（潘悟云，1997）。

还可以比较底下一组来自"陨落"的表示"雨"的词语。

2. "零"

【零】＊reeŋ//＊g-reŋ，小雨，《说文》："零，余雨也。"动词，当下雨讲，《鄘风·定之方中》："灵雨既零。"字或作"霝"，《说文》："霝，雨零也。《诗》曰：霝雨其濛。"比较那加语"雨" kaziŋ＜＊k-riŋ。

3. "霣"

【霣】＊Gunʔ，《说文》："霣，雨也。齐人谓靁为霣。一曰云转起也。"这是雷跟雨语义发生关系的例子。从来源上看，这个字来自云。更有可能来自"陨"。"云"是平声字。

4. “浽”

【浽】*snul，《广韵·脂韵》：“浽，浽溦，小雨。”息遗切。“妥”*nhoolʔ，下垂。

【㶏】*lhools //*kh-lols，《集韵·过韵》吐卧切：“㶏，雨下貌。”汪维辉先生（2007）说，汉代口语则曰“雨堕”，如《僮约》“雨堕无所为”，并沿用至魏晋南北朝。

二 “霰”系列

【酸】*sloon//*sqlon，《管子·轻重甲》：“天酸然雨。”洪颐煊说：“酸通作霰。《说文》：小雨也。义本此。”素官切。

【霰】*sloon//*sqlon，《说文》：“霰，小雨也。”素官切。

【霹】*se//*sqě，《说文》：“小雨财零也。从雨，鲜声。读若斯。”息移切。“霹”从“鲜”得声，音*sen，跟“酸”来源同。还有一个晚起的“霹”字，当小雨讲，见于宋元文献。

汉语“霰”*sloon//*sqlon 可以跟藏文 tɕhar（pa）<*khrar 比较：

> “雨”，藏文 tɕhar（pa）<*khrar，怒苏语 mɯ^{55} ɣɹua^{33} <*m-gra。景颇语 mǎ^{31}ʒaŋ^{33} <*m-raŋ，博嘎尔珞巴语 me doŋ，那加语 kaziŋ。缅文 mo^{3} <*mo-ɣ，浪速语 muk^{55}。原始藏缅语*m-qhra-g（吴安其，2002：183）。

汉语“霰”可能跟表示雹的“霰”有联系：

【霰】*seens<sqheens，《小雅·頍弁》：“如彼雨雪，先集维霰。”郑张先生拿藏文 ser（-ba）“雹”，对应汉语“霰”（郑张，2003：99）。潘悟云先生说，“霰”*sqens，或体“霓”从“见”*kens 得声。藏文“雹”ser-ba，“雹”在塔多语中为 gel，在卢舍依语中为 rial，说明原始藏缅语也许有类似于*sgrer 的形式（潘悟云，2000：312）。

藏文 ser（-ba）“雹”—tɕhar（pa）<*khrar“雨”，好像通过元音交替表示词义的不同。王力先生（1982：498）认为，“雪”“霰”二字月元对转，是同源字。

三 "水"大类

"雨"跟"水"关系密切。汉语中有用"水"表示"雨"的例子。

这一大类跟"水"的关系最近。

1. "湒"

【湒】*ʔsib// *skip，《说文》："湒，雨下也。"子入切。注意这两个字的 p 尾。

【霵】*ʔsrib，*zrib// *skrip，*sgrip，《玉篇》："霵，雨下也。"阻力切。《广韵·缉》："霵，暴雨皃。"仕戢切。注意"霵"的 *r 介音，它还有清浊两个读音，可能是名词和动词的区别。

【霅】*sluub// *squɯp，《广雅·释训》："霅霅，雨也。"苏合切。《说文》："霅，霅霅，震电貌。"丈甲、之涉、胡甲切，分别音 *rloob// *rdap，*ʔljob// *kljěp，*firoob// *Grap。这几个音都是比较典型的动词形式。另外注意，"闪电"跟"雨"的关系。

2. "汁"

注意 *k-前缀跟 *s-前缀的区别。

【汁】*kjub，《礼记·月令》："行秋令，则天时雨汁。"注："雨汁者，雨雪杂下也。"还有液体、眼泪义。这些词义都可以转化。

四 来自"云雾"一类的字词

汉藏语的雨常跟天、云雾以及闪电共用一个语言形式（黄树先，2015）。我们先看白保罗提供的藏缅语的材料：

> 普沃语和斯戈语 mü，参看以下词根：藏语 smuʔ-ba "雾"，克钦语 mu "有云的，天，雷和闪电"，ləmu（考里方言 məmu）"天"，怒语 mu "天"（mru "被闪电侵袭"），缅语 muì "天、云、雨"；还可参见缅语 muì "盖，在头顶上撑开（如山）"，ămuì "屋顶"。藏缅语 *r-muw（白保罗，1984：488）。

下面这些材料，均表明汉语的某些当雨讲的词语，有可能来自云雾。

1. 【渰】*qramʔ，《说文》："渰，雲雨貌。"《小雅·大田》："有渰萋萋，兴雨祈祈。"衣俭切。此字来自黑暗、乌云。

2. 【濛】，《说文》："濛，微雨也。"《豳风·东山》："零雨其濛。"字或作"霿"，《广雅·释训》："霿霿，雨也。"莫红切。

3. 【溟】*meeŋ，《说文》："溟，小雨溟溟也。"莫经切。《集韵·锡韵》莫狄切*meeg："溟，溟溟，小雨貌。"

4. 【霡】，莫获切*mreeg，小雨，《说文》："霡霂，小雨也。""霂"*moog，《尔雅·释天》："小雨谓之霡霂。"

云雾跟雨有密切关系，请看亲属语言相同的语义发展：

"雨"，缅文 mo³ <*mo-ɤ，浪速语 muk⁵⁵。原始藏缅语*m-qhra-g（吴安其，2002：183）。

汉语"霡""霂"是小雨，比较"霧"*mogs：《尔雅·释天》："地气发，天不应曰霧，霧谓之晦。"龚煌城先生的比较：古汉语 mjug"雾"，藏文 rmugs"浓雾"，rmu"雾"，rmus"有雾的"；缅文 mru，khuw"雾，雾气"（龚煌城，1980：473）。

汉语"氛"*phɯn，是云气、雾气，《礼记·月令》："氛雾冥冥，雷乃发生。"字或作"雰"，《玉篇》："雰，雾气。"比较侗台语：

"雨"，傣雅 fun¹，傣语 fun¹、fon¹，泰语 fon¹<*phj-。比较汉语"雰"。《说文·气部》："氛，祥气也。从气分声。雰，氛或从雨。"段注："按此为《小雅》雨雪雰雰之字。《月令》：雰雾冥冥，《释名》：氛，粉也。润气着草木，因冻则凝，色白若粉也。皆当作此雰，与祥气之氛各物，似不当混而一之。"段说是对的。"雰"字与台语 fun¹同源（邢公畹，1999：215）。

此说未必。云气和雨关系密切。还可比较汉语"霏"*phɯl，《说文》："霏，雨雪貌。"《邶风·北风》："雨雪其霏。"芳非切。

"雨"，原始台语*pənᴬ，原始侗水语*C-plənᴬ，古黎语*punᴬ，古仡央语*jutᴰ。原始侗台语*p-run（吴安其，2002：248）。

沙加尔（1995）也拿汉语"雺"字跟原始南岛语比较：原始南岛语 Ra（m）bun "大气湍流"（马来语"雨夹雪"），同源异形词 e（m）bun；上古汉语"雺"；原始南岛语 e（m）bun "大气下降"（Toba Batak 语"云"；爪哇语"云、露水"；马来语"露水、薄雾"）；上古汉语"氛"。

参考文献

1. 白保罗：《汉藏语言概论》，乐赛月、罗美珍译，中国社会科学院民族研究所，1984 年。

2. 黄树先：《天与雨》，《民族语文》2015 年第 5 期。

3. 陆志韦：《说文解字读若音订》，载《陆志韦语言学著作》（二），中华书局 1999 年版。

4. 潘悟云：《喉音考》，《民族语文》1997 年第 5 期。

5. 沙加尔：《论汉语、南岛语的亲属关系》，郑张尚芳、曾晓渝译、石锋编《汉语研究在海外》，北京语言学院 1995 年版。

6. 汪维辉：《僮约疏证》，载《汉语词汇史新探》，上海人民出版社 2007 年版。

7. 王国维：《毛公鼎铭考释》，载《王国维全集》，浙江教育出版社、广东教育出版社 2010 年版。

8. 王力：《汉语史稿》，中华书局 1980 年版。

9. 王力：《同源字典》，商务印书馆 1982 年版。

10. 吴安其：《汉藏语同源研究》，中央民族大学出版社 2002 年版。

11. 邢公畹：《汉台语比较手册》，商务印书馆 1999 年版。

12. 杨树达：《文字形义学》，上海古籍出版社 2013 年版。

13. 于省吾：《甲骨文字释林》，中华书局 1979 年版。

14. 于省吾：《夏小正五事质疑》，《文史》1965 年第 4 辑。

15. 章太炎：《文始》，浙江图书馆《章氏丛书本》本。

16. 郑张尚芳：《上古音系》，上海教育出版社 2003 年版。

17. 周祖谟：《四声别义释例》，载《问学集》，中华书局 1981 年版。

18. Hwang-cherng Gong, 1980, A Comparative Study of the Chinese, Tibetan, and Burmese Vowel Systems, 史语所集刊 BIHP51. 3。

汉藏语词汇语音结构的演变与轮回[*]

庄会彬

（河南大学外国语言学及应用语言学研究所）

摘　要：汉藏语的历史语料表明，汉藏语的词汇语音结构曾在双音节结构、单音节 CVC 结构，以及单音节 CV 结构轮回转化。这是语言自然演变与音步运作双重作用的结果：弱读音节元音的脱落会导致双音节词汇向单音节 CCV 或 CVC 结构转变，该结构的弱化又会导致单音节 CV 结构；而后者为了满足音步的需要，又不得不转变为 CVCV 双音节词汇。

关键词：词汇语音结构；轮回；自然音变；音步转型

一　引言

汉藏语词汇的语音结构，如果放在历史长河中看，呈现一种轮回的状态，即从双音节 CVCV 结构，到单音节 CCV 或 CVC 结构，再到单音节 CV 结构，最后又回到了 CVCV 结构。图示如（1）：

　＊ 本文初稿的一部分曾以"On Disyllabification of Sino-Tibetan Languages：A Theoretical Revisit"为题在"第 47 届国际汉藏语言暨语言学会议"（云南师范大学，昆明，2014 年 10 月 17 日至 19 日）宣读，与会专家曾对本文提出宝贵的意见，谨此向郑张尚芳先生等表示最诚挚的谢意。《汉语史与汉藏语研究》期刊的匿名审稿专家亦对本文提出了宝贵的修改意见；另外，好友燕海雄、史文磊等也诸多激励和指教，申少帅博士百忙之中对文章做了校改，谨此一并敬致谢忱。所余讹误，概由本文作者负责。基金项目：河南省哲学社会科学规划项目"汉语史上的音步转型及其影响"（2014CYY011）阶段性研究成果。

（1）

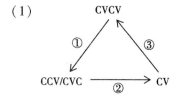

这一现象，我们姑且称之为"汉藏语词汇语音结构演变的轮回"。

汉藏语词汇的语音结构为什么会出现轮回现象呢？是什么样的内部动因导致了这种轮回演变的？要回答这一问题，我们不仅要从历史的视角做出审视，还必须对制约词汇的语音结构演变的内在规则进行揭示。

二　汉藏语词汇语音结构的自然演变

有关汉藏语的最早由来，学界存在多个假说。其中，斯塔罗斯金（Starostin 1991，2002，2005）提出的汉藏—高加索（Sino-Caucasian）超级语系和沙加尔（Sagart 2001，2002，2005）提出的汉—南岛（Sino-Tibeto-Austronesian）超级语系两个假说颇有影响。根据斯塔罗斯金的研究，原始汉藏—高加索语词根的语音结构为 CV（R）CV，而原始汉藏语词汇的语音结构则为 C（C）VC。这种 CV（R）CV 结构是如何演变成 C（C）VC 的呢？斯塔罗斯金对此已做解释，认为这是元音的删减导致的，至于具体哪一个元音会脱落，则是由重音的位置决定的，如原始汉藏—高加索语为 $^*\acute{C}VCV$，对应的原始汉藏语则会是 $^*CVC$，如原始汉藏—高加索语为 $CVC\acute{V}$，且第二个 C 为流音时，它所对应的原始汉藏语则可能是 $CC\acute{V}$。其状态（2）如下：

（2）a. $^*\acute{C}VCV > {}^*CVC$

　　b. $^*CVC\acute{V} > {}^*CC\acute{V}$

无独有偶，沙加尔（1990）也曾指出从原始汉—南岛语词汇到上古汉语经历了从双音节结构到单音节结构的演变过程，如"白"*burak $>$ *brak $>$ *bak。可谓殊途同归，从另一角度支持了斯塔罗斯金有关原始汉藏语的单音节结构是由双音节演变而来的观点。

　　更有趣的是，汉藏语言的语音结构的演变并没有就此打住，而是继续前行，总体说来，呈以下趋势：

　　（3）　C（C）VC → C（C）V

　　即，C（C）VC 音节的韵尾正在逐渐弱化，乃至最终脱落。[①] 具体说来，又分三类情况：[②]

　　第一，浊塞音清化，清音变成喉塞音，最终消失，[③] 即：

　　（4）　-b, -d, -g > -p, -t, -k > -ʔ > Ø

　　第二，鼻音合并，变为鼻化元音，最终消失，即：

$$
（5）\quad \text{-m, -n, -ŋ} \begin{cases} \text{-n, -ŋ} \to \text{-n/-ŋ} \\ \to \tilde{\text{v}} \to Ø \\ \text{-m, -ŋ} \to \text{-m/-ŋ} \end{cases}
$$

　　第三，擦音 -s 或直接脱落或变为喉塞音后脱落，即：

$$
（6）\quad \text{-s} \begin{cases} \text{-ʔ} \to Ø \\ Ø \end{cases}
$$

　　对此，前人既有共性探索，如李敬忠（1989）、石林和黄勇（1996，1997）之于汉藏语系，陈康（1993）之于彝缅语；又有语言个案研究，如郑张尚芳（1990）、张吉生（2007）之于汉语，刘光坤（1984）之于羌语，汪大年（1983）之于缅甸语，张济川（1982）、格勒（1985）之于藏语，罗美珍（1984）之于傣语，龙海燕（2011）之于布依语，甚至还有个别语言个别音的研究，如罗秉芬（1991）之于古藏语复辅音韵尾中 d 的演变，谭克让（1985）之于藏语擦音韵尾的演变，应该说，基本上已不存在异议。

---

　　① 事实上，韵尾辅音弱化乃至最终脱落是 CVC 语言演变的总体趋势和普遍规律，它不仅见于汉藏语言，欧洲语言不乏这样的例子，如德语、俄语等语言的韵尾清化，以及法语的词尾弱化（梁启炎，1998），只是目前欧洲语言的变化还不足以引起音步转型，因此本节并不以其为讨论物件。

　　② 当然，某些语言或方言中（如汉语某些方言）还存在边音韵尾，但有学者认为它是后来发展的（石绍浪，2010），此不赘。

　　③ 另外，也有例子表明，某些语言里，浊音韵尾可能比清音韵尾更容易脱落，比如瑞典语的某些方言里 běd→bě，而 bět 不变。但这毕竟是个例，对本文所谈的总体趋势并没有影响。

三　汉藏语词汇语音结构的回归

一旦词汇的语音结构发展成单音节 CV，按理说，这时音节结构本身已无法再进一步演变了。事实却表明，汉藏语言普遍又走上了双音化的回归路，其特征是出现了大量的双音词、四音格词（孙艳，2005）。这样一来，问题就来了：自然音变虽然可以对前面所谈的现象做出解释，却无法用来解释双音化现象。事实上，双音化现象是人类语言的自然音步要求使然。

音步是人类语言中最小的能够自由运用的韵律单位。根据 McCarthy & Prince（1993：21）、冯胜利（1996）等，音步必须遵循两分枝的原则。不同的语言里，这两个下属成分可能有所不同，但总的来说，人类语言中能构成这两个分枝的只有两种韵律成分：韵素和音节。图示如下（f 代表音步，μ 代表韵素，σ 代表音节）：

（7）

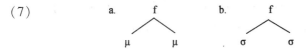

例如，英语中，一个音步由两个韵素构成；而汉语中，一个音步则是由两个音节构成（冯胜利，1996）。之所以如此，是因为英语中典型的音节是 CVC，如 put、spring、like，其结构为（O 代表声母；R 代表韵母；N 代表韵腹；Co 代表韵尾）：

（8）

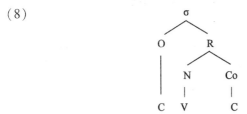

根据当代韵素理论（McCarthy & Prince 1993），这一结构包含两个韵素，如下：

（9）

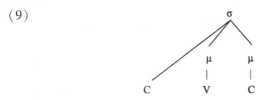

显然，这一结构本身就含有一个完美的双韵素音步，无需寻求外援。印欧语言多数采用这种音步。

原始汉藏语的音节结构既然是 C（C）VC，它自然也可以采用韵素音步，如（9）。然而，一旦 C（C）VC 演变成了 CV，它就无法再满足这一要求。如（10）：

（10）

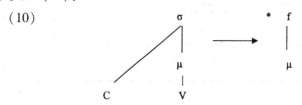

因为 CV 结构本身只含有一个韵素，无法构成音步。这时，CV 只能联合另一个音节 CV，组成双音节音步，如下：①

（11）

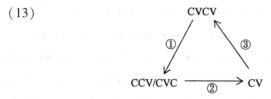

汉语史上的词汇双音化潮流恰恰反映了这一音步转型，如：

（12）a. 加缀，如：虎 → 老虎、桌 → 桌子、开 → 打开

b. 复合，如：菊 → 菊花、国 → 国家、名 → 名字

c. 义素析出，如：金 → 黄金、拱 → 拱手、持 → 手持

d. 词汇化，如"鼓舞""怀疑""虚心""已经"等由语变词。

四　演变与轮回

综合以上，一个词汇语音结构的演化模型就会自然而然地呈现出来，即：

（13）

$$\text{CVCV} \xrightarrow{①} \text{CCV/CVC} \xrightarrow{②} \text{CV} \xrightarrow{③} \text{CVCV}$$

也就是说，如果把语言放到足够长的历史中看，词汇的语音结构实际

---

① 由于汉语的每个音节只有一个韵素，其双音节音步实际上还是包含两个韵素。

上是呈现一个轮回的演化模型：自然音变的结果使得 CVCV 演化为 CCV①或 CVC，后者再进一步变成 CV，然而，这时候，韵素音步已无法满足要求，只能转而采用音节音步，从而催生了双音节的 CVCV 结构，又回到了原点。这一过程是漫长的，只有在几千年甚至上万年的语言历史进程中考察才能感受。在这一循环过程中，有两个因素起到关键作用，一个是自然音变，一个是音步转型，当词汇语音结构为 CVCV 时，其音步类型是音节音步，当词汇语音结构由 CVCV 演化为 CVC，这时词汇内部的语音结构已无法满足双音节音步，只能转向双韵素音步。而当词汇语音结构由 CVC 演化为 CV，双韵素音步又不再适用，只能转而采用双音节音步，从而催生词汇的双音化。两种音步类型之间的关系可以表示如下：

（14）

把（13）和（14）整合起来，就会得到（15），完整呈现词汇语音结构演化过程的整个过程和内在机制：

（15）

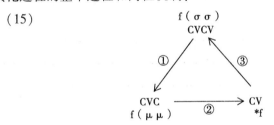

五 结语

汉藏语的词汇语音结构的演变呈现轮回转化现象，这实际上是语言自然演变与音步运作双重作用的结果：弱读音节元音的脱落会导致双（多）音节词汇向单音节 CCV 或 CVC 结构转变，该结构的弱化又会导致单音节 CV 结构。为了满足音步的需要，后者又不得不转变为 CVCV 双音节词汇。可见，自然音变和音步转型两者相辅相成，共同促成了词汇语音结构的轮

---

① 需要指出的是，如果 CVCV 演化为 CCV，那么该 CCV 可以不经过 CV 环节，直接进入过程 3。

回现象。

　　自然音变与音步转型二者在语言的演进中同步发展，水乳交融，相得益彰，可谓"你中有我，我中有你"：常常上一个音步转型还未结束，新的音变已经开始，为下一个音步转型埋下了伏笔。

　　词汇语音结构轮回演变现象给予以下启示：

　　一、不能以词汇语音结构的复杂程度判断语言的先进抑或落后。以往曾有学者用进化论的眼光看待语言，认为语言的演化像生物一样，从低级到高级，从简单到复杂，这一观点在某些方面或许是正确的，但若从语言整体来看，却未免有失偏颇。毕竟，很难找出一个标准来判断低级抑或高级，简单抑或复杂。语言的词汇语音结构尤其如此：在循环中向前发展。站在任何一个环节上去看另一个环节，认为该环节落后、低级、简单，都是不恰当的。

　　二、在语言的谱系构建中，应该谨慎使用词汇语音结构这一参数。长久以来，学者们在构建语言谱系上一般都利用关系词，这一做法无疑是恰当的。毕竟，在语言的演变过程中，许多没有亲缘关系的语言有可能会演化出相似的类型特征。以往汉藏语谱系的划分中在一定程度上依赖于类型特征，如单音节、有声调等等，以致把一些本不该属于汉藏语系的语言划入了汉藏语系。词汇语音结构的轮回恰恰表明了这一做法不够严谨之处——词汇语音结构从较长的历史时期看有可能演变和转换。因此，今后在语言谱系研究的过程中，还需要谨慎使用词汇语音结构这一参数。

参考文献

　　1. 陈康：《彝缅语塞音韵尾演变轨迹》，《民族语文》1993 年第 1 期。

　　2. 格勒：《略论藏语辅音韵尾的几个问题》，《民族语文》1985 年第 1 期。

　　3. 李敬忠：《试论汉藏语系辅音韵尾的消失趋势》，《贵州民族研究》1989 年第 4 期。

　　4. 刘光坤：《羌语辅音韵尾研究》，《民族语文》1984 年第 4 期。

　　5. 罗秉芬：《古藏语复辅音韵尾中 d 的演变》，《民族语文》1991 年第 3 期。

6. 罗美珍：《傣语长短元音和辅音韵尾的变化》，《民族语文》1984 第 6 期。

7. 龙海燕：《布依语辅音韵尾变化特征》，《民族语文》2011 年第 1 期。

8. 冯胜利：《论汉语的"韵律词"》，《中国社会科学》1996 年第 1 期。

9. 梁启炎：《中古法语一瞥》，《中山大学学报（社会科学版）》1998 年第 2 期。

10. 石林、黄勇：《汉藏语系语言鼻音韵尾的发展演变》，《民族语文》1996 年第 6 期。

11. 石林、黄勇：《论汉藏语系语言塞音韵尾的发展演变》，《民族语文》1997 第 6 期。

12. 石绍浪：《汉语方言边音韵尾的两个来源》，《语言科学》2010 年第 6 期

13. 汪大年：《缅甸语中辅音韵尾的历史演变》，《民族语文》1983 年第 2 期。

14. 孙艳：《汉藏语四音格词研究》，民族出版社 2005 年版。

15. 谭克让：《藏语擦音韵尾的演变》，《民族语文》1985 年第 4 期。

16. 张济川：《古藏语塞音韵尾读音初探》，《民族语文》1982 年第 6 期。

17. 张吉生：《汉语韵尾辅音演变的音系理据》，《中国语文》2007 年第 4 期。

18. 郑张尚芳：《上古入声韵尾的清浊问题》，《语言研究》1990 年第 1 期。

19. McCarthy, J. & Prince, A. 1993 " Prosodic Morphology I—Constraint Interaction and Satisfaction". Unpublished Manuscript, University of Massachusetts and Rutgers University.

20. Sagart, L. 2001 " The Evidence of Sino-Austronesian," Paper presented at the Colloque Perspectives sur la Phylogénie des Langues d' Asie Orientale at Périgueux, France, 30 August.

21. Starostin, S. A. 1991 "On the Hypothesis of a Genetic Connection between the Sino-Tibetan Languages and the Yeniseian and Norht-Caucasian Lan-

guages"（translated by W. Baxter），Dene-Sino-Caucasian Languages，V. V. Shevoroshkin，ed. ，Bochum：Brockmeyer.

22. Starostin，S. A. 2002 "A Response to Alexander Vovin's Criticism of the Sino-Causasian Theory"，Journal of Chinese Linguistics 30（1）.

23. Starostin，S. A. 2002 "Sino-Tibeto-Austronesian：An Updated and Improved Argument. " Paper presented at the 9th International Conference on Austronesian Linguistics at Australian National Universtiy，Canberra，11 January.

24. Starostin，S. A. 2005 "Sino-Tibeto-Austronesian：An Updated and Improved Argument，" in L. Sagart，R. Blench and A. Sanchez-Mazas，eds. ，The Peopling of East Asia：Putting Together Archaeology，Linguistics and Genetics，London：Routledge Curzon.

25. Starostin，S.A. 2005 Sino-Caucasian，http：//starling. rinet. ru/texts/scc.pdf.

（庄会彬，男，博士，副教授，研究兴趣为汉语史、韵律语法、生成句法。通信地址：河南省开封市明伦街 85 号 河南大学外国语言学及应用语言学研究所。邮编：475001。电子邮箱：huibinzhuang@ aliyun. com。）

原始汉语研究的方向[*]

严学宭

(华中科技大学中国语言研究所)

摘　要：本文以前瞻性视野指出了原始汉语研究的方向和方法，讨论了研究中的四大原则性问题。借助于汉藏语系语言的历时比较，从宏观角度审视汉语语音的演变规律，对于原始汉语语音研究具有重大指导意义。

关键词：原始汉语；汉藏语；历史比较

上古汉语语音的研究自从清代顾炎武的《诗本音》开辟了古韵研究的正道，段玉裁的《诗经分十七部表》奠定了古韵分部的规模和江有诰的《诗经韵读》完备了古韵分部的大体以后，人们对古汉语韵部、韵类的划分有了一个整体的认识。上古汉语声类自从钱大昕到黄侃总结了十九声纽以后，近五十年来经高本汉、林语堂、陈独秀等人的研究，知道了古有复辅音声母，理解了复辅音到复音词到单音词的分化过程。声调也大体上了解了从无到有，由少而多，由多而少的逻辑程序。

上古汉语语音的研究自从高本汉（1933）开始到现在，大家的注意力都集中在上古汉语语音的构拟上和对国内早期学者所搜集资料的解释上。这是第一种类型的构拟。其次是张琨和张谢蓓蒂（1972）企图研究上古方言，构拟一个原始汉语，从而引出北方标准语和一些南方方言，以求上古汉语的面貌。这是第二种类型的构拟。第三是薛斯勒（SchuessLer 1974）进行汉语和其他汉藏语，主要是藏语的比较，并调整汉语的构拟，

　＊《原始汉语研究的方向》一文曾先后刊载于《王力先生纪念论文集》（1990）和《严学宭民族研究文集》（1997），行文略有不同，编者综合两个版本进行了修订。编者另补充了参考文献。

以使与藏语的构拟相合，而得出接近原始汉藏语的先汉语。这是第三种类型的构拟。这样三种不同的构拟方式，要想调合而综合使用是很困难的。可是，无疑地，所有这些研究都与上古汉语的音韵系统有关，但却涉及原始汉语的范畴。

研究上古汉语的语音已经使人们感到资料不足，研究原始汉语，使人更感困难，无从入手。而人们的兴趣又想对原始汉语有所了解，以便理顺汉语语音发展的来龙去脉。因而首先必须探索原始汉语研究的方向。众所周知，经过李方桂、丁声树两位学者的指示，必须求助于汉藏语系语言的比较研究，才能把汉语的历史扩展得比上古汉语更古一点。不过汉语还是应假定与汉藏语系有发生学上的关系的。不过现在还难以全面地做出肯定的结论。

原始汉语研究的方向，应求助于汉藏语系语言的比较是肯定的。但现在为时过早，难免困难重重，第一是汉藏语系有汉、藏缅、苗瑶、壮侗四个语族，九个语支，三十多种语言，各语言又有方言的不同，语言复杂多样，而这样的分类主要是靠现时民族的称呼或者是地理的分布，还来不及用语言发生学的方法来建立科学的体系。况且语言的分类，用音韵、词汇或语法作标准来划分，不一定能得到相同的结果，还得综合运用这三个标准才是。拿现时的民族名称及其地理分布，来定好这些语言两三千年以前的分类，显然是靠不住的。第二是汉藏语系既然有那么多的语言和方言，在历史的长河中必然会出现同源分化、异源聚合和既同源分化，又异源聚合相结合的三种不同类型的发展状态，关系错综交叉，很难以语言发生谱系树论和语言发展扩散的波动论解说清楚。以汉语为主线作例来说，我们发现在我国的版图上有三条"语言走廊"。第一条是从宁夏经甘肃、青海、川西到云南；第二条是从广东经广西、贵州到川东，第三类型条是从福建经江西、湘东到鄂南。这三条"语言走廊"区的语言和方言间的相互影响和亲属关系在各语言和方言中有深刻的反映，甚至出现似汉非汉带有混合性的"稀有语言或方言"。这些丰富珍贵的语言现象，只有通过社会语言学的变异理论结合历史比较语言学的历史比较理论，才能弄明白它们的变异是有序异质，而不是杂乱无章的。不清楚汉藏语系各种语言的历史，特别是少数民族语言缺乏早期的文献资料，因而找同源词十分困难，究竟哪些是同源词，哪些是借词，又不易区别。而用历史比较的方法，最基本的工作是找出同源词（cognate）。因为同源词的确定以及同源词与借词的区分，是研究语言学的亲属关系和研究语言发生学分类的前提。挖掘汉藏语系各亲属语言的同源词，由于汉语文献资料较古较多，并不很困难。如"豕"在汉语古文献中有"犯""貓"等转注字与藏语的 phɑg、嘉戎语的 pɑk、景颇语的 va⁷⁴、傈僳语的 pu³、彝语威宁话的 pu² 和禄劝话的 vʌ¹、湘西苗语的 ta¹mpa⁵、黔东苗语的 pa⁵、川黔滇苗语的 mpɒ⁵、布努瑶语的 mpai、布依语的 mu¹、德宏傣语的 mu¹、毛南语的 mu⁵ 等相对应。它们之间有共同来源的亲属关系，对它们进行比较，可以追溯这些词的形式和意义的历史一直到汉藏语系共同基础语，而建立它们的原始型。从这个原始型可以看出它们依一定的规律变成现在的形式及状态。因此我提出了汉藏语系各亲属语言中的同源词要语音相似、词义相通和形态相符而非雷同的语词。但是如果遇到实质同源而面目全非的语词怎么办？下再阐述。

研究原始汉语怎样求助于汉藏语系的比较研究的资料，无论顺向或逆向的历史研究，都要经过至少六个层次。由于这方面基本建设尚未正式着手，条件还未成熟，现以图表之如下：

（一）简图

图 1

（二）程序示意图

层次这么多，不可一步登天，必须在方法上有所改进。但仍应以词汇比较为主。同源词与借词虽不好划分，还可以想多种办法克服；形态虽然少，但不可放弃；当然语序仍可比较，如壮侗、苗瑶的语序就跟藏缅不同；在进行比较的步骤上应该更加审慎见图2：第一要一步一步地往上推，先求同支的，然后求同族的，再求同系的，不要马上跳到原始汉藏共同基础语上去。第二在求一种语言的历史发展线索时，不忙马上构拟音

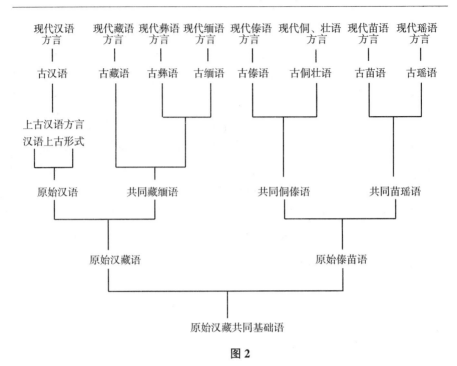

图 2

值，也要一步一步地做：先求大的原则和现象，再求具体构拟。如中古汉语入声究竟有无辅音尾，如有，是哪些个；上古平上去有无辅音尾；中古元音有无长短，如有，情况如何？先把大的原则确定，再行具体拟音。又如苗语现在没有一个辅音尾，彝语也没有辅音尾，古代苗语、彝语有无辅音尾？先确定有或无，再说是哪些辅音尾。此外要同时利用其他方法为历史比较法服务，并利用历史、人文方面的知识跟历史比较法结合起来进行研究。

　　上述方式和方法，工程浩大，绝非少数人短时间可做出端倪，但不妨一试。首先应该从汉语着手，运用历史比较法结合内部构拟法进行逆向的历史研究，根据现代汉语各系的方言、土语分别构拟出较早期的语音形式，如原始吴语、原始粤语、原始湘语、原始闽语、原始赣语、原始客家话、原始官话等；然后就这些原始语按亲属关系的远近进一步构拟出几个更古更高的原始语，如原始客家——中原语、原始吴语——湘语，等等，把这些个更古更高的原始语，进行比较研究，重建出现代各方言的总的原始语——原始汉语。为此，我建议我的硕士研究生李玉同志循此路线写出了《原始客家话的声调和声母系统》的论文，获得国内外同行的赞赏。

这本来是学习罗杰瑞先生研究闽语的方法来进行的。

还有无另外的捷径呢?

有。张琨先生所写的《汉藏语系的"铁"字》《汉藏语系的"针"字》两篇开创性的论文里,提供了较为简便可行的科学方法。他指出构拟原始汉藏语到各个不同语族的原始形式和它们一些后辈语的过程的最基本的工作,就是在现在各语言里排除那些表面语音相似的语词而找出复杂多样的同源词。这要在音韵上假设多套不同的音韵演变规则,假设这个语言经过这套规则的演变规律,产生这个形式;那种语言经过另外一套不同语音演变的情况,生出来另外一个结果,能把这多套音韵演变的结果构拟出来,然后可看出这两个或多个在音韵上差别很大的语词,也可以解释成为同源词。然后在这些同源词的基础上,建立合乎规律的语音对应,并构拟共同的原始语言。

研究原始汉语的方向必须求助于汉藏语系语言的历史比较研究。进行程序和捷径既已通晓,进一步就要抓大的原则性的问题。

第一是音节结构问题。

无论构拟古音或描写现代今音都要讨论到音节结构问题。因为音节结构涵盖许多现象并决定拟音的方式方法问题。从发展汉语形态学如前加成分、后加成分和中加成分等的理论来看,总可以找到些蛛丝马迹。人们都说汉语没有形态变化,那只是从普通话书面语来说的,如果从古音和现代方音来看,决不乏构形构词的形态变化。我认为原始汉语的音节结构是基本结构前后附加语法功能音节的多音节制,然后简缩而为前后附加辅音性的词头词尾。前者可从嘉戎语、藏语、羌语等推想出来,后者可在汉语本身获得其信息。1979 年笔者曾写《原始汉语韵尾后缀 *-s 试探》,从古联绵词、古语辞(即有语法功能的复音节词)和古异文等证之(见华中师范学院学报)。1981 年又写《原始汉语词尾后缀 *-s 消失的遗迹》,以现代汉语方言共时异读、《广韵》又音、经传异文、通假师读等证之,认为在原始汉语中就有带词尾后缀的 *-ms、*-ns、*-ŋs、*-ps、*-ts、*-ks、*-rs、*-ds、*-gs 等类型。后由于词尾后缀 *-s 的简化与脱落,促使韵尾辅音变位,元音前化,并影响声调的变化(见第十四届国际汉藏语言学会议论文集)。1987 年我指导硕士研究生舒志武同志写《上古汉语 *s-前缀功能试探》,他从大量的谐声异读等现象中,初步发现有 79 对词,有 *s-前缀的五种构词构形功能,证据确切,令人信服。因此我认为原始汉语的音节结构是基本结构前后附加具有构词构形功能的多音节形式。以公式表之如下：

（C+V）C+V（C+V）

（C代表辅音，V代表元音）

从原始汉语到现代汉语经历过四次更迭，出现过四种结构类型：

（1）原始汉语音节结构是前后附加音节，所形成的结构类型特征为附音节词。在过渡到上古汉语时，前后附加音节缩简为前后附加音缀（词头、词尾）即复辅音声母和复辅音韵尾。

（2）上古汉语音节结构是单音节制，但有内部屈折，所形成的结构类型特征是音变构词法。

（3）中古汉语音节结构主要是复音节制，所形成的结构类型特征是联合、偏正、补充、支配、表述等方式。

（4）近代汉语特别是到现代汉语主要倾向多音节制，所形成的音节结构类型特征是词性构词法。

现概括如图3：

图3

第二是复辅音声母和韵尾问题。

古汉语存在复辅音声母，已经获得绝大多数同行的认可。1981年我在第十四届国际汉藏语言学会议上提交了《原始汉语复声母类型的痕迹》一长篇论文，从《说文》谐声、古籍联绵词对比汉藏语系藏缅语族各语言同类型的模式，系统地挖掘出复声母的体系，提出了此举能探索汉语语源学的研究途径，解释汉语训诂学的疑难问题，填补汉语构词法的空白，特别能解释古今的音变现象等作用。我还从《集韵》的又音和大量的"转注"字中，发现三合以至四合复声母，可是论证不够充实，致使台湾学者有"任意性"之感。

问题多，争论大的还是复合韵尾问题，请看古藏文有10个后置字母和由后置字母构成的复辅音韵尾-nd、-sd、-ld、-gs、-ŋs、-bs、-ms等共17个。此外现代羌语北部方言有复辅音韵尾22个，嘉戎语合计构词和构形的复辅音韵尾共 36 个。原始汉语中现在能看到带 *-s 尾的复辅音韵尾有 *-ms、*-ns、*-ŋs、*-ps、*-ts、*-ks、*-rs、*-ds、*-gs 等，其他犹待努力探索。须知复辅音韵尾的消变常影响到元音的性质和孳生并导致声调的产生、变化或增加，未可等闲视之。

第三是元音是否分松紧或长短问题。

现代汉藏语系丰富多采的韵母结构体系启示我们理解元音是各种韵母结构类型的最基本要素。凡韵母或音节结构越是繁复多样，基本元音音位的数量往往也就越少，反之凡是保持单元音的韵母结构体系，基本元音的音位数量往往越多；基本元音常因舌、唇位的变动或者辅音韵尾消失的影响而发生变异，因而元音发展的趋势是由少而多。在元音分松紧或长短的语言或方言中，当这种对立趋向消失，便产生紧元音松化或短元音长化的现象。在现代汉藏语系中，彝语、景颇语、哈尼语和普米语等都有松紧元音的对立，以区别词汇意义和语法意义；另外壮侗语族、瑶语勉话、藏语卫藏方言、康方言及汉语粤方言的广州话都有长短元音的对立，以区别词汇意义和语法意义。

我的认识是：在远古以前，汉藏语系语言没有声调，但元音有松紧。在元音分松紧的语言，松紧元音有长短之分，不过以松紧为主，以长短为伴随现象。后来有些语言消失了松紧，却把伴随现象保存并发展了，结果成了元音分长短，如壮侗语族、瑶语勉话、藏语卫藏方言和康方言及汉语粤方言等。另外，元音分松紧的语言，松紧元音又有声调高低不同之分，多半是紧元音念得高一点，松元音念得低一点。发展结果，大多数语言元音有了高低之分，而消失了元音松紧的对立，于是又产生了声调。当然，声调的产生，这仅仅是来源之一，因为有的语言，既分元音的松紧，同时又有声调之分。不过，元音松紧的数量有减少的倾向。我认为只有这样假设，才便于解释汉藏语系语言为什么有的分松紧，有的分长短，有的有声调，有的没有。这其间当然经过了不少复杂曲折的道路，甚至出现一些过渡形态。如缅语仰光话的元音虽不以松紧或长短区分音位，但调值却跟元音的松紧和长短都有关。它的声调各分舒声和促声。舒声的元音松而长，促声的元音紧而短，元音的松紧和长短都相当显著，只是不区分音位。这种现象正好解释元音是可以由松紧转化为长短的。

上古汉语韵母主要元音的构拟，我细察高本汉、董同龢、周法高、张琨、李方桂各家学说，认为李先生的学说较为适中，持论亦较当。各家的拟音，大体是依据《诗经》押韵和《说文》谐声，参照中古元音系统来拟定的。涉及现代汉语方言和有亲属关系的民族语言之实际语音之处，还不多见。研究原始汉语既然必须求助于汉藏语系语言的历史比较研究，自然要考虑原始汉语元音有无松紧对立现象，在上古汉语中有无残存的痕迹。因此我据上述认识的逻辑推理，在所构拟的《周秦古音结构体系（稿）》（见中华书局《音韵学研究》第一期）中，我只把松元音放在二等韵里和有重纽的三等韵仙、宵、盐等韵里。李方桂先生认为同一韵部不能分元音松紧或长短，否则会影响互相押韵，而对二等韵里另构拟一个 *-r-介音。我则认为押韵决不如描写语音、订立音位的严格，元音分松紧或长短，决不会影响《诗经》《楚辞》等先秦古籍的押韵常例。同时我构拟中古汉语音系时，认为上古二等韵的松元音，都转化为长元音了。我这不是虚构，而是有现代汉藏语系语言和汉语粤方言参证的。当然还不能视为定论，只是更有助于解释古今汉语的音变而已。

第四是有无声调问题。

这个问题我不想多谈，因为 1959 年我在西安《人文杂志》就写了一篇《汉语声调的产生和发展》。总的看法是汉语的声调是从无到有的，由少而多，由多而少，未来倾向消失。我们从上述原始汉语音节结构的性质和状态看，是不会出现声调调位的。那么，汉语的声调是怎样产生的呢？我认为原因很多，不外音节缩简、复辅音韵尾脱落、弱化或消失等。这方面大有文章可作。我认为胡坦先生对藏语声调的产生和发展的研究是有成就的，值得借鉴。

"学术无禁区"，一个学术问题的解决，需要长期的积累和研究，这种积累和研究奠基于持久的、顽强的工作，因而需要有一个稳定的、优惠的学术研究政策。

参考文献

1. 高本汉：《汉语词族》，张世禄译，商务印书馆 1933 年版。

2. 胡坦：《藏语（拉萨话）声调研究》，《民族语文》1980 年第 1 期。

3. 李玉：《原始客家话的声调和声母系统》，华中工学院语言研究所研究生论文，1984 年。

4. 舒志武：《上古汉语 *s-前缀功能试探》，硕士学位论文，中南民族学院，1987 年。

5. 薛斯勒（SchuessLer）:《上古汉语的 R 和 L 音》，JCL. 2. 1，1974。

6. 严学宭:《汉语声调的产生和发展》，《人文杂志》1959 年第 6 期。

7. 严学宭:《周秦古音结构体系（稿）》，《音韵学研究》第 1 辑，中华书局 1984 年版。

8. 严学宭:《原始汉语韵尾后缀*-s 试探》，《华中师院学报》1979 年第 1 期。

9. 严学宭:《原始汉语词尾后缀*-s 消失的遗迹》，第十四届国际汉藏语学术会议论文，1981 年。

10. 严学宭:《原始汉语复声母类型的痕迹》，《中南民族学院学报》1981 年第 2 期。

11. 张琨:《汉藏语系的"铁"字》，见《汉藏语系语言学论文选译》，中国社会科学院民族研究所，1980 年。

12. 张琨:《汉藏语系的"针"字》，见《汉藏语系语言学论文选译》，中国社会科学院民族研究所，1980 年。

13. 张琨、张谢蓓蒂:《原始汉语的韵母系统和切韵》，史语所集刊甲种之 26，1972 年。

稿　约

本刊由南京大学汉语史研究所主办，本刊拟由中国社会科学出版社出版发行，每年暂定2辑，16开，每辑约30万字。

本刊以历史语言学的理论、方法为指导，以汉藏语言比较为学术背景，立足汉语本体，注重跨语言比较，努力探寻汉语及东亚语言间的关系，特别关注汉语的形成、发展及演变规律的探索。

本刊主要栏目有：历史语言学的理论与方法、汉语史、汉藏语及东亚语言比较、出土文献语言、传统小学文献、学术史研究等，特别欢迎理论与史实相结合的反映学术前沿问题的佳作。

本刊适量发表有学术价值的书评、人物评介及争鸣文章。

本刊提倡学术自由、百家争鸣；本刊版面公开，稿件不拘长短，崇尚实事求是。

来稿请勿一稿多投。

来稿应齐、清、定，请提供电子文本（word格式及PDF格式两种）；电子文本请以电子邮件附件形式发至本刊邮箱。本刊不接受纸质文本。

本刊审稿时间一般为三个月。如未采用，不另行通知。限于人力，来稿恕不退还。

本刊对来稿有修改权，不愿意修改的稿件请在来稿时声明。

本刊采用双向匿名审稿制。

本刊文稿撰写格式另附。

来稿一经采用，即致薄酬（含光盘版、网络版等稿酬），另赠送当期样刊两册。

已采用的稿件的著作版权（包括光盘版版权、网络版版权）属本刊所有，如不同意，请在投稿时注明。

作者姓名、简历、电子邮箱、电话、通信地址及邮编，请另纸（页）给出。发表时，署名由作者决定。

　　来稿、来信请寄：江苏省南京市栖霞区仙林大道 163 号南京大学文学院《汉语史与汉藏语研究》编辑部。邮政编码：210023。

　　投稿邮箱：ndlsyyx@163.com。

文稿体例

　　一、题目，二宋，居中。如有题注，题尾用＊号右上标。

　　二、副题，前加破折号（宋体二段），三宋，居中。

　　三、作者，四宋，居中。多位作者时，人名之间空一格，右上标 1、2……。

　　四、作者单位，五宋，居中，外加括号。如有多个单位，则前加序号，例：（1. 大单位 具体单位，2.……）。下空一行，与摘要分开。

　　五、"摘要"，小五黑，顶格，后加冒号，"摘"与"要"之间空一格。正文小五楷。

　　六、"关键词"，小五黑，顶格，后加冒号。其他小五楷，中间加分号。下空一行，与正文分开。

　　七、正文标题，全部左空二字，四黑。各标题序号可采一、二、三、……，下位标题依次为（一）、（二）……/1.、2.……/（1）、（2）……；也可采一级标题为 1.、2.…… 再依次为 1.1、1.2……/1.1.1……1.2.1……

　　八、正文字体除特别情况可采用繁体外（如古籍引文、例句内有可能引起异议的部分等），一律采用国家法定的规范简体字字体，五宋。国际音标一律用 IPAPANNEW 字体。电脑不能显示的古文字字形、图画等，采用插入式图片，图片大小要注意行距，也不能改变图片的比例。阿拉伯数字和外文字母采用 Times New Roman 字体。标点符号形体随前面的相应字体。电脑内码外的字采方正大字符集字体，同时抹紫色。

　　九、例句及出处：五号仿宋，序号加括号。例：

　　（1）他轻轻摇着扇子，眯着眼，扯起他三十多年教书生涯中的往事，

一阵阵唉叹，一阵阵动情……（陈忠实《蓝袍先生》页150）

十、题注与脚注，当页下画横线（宋体十段），线下先题注后脚注，六宋。脚注序号用带圈数字，如①②③等，右上标。不使用脚注自动生成格式，每页手工编序。

十一、文内引文同正文，加引号。大段引文可另段，首行缩进四字，其余每行缩进两字，不加引号，仿宋。例：

　　　参考文献与注释是不同的，有人指出：

　　　参考文献是作者写作论著时所参考的文献书目，一般集中列表于文末；注释是对论著正文中某一特定内容的进一步解释或补充说明。参考文献序号用阿拉伯数字标注，而注释用数字加方括号标注。

十二、文内括号注释，五宋。作用有二：1. 引用文献出处，括号内先写年份，加冒号，后写页码。例：周祖谟（1966：434—473）指出，《切韵》音的基础是公元六世纪南北通用的雅言，分韵辨音是采取以前南北诸家韵书之长，而不是以一方方言为准。2. 说明事项。括号内的文字是对括号前的词语作出说明或提示。例：（1）张衡（78—139）《西京赋》的韵脚字有 n 个。（2）厌（影咸琰开三去）

十三、表格次序及表内文字皆用小五号宋体，阿拉伯数字用 Times New Roman 字体。表内内容注释，采表下注，六宋。表下空一行，表序和表名（如果有）之间空一格。例：

表1　　　　　　　　（也可添加表名）

	文字	数字	小数	百分数
记录	对齐[1]	1[2]	1.1[3]	1%[4]
记录 1	对齐	2	22.22	12%
记录 2	左对齐	1234	333.333	99%

注：1. 文字左对齐。2. 数字对齐个位数。3. 小数对齐小数点。4. 百分数对齐百分号。

十四、"参考文献"，二宋，居中。正文五宋，顶格，按著者音序排列，前加序号，古籍与现代著作分开排列，古籍朝代外加括号。例：

1.（汉）许慎：《说文解字》，中华书局，1985 年。

2. 陈寅恪：《从史实论切韵》，广州岭南大学《岭南学报》第 9 卷，1949 年。

3. 杨耐思：《中原音韵音系》，中国社会科学出版社，1981 年。

4. 周祖谟：《切韵的性质和它的音系基础》，载《问学集》上册，中华书局，1966 年。

5. 陈应时：《论证中国古代纯律理论》，《中央音乐学院学报》1983 年第 1 期。

十五、文末附文，小五楷。1. 可附对文章背景、特别事件的阐明。例：本文为纪念邢公畹先生诞辰百年而作。2. 可附作者简介、通信地址及电子邮箱等，加括号表示。不愿公开的可不附。例：（张函邻，男，教授，博士，从事汉语史研究。通信地址：北京市海淀区西三环 198 号京都大学院外文系。邮编：100321。电子邮箱：erew@ 163. com。）

十六、本刊不建议利用电脑自动生成格式。